Kino der Nacht – Gespräche mit Jean-Pierre Melville

Jean-Pierre Melville, ca. 1961 (Coll. Rui Nogueira)

Rui Nogueira

KINO DER NACHT

Gespräche mit Jean-Pierre Melville

*Mit einem Vorwort von Jean-Pierre Melville,
einem Nachwort von Philippe Labro,
einer Erinnerung an Jean-Pierre Melville von Volker Schlöndorff
und einem Gespräch mit Rui Nogueira von Robert Fischer*

Herausgegeben und aus dem Französischen
von Robert Fischer

Alexander Verlag Berlin

Ouvrage publié avec l'aide du Ministère français chargé
de la culture – Centre national du livre

Die Originalausgabe erschien 1973 unter dem Titel LE CINÉMA
SELON MELVILLE bei Édition Seghers, Paris

© 1996 by Éditions l'Etoile/Cahiers du cinéma, Paris
© für die deutsche Ausgabe by Alexander Verlag Berlin 2002
Alexander Wewerka, Fredericiastr. 12, 14050 Berlin
www.alexander-verlag.com
info@alexander-verlag.com
Alle Rechte, auch der auszugsweisen Vervielfältigung
– gleich welcher Form –, vorbehalten.
Umschlag (unter Verwendung eines Porträts von Jean-Pierre
Melvilles) und Satz Alexander Wewerka
Druck und Bindung Dimograph
Printed in Poland (July) 2002
ISBN 3-89581-075-4

INHALT

Jean-Pierre Melville, *Vorwort* 7

Rui Nogueira, *Einführung* 11
»*Civilization! Civilization!*« 15
Meine Erbsünde 25
LE SILENCE DE LA MER *(Das Schweigen des Meeres)* 29
LES ENFANTS TERRIBLES *(Die schrecklichen Kinder)* 49
QUAND TU LIRAS CETTE LETTRE *(Und keine blieb verschont)* 61
BOB LE FLAMBEUR *(Drei Uhr nachts)* 69
DEUX HOMMES DANS MANHATTAN *(Zwei Männer in Manhattan)* 84
LÉON MORIN, PRÊTRE *(Eva und der Priester)* 99
LE DOULOS *(Der Teufel mit der weißen Weste)* 116
L'AÎNÉ DES FERCHAUX *(Die Millionen eines Gehetzten)* 130
LE DEUXIÈME SOUFFLE *(Der zweite Atem)* 143
LE SAMOURAÏ *(Der eiskalte Engel)* 161
L'ARMÉE DES OMBRES *(Armee im Schatten)* 179
LE CERCLE ROUGE *(Vier im roten Kreis)* 195
Philippe Labro, *Nachwort* 219
Volker Schlöndorff, *Mein erster Meister* 231
Robert Fischer, *Zur deutschen Ausgabe und ein Gespräch mit Rui Nogueira* 239

Anhang
Filmographie 249
Verzeichnis der Filmtitel 267
Namenregister 272

In Erinnerung an meine Frau, Nicoletta Zalaffi (1932–1994), der ich dieses Buch, das auch das ihre ist, widmen möchte, indem ich einen der schönsten Dialogsätze aus einem unserer liebsten Filme zitiere:

»God! My God!
Help me!
Give me the Strength,
The Understanding
And the Courage!«

(Ingrid Bergman in der letzten Szene des Films *Stromboli* von Roberto Rossellini)
R. N.

VORWORT

Da Sie mich darum bitten, Ihnen als Einleitung meine Gedanken zu dem mitzuteilen, was ich von Ihrem Buch schon gelesen habe, und da es sich also bei dem, was Sie von mir erwarten, um eine Art einführende Zusammenfassung handeln soll, sage ich Ihnen, daß es meiner Meinung nach noch zu früh ist für eine ernstzunehmende Bilanz meiner fünfundzwanzig Jahre in diesem Beruf. Über die Zeit nach meinem Tode mache ich mir oft Gedanken, und ich weiß noch, wie Cocteau mir einmal sagte, er frage sich, wie man ihn nach seinem Tod wohl im Verhältnis zu seinem Werk betrachte. Im übrigen kann es sein, daß diese Zeit angesichts der enormen Anzahl von Filmen, die gedreht werden, ziemlich problematisch zu werden verspricht: Es ist doch verrückt, wenn man sich überlegt, daß die Filmproduktion in Amerika in dreißig Jahren um fünfundsiebzig Prozent zurückgegangen ist; aber dennoch, trotz abwechselnd guter und schlechter Jahre, erdrücken und verdrängen die Tausende von Filmen, die weltweit produziert werden, ganz allmählich die, die vorher gedreht wurden. Deshalb also: Wo wird mein Platz einmal sein? Aber wozu sich Gedanken machen: Es kommt darauf an, so zu tun *als ob ...*

Ich habe mich sehr gefreut, als ich bei der Lektüre des Buches *Trente ans de cinéma américain*[1] feststellte, daß die Autoren meinen Geschmack teilen. Ich glaube, ich bin in Frankreich der letzte lebende Zeuge jenes Vorkriegskinos. Eines Tages werde ich nicht mehr da sein, und dann wird es keinen einzigen in Frankreich mehr geben, der sich so wie ich an jene Dinge erinnern und den Filmen jener Epoche den Platz zuweisen kann, den sie verdient haben. Denn auch wenn sie heute in der Cinémathèque zu sehen sind, so kann es doch nicht gelingen, sie in den Kontext des Jahres einzuordnen, in dem sie gedreht wurden. Der Film, der im April 1934 in die Kinos kam, also zwischen März 1934 und Mai 1934, ist nicht mehr genau derselbe, wenn man ihn sich heute in der Nachmittags- oder Abendvorstellung in der Cinémathèque

[1] Von Jean-Pierre Coursodon und Bertrand Tavernier, Éditions C.I.B., 1970. Neuauflage 1991 unter dem Titel *Cinquante Ans de cinéma américain* (Éditions Nathan). Zweibändiger Prachtband im Schuber, ca. 1.250 Seiten. Geschichte des amerikanischen Films, Lexikon der Drehbuchautoren und Regisseure, Filmtitel-Index, Bibliographie.

anschaut. Lohnt es sich also – und das meine ich ohne jede Koketterie –, über meine eigenen Filme so zu reden, wie ich gerne über bestimmte andere Filme rede? Ich weiß es nicht. Kein Mensch weiß das. Erst in fünfzig Jahren wird man das wissen, wenn Henri Langlois'[2] Pantheon durch ein endgültiges Pantheon ersetzt worden sein wird. Ich kann Langlois' Pantheon nicht anerkennen, weil es subjektiv und tendenziös ist und von daher mit Vorsicht zu genießen. Was ich natürlich anerkenne, ist Langlois' Mission, seine Arbeit und die Cinémathèque, jene wundervolle Erfindung, die er sich mit Franju[3] teilt. Was aber die Filme betrifft, die Langlois liebt, so stimme ich nicht mit ihm überein.

Da es sich also um eine Einführung handelt, möchte ich an dieser Stelle gerne einmal sagen, was meiner Meinung nach ein Filmschöpfer sein sollte. Er muß ein ständig offener, ständig »traumatisierbarer« Mensch sein, dessen Beobachtungsgabe ebenso sehr entwickelt sein sollte wie sein Sinn für Psychologie. Er muß eine überdurchschnittliche Sehschärfe haben, ebenso sollte sein Gehör entwickelt sein – und sein Gedächtnis. Was dies betrifft: In meinen Filmen hält man gern für Phantasie, was in Wirklichkeit ein Ergebnis der Erinnerung ist – an das, was ich mir gemerkt habe, wenn ich auf der Straße ging, an einen Vorfall oder ein Erlebnis (was ich natürlich transponiere, denn zu zeigen, was ich wirklich erlebt habe, verabscheue ich). Ein Filmschöpfer muß Zeuge seiner Zeit sein. Wenn man zum Beispiel in fünfzig Jahren alle meine Filme innerhalb von drei Tagen bei irgendeinem Seminar sieht, muß man sich sagen, daß der erste und der letzte unbestreitbar etwas gemeinsam haben, entweder auf der Ebene der Sprache oder des Themas, und daß hinter den erfundenen Geschichten doch immer derselbe Autor zu finden ist, immer derselbe Alte, mit immer den gleichen Farben auf seiner Palette. Ich finde es deprimierend, wenn ein Schöpfer plötzlich radikal seine Art zu erzählen ändert, denn das heißt, daß eine von den beiden Formeln, die neue oder die alte, nicht gut ist. Wesentlich ist, daß der letzte Film dem ersten gleicht, unbedingt. Ich weiß

2 Henri Langlois (1914–1977), passionierter Filmsammler, Mitbegründer der Cinémathèque Française und deren emsiger Leiter. Jean Cocteau nannte Langlois den »alten Drachen, der unsere Schätze bewacht«.

3 Georges Franju (1912–1988), französischer Regisseur und Drehbuchautor, gründete 1936 gemeinsam mit Henri Langlois die Cinémathèque Française. Wie Melville arbeitete auch Franju mit Jean Cocteau an einem Film zusammen: *Thomas l'imposteur* (Thomas, der Betrüger, 1964).

nicht, ob das bei mir der Fall ist, sosehr ich es wünschte, aber der ideale Schöpfer (ich gebrauche lieber das Wort Schöpfer als Regisseur oder Autor, denn unsere Sprache hat kein passendes Wort für das, was wir sind oder was zumindest ich zu sein versuche, denn ich finde mehr und mehr Gefallen daran, zu schreiben *und* zu drehen) – nun, der ideale Schöpfer ist für mich derjenige, der ein *exemplarisches* Werk ersonnen hat, ein Werk, das als Beispiel dient. Nicht als Beispiel für Tugend oder ausschließlich für Qualität, nicht in dem Sinn, wie man jemand beispielhaft nennt, weil alles, was er macht, bewundernswert ist; für einen Schöpfer heißt exemplarisch, daß sich sein ganzes Werk in zehn Zeilen zu fünfundzwanzig Wörtern zusammenfassen läßt und daß das genügt, um zu erklären, was er gemacht hat und was er war.

Ich glaube, er muß frei, mutig und unnachgiebig sein, und er muß gesund sein. Das ist das erste Gebot: Du sollst gesund sein! Ich habe mir das noch während der Dreharbeiten zu *Le Cercle rouge (Vier im roten Kreis)*[4] klargemacht: Der Filmregisseur muß von bester Gesundheit sein, denn wie die Wolgaschiffer ihre Lastkähne, so zieht er eine Mannschaft! Er muß stark sein, er muß ein kräftiger Kerl sein. Er muß laufen, er muß hinaufsteigen, er muß dahinjagen, er darf niemals müde sein. In dem Augenblick, wo der Regisseur ein müder alter Herr ist, bleibt ihm nichts anderes übrig, als die Kamera wegzustellen und seine Rosenstöcke zu schneiden. Ich habe Rosenstöcke zu Hause, aber nicht ich schneide sie. Noch habe ich nicht die Zeit dafür.

J.-P. M.

4 Bei Filmen wird grundsätzlich der Originaltitel angegeben; sollte es einen deutschen Verleih- oder Fernsehtitel geben, ist dieser bei der ersten Erwähnung des Originaltitels in Klammern vermerkt. Das Filmtitelregister am Ende des Buches ermöglicht im übrigen jederzeit eine filmographische Identifizierung der Originaltitel, auch in Hinblick auf Herstellungsland, -jahr und Regie.

Für Florence Melville

Rui Nogueira
EINFÜHRUNG

*»Der Traum eines einzelnen Menschen
gehört zum Gedächtnis aller.«*
Jorge Luis Borges

Nichts ist schwieriger, als über diejenigen zu sprechen, die uns lieb und teuer sind. Noch immer, zwei Monate nach dem viel zu frühen Tod Jean-Pierre Melvilles, kann ich mich nicht mit dem Gedanken abfinden, ihn nie mehr zu sehen; mir nie mehr von ihm Paris zeigen zu lassen, jenes geheime Paris, das nur er kannte; ihm nie mehr zuzuhören, wie er diese oder jene Geschichte erzählt oder von diesem oder jenem amerikanischen Film, in den er sich verliebt hatte; nie mehr seine warme, tiefe, angenehme Stimme zu hören ... nie mehr ... NIE MEHR ...

Meine Erfahrung mit Interviews hat mich gelehrt, daß die Menschen aus der Unterhaltungsbranche die Gabe besitzen, nur von sich selbst zu reden. Ob man sich mit ihnen übers gute oder schlechte Wetter unterhält, sie finden immer einen Weg, von sich zu erzählen. Im Verlauf der langen Reihe von Gesprächen, aus denen dieses Buch wurde, stand ich regelmäßig vor dem Problem, Melville immer wieder auf seine eigenen Filme zurückzubringen, denn im Gegensatz zu den meisten seiner Kollegen fiel es ihm viel leichter, mit viel Liebe von den Filmen anderer zu sprechen als von seinen eigenen, die er eher als Versuche betrachtete. Dieser Mann, der Wahrheit und Gerechtigkeit so liebte, war nur seinen eigenen Filmen gegenüber ungerecht. Selbst nach dem Erfolg von *Le Cercle rouge* verriet mir Melville, der sich selber selten ernst nahm, auf seine ironisch-humorvolle Weise: »Ich gehe mit meinem Film spazieren wie mit meinem Sohn: indem ich ihn an der Hand halte. Indem ich mit ihm auf den Strich gehe. Indem ich ihn in alle Fernsehsendungen bringe und in alle Radiosendungen: Ich verkaufe mich, indem ich ihn verkaufe.«

Auch wenn er sich gern einen Mann der Rechten nannte, richtete er sein Leben nach Prinzipien aus, die man bei denen, die sich einen Platz an der Sonne im Schatten der Linken gesichert haben (oder sichern), oft vergebens sucht. Trotz seiner großen Liebe zu Amerika war er nicht blind gegenüber einer ganzen Reihe von Problemen, die durch die amerikanische Politik verursacht wurden. Einmal, als ich ihn fragte, weshalb er nicht endlich seinem geheimsten Wunsch nachgebe und in den USA einen Film drehe, antwortete er mir: »Amerika macht mir heute angst. Vor zehn Jahren hat es mir noch keine angst gemacht. Auch damals wußte ich, daß die Bedingungen, unter denen die Schwarzen lebten, nicht akzeptabel waren, aber ich hätte nicht gedacht, daß sie sich einmal so verschlechtern würden, daß sie einen Krieg rechtfertigen könnten. Denn das Schreckliche ist, zu wissen, daß es einen Krieg geben wird. Die Schwarzen haben allen Grund, sich aufzulehnen. Sie haben allen Grund, eine kämpferische Haltung einzunehmen. Gewalt provoziert Gewalt. Seit dem Tag, als der erste Schwarze gelyncht wurde, haben die Schwarzen das Recht, ihrerseits Gewalt anzuwenden. Niemand kann ihnen zum Vorwurf machen, sich wehren zu wollen. Das ist die Geschichte der Befreiung aller unterdrückten Völker. Daraus folgt, daß ich nicht in Amerika leben könnte, denn dort würde ich Zeuge des schwarzen Subproletariats, so wie ich Zeuge des Elends der Hindus würde, wenn ich nach Kalkutta gehen würde, und das könnte ich nicht ertragen. Nun, da ich mich vom Alter her weder zum Protestler noch zum Revoluzzer eigne und da ich sehr wohl weiß, daß mein armseliger Versuch einer persönlichen Revolte mir nur Spott eintragen und nichts bewirken würde, bleibe ich doch lieber in Frankreich.«

Jean-Pierre Melville konnte von den Filmen, die er sah, äußerst intelligent und mit einer immer wieder neu aufflammenden Leidenschaft reden. Höchst beeindruckt (ebenso wie ich) von dem unterschätzten *The Rain People (Liebe niemals einen Fremden)* von Francis Ford Coppola, erklärte er mir, weshalb das amerika-

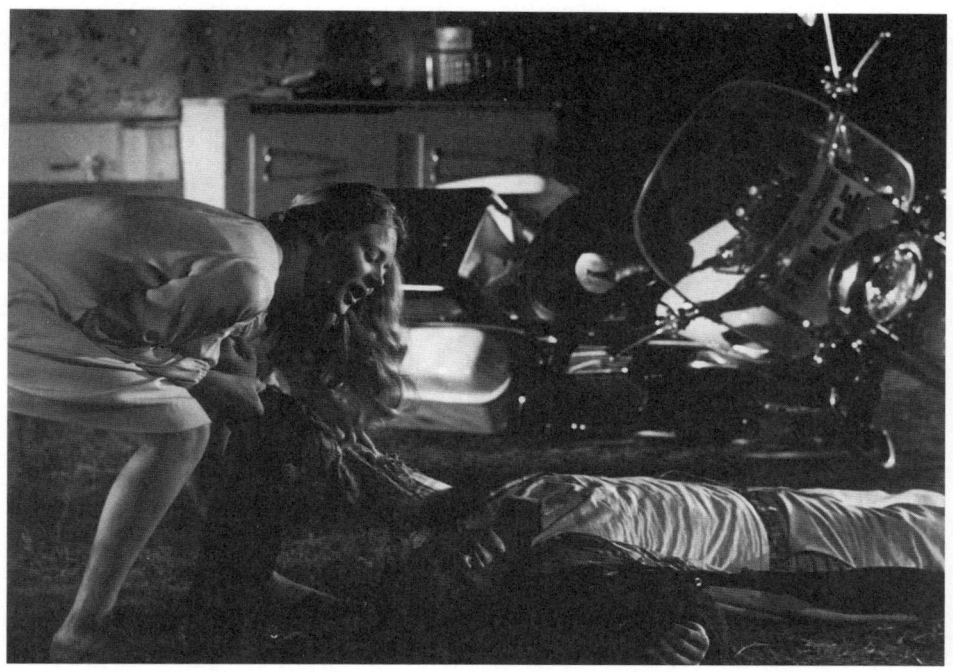

Shirley Knight und James Caan in Rain People *von Francis Ford Coppola (Filmbild Fundus Robert Fischer)*

nische Kino nach ein paar flauen Jahren wieder das beste auf der Welt sei: »Die Amerikaner waren unglaublich beeindruckt von etwas, was sie für die Verkörperung eines Phänomens hielten, welches gar nicht existierte: die sogenannte Nouvelle Vague. Durch jene Art von dialektischem Terrorismus der Artikel einer gewissen Filmzeitschrift[1] glaubten die amerikanischen Autoren, die, wie alle Amerikaner, sehr snobistisch sind, in Europa etwas suchen und finden zu können, was es dort überhaupt nicht gab. Sechs oder sieben Jahre lang haben sie geglaubt, die Wahrheit befände sich auf unserer Seite des Atlantiks, und erst nach dieser Zeit der unsinnigen Recherche haben sie es geschafft, ihr wundervolles angelsächsisch-jüdisch-amerikanisches Kino wieder aufleben zu lassen.« Angesichts meiner Verwunderung fuhr er fort: »Wissen Sie, Jean Cocteau hat mir einmal gesagt, Frankreich

[1] Gemeint sind natürlich die »Cahiers du cinéma«, in der François Truffaut, Jean-Luc Godard, Jacques Rivette, Eric Rohmer und Claude Chabrol – die späteren Regisseure der Nouvelle Vague – in den Fünfzigerjahren ihre Polemiken gegen »Papas Kino« schrieben.

sei das Land des Neuen Testaments, Amerika das Land des Alten Testaments. Er war von dieser Art Verbindung zwischen der protestantischen und der jüdischen Welt – nicht nur auf moralischer, auch auf ästhetischer und ethischer Ebene – fest überzeugt. Für ihn gab es die katholische Welt auf der einen Seite und die jüdische und protestantische Welt auf der anderen. Auch wenn ich seine Ansicht nicht teile, gebe ich gern zu, daß es einen konzeptionellen Unterschied gibt zwischen der jüdisch-christlichen Moral der Protestanten und Juden und der jüdisch-christlichen Moral der Katholiken. Auf der Ebene des Puritanismus sind die Protestanten und die Juden puritanischer als die Katholiken. Das puritanische Kino im Amerika der dreißiger und vierziger Jahre – das Alte Testament im Verein mit Louis B. Mayer – hat mit all seinen Grenzen und Fehlern eine recht schöne Sprachform gebildet, die ich persönlich sehr bewundere. Und heute, da eben dieses amerikanische Kino seine Scham verliert, wird es, was es im Begriff ist zu werden: ein wundervolles Kino, in dem man – das muß man anerkennen – es immer noch mit Protestanten und Juden zu tun hat.«

Die Festung in der Rue Jenner, die immer noch steht wie eine Trutzburg inmitten eines sich rasant verändernden Viertels, hat den Charme verloren, den sie besaß, als jener außergewöhnliche Mensch noch in ihr wohnte. Als Freund, als Künstler, als Poet hatte Jean-Pierre Melville nicht das Recht, uns so früh zu verlassen, aber ich denke an folgende Worte von Léon-Paul Fargue[2], die auch von ihm stammen könnten: »Der sanfte Riese, der mich quält, wenn ich fühle, wie mich der Schlaf zerpflückt, das ist das Universum, das ich mir erschaffen habe und das mich warm hält im Traum. Und wenn ich morgen sterbe, dann an einem Anfall von Ungehorsam.« Ich denke also an seine letzte Eskapade wie an einen letzten Kindertraum. Er nahm von Mardi Abschied, wurde zum »König seiner eigenen Seele«, packte das Ruder und steuerte sein Schicksal über eine unendliche See.[3]

Paris, 16. Oktober 1973

---

[2] Léon-Paul Fargue (1878–1947), Dichter des Pariser Nacht- und Großstadtlebens (*Der Wanderer durch Paris*).

[3] In Herman Melvilles Roman *Mardi, und eine Reise dorthin* stehen die Inseln des Archipels Mardi für die Welt, und Taji, der Held, stürzt am Ende als »König seiner eigenen Seele ... über eine endlose See« dem »Reich der Schatten« entgegen.

»CIVILIZATION! CIVILIZATION!«

Amour fou

Das Prinzip dieses Buches entspricht dem, das Truffaut über Hitchcock gemacht hat. Glauben Sie, daß ein Filmschöpfer – und gerade einer wie Hitchcock – überhaupt aufrichtig sein kann, wenn er erläutert, wie er bestimmte Szenen seiner Filme gedreht hat?
Nein, niemals! Er ist auf wundervolle Weise unaufrichtig. Er sagt sich – und hat damit zweifelsfrei recht –, daß man das Rezept jener Gerichte, die man so gut wie kein anderer zubereiten kann, auf keinen Fall weitergeben darf. Das Fabrikationsgeheimnis ist eine heilige Sache! Ein Maler sagt nicht, wie er, mit einer Mischung aus Blau und Grau, einen bestimmten Himmelston erzielt hat. Ich glaube, ein Schöpfer, ein wirklicher Schöpfer hat keine Lust, die Dinge, die er während langer Jahre auf eigene Kosten erlernt hat, publik zu machen. Ein Filmschöpfer ist ein Schattenspieler. Er arbeitet im Dunkeln. Sein Schaffen basiert auf Tricks. Ich bin mir im klaren über die phantastische Unredlichkeit, die er braucht, um zu wirken. Nun, der Zuschauer darf niemals merken, in welchem Maße alles Schwindel ist. Er muß verhext werden, er muß gefangengenommen werden, um einen Zustand herbeizuführen, in den er sich fügt.

Für Sie ist ein Filmschöpfer vor allem ein Mann des Showbusiness. Wann und wie haben Sie begonnen, sich für die Welt des Theaters und der Show zu interessieren?
Mit dem Theater kam ich in früher Kindheit in Berührung, durch die Lektüre von Stücken, die in der Reihe *La Petite Illustration* erschienen und die Photos enthielten. Anschließend war ich vom Zirkus angezogen, danach vom Varieté.

Es gab in Paris einen prächtigen Ort – das »Empire« in der Avenue Wagram –, wo die größten Weltstars des Varietés auftraten: Al Jolson, Jackie Coogan und sein Vater, Sophie Tucker, Ted

Monte Blue und Raquel Torres in White Shadows in the South Sea *von W. S. Van Dyke*
(Filmbild Fundus Robert Fischer)

Lewis, Harry Pilcer, Jack Smith, Jack Hilton und so weiter. Ich ging oft dorthin, auch ins »Casino de Paris« und in die »Folies Bergère«, in Begleitung meines Onkels, der ein persönlicher Freund von Maurice Chevalier, der Mistinguett und von Josephine Baker war. Das war die Show-Welt! Das Varieté war eine perfekte Sache. Zu jener Zeit interessierte es mich viel mehr als das Kino, denn es besaß das Wort und die Musik. Gerade wie mir das Theater gefiel, weil es die Sprache hatte. Das Kino kam erst an dritter Stelle. Wenn ich an einem Nachmittag in meinem Viertel ins Kino ging, um einen – selbstverständlich stummen – Film zu sehen, dann fühlte ich mich schrecklich enttäuscht. Der erste Film, der mich wirklich beeindruckte, war *White Shadows in the South Seas (Weiße Schatten)* von W. S. Van Dyke und Robert Flaherty, in dem Monte Blue die ersten Worte aussprach, die jemals auf der Leinwand gesagt wurden: »Civilization! Civilization!« Das passierte 1928, lange vor *The Jazz Singer.*

Hatten Sie zu jenem Zeitpunkt nicht schon mehrere Filme im 9,5-mm-Format gedreht?
Ich bekam meine erste Kamera, eine Pathé Baby mit Handkurbel, im Januar 1924. Ich war also sechs Jahre alt. Damals wohnte ich in der Chaussée d'Antin, und meine ersten Filme machte ich über diese Straße, von meinem Fenster aus. Es gab das Bébé Cadum[1], die vorbeifahrenden Autos, ein Hündchen, das einer netten Dame von gegenüber gehörte und seinem eigenen Schwanz nachjagte – kurz: alles, was ich von meinem Fenster aus sehen konnte. Ich bin mir aber schnell darüber klar geworden, daß mich die Filme, die ich machte, überhaupt nicht interessierten. Die Filme anderer Leute mochte ich viel lieber. Von meiner Pathé Baby hatte ich sehr schnell genug. Ich wurde jedoch nie meines Pathé-Baby-Projektors überdrüssig, weil ich zu Hause alle Filme der Welt sehen konnte. Der Verleihkatalog von Pathé Baby, ein umfangreicher Katalog mit einer kurzen Inhaltsangabe und einem Photo von jedem Film, war das Schönste auf der Welt. Es gab darin Western, alle Keatons, die Filme von Harold Lloyd, von Harry Langdon, von Chaplin und so weiter, die man bei einem Photographen namens Sartoni auslieh. So konnte ich jede Woche vier oder fünf neue Filme sehen, Zwei-, Drei- oder Vierakter. Das war *amour fou,* vollkommen. Die Basis meiner Filmkultur.

Von Zeit zu Zeit filmte ich noch die Leute auf der Straße, doch immer ohne Begeisterung. Das ging so bis zu meinem zwölften Lebensjahr, da bekam ich eine 16-mm-Kamera. Aber ich war lieber Zuschauer. Mit dem Tonfilm fing die wahre große Manie an: Ich begann meine Tage morgens um neun in einem Kino (dem »Paramount«), um sie auf dieselbe Art morgens um drei zu beschließen. Das war stärker als alles. Dieses übermächtige Bedürfnis, immer und immer wieder Filme zu verschlingen, konnte ich nicht beherrschen.

1 Populäre Werbefigur der Seifenmarke »Cadum«: der gezeichnete Kopf eines Babys, das in Paris von vielen riesigen Plakaten lachte.

Ein schönes Louis-XV-Möbelstück

Haben Sie also durch das Filmesehen das Filmemachen gelernt? Hat sich dadurch Ihr Geschmack geformt?
Ja, aber vier Menschen hatten wirklich großen Einfluß auf mich: meine Eltern, mein älterer Bruder und mein Onkel.

Mein Vater, ein Großhandelskaufmann, war ein sehr intelligenter, sehr geistreicher Mann. Ein Humorist im Stile Jules Renards. So etwas gibt es heute übrigens gar nicht mehr, die Leute haben keinen Humor mehr.

Mein Onkel war ein großer Pariser Antiquitätenhändler, zu einer Zeit, als das ein richtiger Beruf war. Eines Tages – ich war noch ein sehr kleiner Junge – machte er mir den Unterschied zwischen den schönen und den weniger schönen Dingen klar. Als ich ihn nach dem Grund für den enormen Preisunterschied fragte, der zwischen zwei völlig gleichen Gegenständen in seinem Laden bestand, nahm er zwei offensichtlich gleiche Louis-XV-Sessel und sagte zu mir: »Sieh mal, du hast hier zwei Sessel, die sich gleichen. Dennoch ist der eine mehr wert als der andere. Du betrachtest sie nun genau und sagst mir dann, ohne dich zu täuschen, welches der schönere, also der teurere ist.« Ich habe sie genau angesehen, ich habe es mir gut überlegt, und ich habe mich in der Wahl nicht getäuscht. Mein Onkel war zufrieden und fügte hinzu: »Von nun an wirst du dein ganzes Leben lang den Unterschied zwischen dem Schönen und dem Rest kennen.« Ich habe diese Lektion nie vergessen. Durch sie gewann ich die Überzeugung, einen sicheren Geschmack zu haben. Zum Beispiel lief im Fernsehen neulich *Written on the Wind (In den Wind geschrieben*, 1957*)*. Das ist ein sehr netter, sehr gut gemachter Film, aber es ist kein großer Film. Ein großer Regisseur hätte einen viel besseren Film daraus machen können. Trotzdem hat derselbe Douglas Sirk einen bemerkenswerten Film gemacht, *A Time to Love and a Time to Die (Zeit zu leben und Zeit zu sterben*, 1958*)*. Aber die Hauptdarstellerin in *Written on the Wind*, Dorothy Malone, ist ein sehr schönes

Louis-XV-Möbelstück – darin stimmen wir beide doch sicher überein, denke ich. Sollte Ihre Meinung aber zufälligerweise von meiner abweichen, nun, ich hätte trotzdem recht!

Dreiundsechzig amerikanische Regisseure

Wie erklären Sie sich, daß in Ihrer berühmten Liste mit dreiundsechzig amerikanischen Regisseuren der Vorkriegszeit[2] einige Namen wie Chaplin, Walsh oder DeMille fehlen?
Zu jener Zeit bestand das amerikanische Kino aus einer berühmten Dreifaltigkeit: Frank Capra, John Ford und William Wyler. Ich spreche hier nicht von unseren Vorlieben, sondern von dem tatsächlichen Rang, den sie in der filmischen Hierarchie der Zeit einnahmen. Um zu meiner Liste zu gehören, genügt es jedoch für einen Regisseur, daß er einen Film, einen einzigen gemacht hat, der mich begeisterte. Chaplin habe ich nicht aufgenommen, weil er Gott ist – also außerhalb jeder Wertung. Ich habe diese Liste – die nur den Tonfilm betrifft – nach mancherlei minutiösen Recherchen, mit viel Überlegung und kritischer Analyse aufgestellt:

Lloyd Bacon, Busby Berkeley, Richard Boleslavski, Frank Borzage, Clarence Brown, Harold S. Bucquet, Frank Capra, Jack Conway, Merian C. Cooper, John Cromwell, James Cruze, George Cukor, Michael Curtiz, William Dieterle, Allan Dwan, Ray Enright, George Fitzmaurice, Robert Flaherty, Victor Fleming, John Ford, Sidney Franklin, Tay Garnett, Edmund Goulding, Alfred Green, Edward Griffith, Henry Hathaway, Howard Hawks, Ben Hecht, Garson Kanin, William Keighley, Henry King, Henry Koster, Gregory LaCava, Fritz Lang, Sidney Lanfield, Mitchell Leisen, Robert Z. Léonard, Mervyn LeRoy, Frank Lloyd, Ernst Lubitsch, Leo McCarey, Norman Z. McLeod, Rouben Mamoulian, Archie Mayo, Lewis Milestone, Elliot Nugent, Henry C. Potter, Gregory Ratoff, Roy del Ruth, Mark Sandrich, Alfred Santell, Ernest Schoedsack, John M. Stahl, Josef von Sternberg, George Stevens, Norman Taurog, Richard Thorpe, W. S. Van

2 »Les soixante-trois de J.-P. Melville«, in: *Cahiers du cinéma* Nr. 124 (Oktober 1961), S. 63. (Im selben Heft erschien ein langes Interview, das Claude Beylie und Bertrand Tavernier mit Melville führten.) Tatsächlich sind vierundsechzig Namen aufgelistet.

Gloria Swanson in Sunset Boulevard *von Billy Wilder (Filmbild Fundus Robert Fischer)*

Dyke, King Vidor, William Wellman, James Whale, Sam Wood, William Wyler.³

Von Walsh hat mir vor dem Krieg kein einziger Film gefallen, denn sie waren alle am Rande, hatten alle etwas Mißlungenes. Glauben Sie mir, Walsh ist ein armseliger Regisseur. Es ist traurig zu sehen, wie sehr die jungen Leute sich irren und in welchem Maße ein einzelner Kritiker eine ganze Generation beeinflussen kann – ich denke an Pierre Rissient. Rissient hat keinen Geschmack. Er glaubte, Walsh besitze Talent, das hat er auch geschrieben, und er hat es so lange wiederholt, bis sich in Paris eine Art lachhafter Religionsgemeinschaft aus Walsh-Anhängern gebildet hat. Der einzige Film von Walsh, den ich in meinem Leben gemocht habe, ist *Objective Burma (Der Held von Burma)*, den er 1945 gedreht hat. Doch ich müßte ihn noch einmal sehen,

3 Der vierundsechzigste Name in der ursprünglichen Liste war Cecil B. DeMille, den Melville wohl vor der Veröffentlichung zu streichen vergessen hatte (siehe seine nachfolgenden Bemerkungen zu DeMille, die daran keinen Zweifel lassen).

bevor ich endgültig urteile; vielleicht ist er doch nicht so besonders.

Ich habe auch nie einen Film von DeMille gesehen, der völlig geglückt gewesen wäre. Ich glaube – vor allem seitdem ich *Sunset Boulevard (Boulevard der Dämmerung)* gesehen habe –, daß DeMille in erster Linie Schauspieler ist, ein wunderbarer Schauspieler. Das Problem ist, daß er niemals ein richtiger Regisseur war, wie alle Schauspieler, die durch Zufall Regisseur werden, ganz im Gegensatz zu Orson Welles.

Haben Sie schon einmal daran gedacht, eine neue Liste mit amerikanischen Regisseuren der Nachkriegszeit aufzustellen?
Ja, ich finde, das sollte man machen, obwohl ich nicht glaube, daß man unter den neueren Regisseuren dreiundsechzig wichtige finden würde. Wissen Sie, der Krieg hat alles durcheinandergebracht. Eine ganze Welt ist verschwunden, zum Vorteil einer anderen, die immer noch im Begriff ist, sich zu bilden. Sagen wir, daß vor dreißig Jahren, exakt im Mai 1939, eine bestimmte Form der Zivilisation und gleichzeitig mit ihr eine bestimmte Form von Kino mit einem Schlag verschwand. Das war sehr frappierend. 1943, während meines achttägigen Urlaubs in London, habe ich siebenundzwanzig Filme gesehen. Dabei wurde mir sehr schnell klar, daß sich das Kino verändert hatte. Selbst eine Komödie wie *Mr. Lucky* (1943) von Henry C. Potter mit Cary Grant und Laraine Day besaß nicht mehr den gleichen Ton. Das Tempo, der Rhythmus der Vorkriegskomödien war darin einfach nicht mehr vorhanden. Regisseure wie Welles, Kazan, Wilder, Wise, Preminger, Mankiewicz – Leute also, die wahrhaftig aus dem amerikanischen Kino hervorgingen – lagen bereits in der Luft, auch wenn sie noch nicht (oder gerade erst) in Erscheinung getreten waren. Damals in London habe ich eine Form des amerikanischen Films kennengelernt, die mir vollkommen neu war. Ich meine nicht *Gone With the Wind (Vom Winde verweht, 1939)*, denn der ähnelte ja tatsächlich noch sehr dem amerikanischen Vorkriegskino, son-

dern die anderen sechsundzwanzig Filme, die alle 1942/43 entstanden. In London haben das Kino und die Welt für mich eine neue Richtung eingeschlagen.

War es nicht die Begegnung mit Clark Gable bei einem Londoner Hemdenschneider, die diese Zeitenwende für Sie markierte?
Zu jener Zeit hatte alles einen Hauch von Magie, vor allem in der zweiten Hälfte des Krieges. Ich trug eine englische Uniform, hielt mich für ein paar Tage in London auf und hatte das Gefühl, daß wir den Krieg gewinnen würden. Auf einmal erkannte man die Bedeutung der Worte, die de Gaulle 1942 an Colonel Passy[4] gerichtet hatte – »Im Prinzip ist der Krieg schon gewonnen, von nun an geht es nur noch um Formalitäten« –, und sie fegten das defätistische Gefühl hinweg, das in Frankreich, woher ich kam, immer noch vorherrschend war.

Wir waren erfüllt von diesem Siegesgefühl und von dieser Verbundenheit mit der enormen Kraft der Amerikaner und der Alliierten, und da wunderte man sich nicht einmal darüber, plötzlich Gott in Person zu begegnen. Die Tatsache, daß ich Clark Gable nur wenige Tage zuvor ohne ein einziges weißes Haar und ohne eine Falte in *Gone With the Wind* gesehen hatte, minderte in keiner Weise den Charme dieses sonnengegerbten Mannes mit den ergrauten Schläfen, den ich am Klang seiner Stimme erkannte, noch bevor ich ihn ansah und er mir strahlend zulächelte.

Wissen Sie, ich habe praktisch alle Ereignisse in meinem Leben zwischen 1930 und 1940 noch exakt im Kopf. Auf Abruf. Immer eingerahmt zwischen zwei Filmen, denn ich erinnere mich an die Reihenfolge, in der ich sie gesehen habe. Manchmal kommt es vor, daß ich zu alten Freunden aus der Vorkriegszeit sage: »Weißt du noch? Das passierte zwischen *Three Comrades* (Frank Borzage) und *Wuthering Heights* (Stürmische Höhen, William Wyler).« Die amerikanischen Filme aus jener Zeit waren Etappen in unserem Leben.

4 Colonel Passy, eigentlich: André Dewavrin (1911–1998), war von 1940 bis 1944 Chef des Geheimdienstes des Freien Frankreichs in London. (In Melvilles *L'Armée des ombres* spielt Dewavrin sich selbst.)

Carné: ein »amerikanischer« Regisseur

Mochten Sie die französischen Vorkriegsregisseure?
Ja, aber nicht ohne Vorbehalte. Lieben heißt aber, ohne Vorbehalte zu lieben. Gewiß vertraten Prévert-Jeanson-Carné[5] trotz allem ein sehr schönes Kino. Ich erinnere mich unter anderem eines Films, den ich sehr mochte, als er herauskam: *Le Jour se lève (Der Tag bricht an,* 1939) von Carné. Ich sage immer Carné, weil ich damals, als diese Filme mich beeindruckten, noch nicht wußte, welchen Anteil Jacques Prévert daran hatte. Heute weiß ich, daß man Prévert zu huldigen hat. Carné war nur für die Ausführung zuständig. Das Rückgrat, das Skelett, die Geschichte, die Dialoge, die Wahl der Schauspieler, das war Prévert. Doch schließlich soll man nicht den »amerikanischen« Regisseur heruntermachen, der Carné war, denn Carné hätte, wenn Sie so wollen, sehr gut in Hollywood mit einem fremden Skript arbeiten können. In meiner »Liste der dreiundsechzig« gibt es etwa vierzig Regisseure, die nur Carnés waren, was gar nicht so schlecht ist. Wenn ich es mir recht überlege, könnte ich mir, wenn ich eine gute Geschichte fände und die richtigen Schauspieler dazu, durchaus vorstellen, Carné die Regie für einen Film zu übertragen. Natürlich müßte man genauso auch die Dekors für ihn auswählen, denn sonst würde vielleicht so etwas wie *Les Jeunes Loups (Wie junge Wölfe)* oder *Du mouron pour les petits oiseaux (Futter für süße Vögel)* dabei herauskommen.

Nein, den französischen Film meiner Jugendzeit mochte ich nicht, aus diesem Grund zog ich mich in den amerikanischen Film zurück. Im übrigen hat es noch heute etwas Abwertendes, wenn man »französischer Film« sagt.

Melville und Melville

Sie heißen eigentlich Jean-Pierre Grumbach, haben Ihren Namen aber geändert in Jean-Pierre Melville. Weshalb?

5 Der Regisseur Marcel Carné (1909–1996), bekanntester Vertreter des »poetischen Realismus«, verfilmte das Drehbuch *Hôtel du Nord (Hotel du Nord,* 1938) von Henri Jeanson (1900–1970). Jacques Prévert (1900–1977) schrieb die Drehbücher zu Carnés bekanntesten Vorkriegsfilmen – *Jenny* (1936), *Drôle de drame (Ein sonderbarer Fall,* 1937*), Quai des brumes (Hafen im Nebel,* 1938) und *Le Jour se lève* – ebenso wie zu Carnés späteren Meisterwerken *Les Visiteurs du soir (Die Nacht mit dem Teufel,* 1942*), Les Enfants du Paradis (Kinder des Olymp,* 1945*)* und *Les Portes de la nuit (Pforten der Nacht,* 1946*).*

Aus reiner Bewunderung für einen Autor, einen Künstler, der mich berührt hat wie kein anderer und mit dem ich mich identifizieren wollte.

Drei amerikanische Schriftsteller haben meine Jugend geprägt: Edgar Allan Poe, Jack London und eben Herman Melville. Wenn man jung ist, weiß man nicht genau, welche Mythologie im Erwachsenenalter die eigene sein wird. Für mich rangieren heute Melville und London gleich.

Ich entdeckte Melville, als ich lange vor Jean Gionos *Moby Dick*-Übersetzung auf englisch *Pierre, or the Ambiguities* las, ein Buch, das mich für immer geprägt hat.

Ich hatte den Namen Melville, lange bevor ich Filme drehte, angenommen, ich trug ihn während des ganzen Krieges. Als der Krieg eines Tages zu Ende war und ich mich wieder Grumbach nennen wollte, mußte ich feststellen, daß es praktisch unmöglich war, die Uhr zurückzustellen. Nicht nur weil mich nun Hunderte von Leuten unter dem Namen Melville kannten, der auf allen meinen Militärpapieren eingetragen war. Unter dem Namen Melville bin ich sogar ausgezeichnet worden.

Um ganz offen zu reden: Dieses Namensproblem interessiert mich nicht so. In den USA können die Leute den Namen wie das Hemd wechseln. Man kann sich nennen, wie man will und wann man es will, das hat keine Bedeutung. Ein Name bedeutet nichts.

Ich liebe die Abstraktionen sehr, und ein Name ist die abstrakteste Sache der Welt.

MEINE ERBSÜNDE

Der Zauberlehrling

Als Sie im November 1945 wieder ins Zivilleben eintraten, wollten Sie unbedingt Filme machen und sind schließlich Ihr eigener Produzent geworden ...
Als ich aus dem Krieg zurückkehrte, wandte ich mich wegen der Zulassung zu einer Stelle als Assistent an die Filmtechnikergewerkschaft. Ich bekam einen Termin bei Marc Maurette und René Lucot, die mich fragten, was ich schon gemacht hätte. Aber um schon etwas gemacht zu haben, hätte ich qualifiziert sein müssen, und die Qualifikation war eben jener Schein von der Gewerkschaft. Diesen nicht vorweisen zu können reichte aus, um nicht beschäftigt zu werden. Haben Sie eine Vorstellung davon, wie weit die kommunistische Diktatur reichte? Ich sage bewußt kommunistische Diktatur, nicht Gewerkschaftsdiktatur, denn die Filmtechnikergewerkschaft war bereits vollständig in den Händen eines Burschen, den ich sehr mag und der sich inzwischen sicher sehr verändert hat, viel mehr als er selber zugeben würde, Louis Daquin.[1]

Jedenfalls herrschte zu jener Zeit der Stalinismus in Reinform. Je mehr man während des Krieges, während der Besatzung, eine, sagen wir, geschmeidige Haltung an den Tag gelegt hatte, desto mehr war man nach der Befreiung Kommunist.

Um gegen den oben beschriebenen Teufelskreis anzukämpfen, gründete ich meine eigene Produktionsfirma. Ich habe Daquin übrigens erst kürzlich wiedergesehen, bei den Dreharbeiten zu meinem Film *L'Armée des ombres (Armee im Schatten)*, und er hat mir zugestanden, daß er im Unrecht war. Ich finde, ab dem Moment, da Ihnen jemand sagt: »Ich hatte unrecht!«, muß man ihm seine Fehler komplett und gänzlich verzeihen. Daquin hat mir zu einer bestimmten Zeit sehr viel Kummer bereitet, aber es war vielleicht von Nutzen, daß ich mich mit Leuten wie

[1] Louis Daquin (1908–1980), französischer Regisseur.

Daquin und Claude Autant-Lara herumschlagen mußte. Wenn sie sich verändert haben, dann habe auch ich mich verändert. Wenn Lara und Daquin auf großem Umweg zu meiner Haltung von 1947 gekommen sind, dann bin ich (freilich nicht auf politischer Ebene) auf großem Umweg zu ihrer Genossenschaftsphilosophie gekommen. Nun, wir alle wissen, daß Korporativismus Faschismus ist. Ich sage es zwar nicht gerne, aber wenn wir ehrlich sind, ist es doch folgendermaßen: Ich frage mich, ob man heutzutage in der Frage der Qualifikation nicht ein bißchen anspruchsvoller sein sollte. Wenn man weiß, daß jedes Jahr zwischen fünfzig und sechzig neue Regisseure ihren ersten Film drehen, dann jagt einem das Schauder über den Rücken. Das Kino hat aufgehört, eine höhere Sache zu sein! Selbstverständlich hat jeder das Recht, Regisseur zu werden, aber nicht egal wie, und nicht, um egal was zu machen. Es beunruhigt mich zutiefst – ich bin Vorsitzender der Zensurkommission und sehe Filme, die es nicht verdienen, gedreht worden zu sein –, wenn ich höre, daß das Centre National de la Cinématographie heute fünfzig Millionen alte Franc an einen jungen Regisseur gibt, der damit zum Teil Unsägliches auf die Leinwand bringt. Ich stelle mir daher folgende Frage: Hatten Daquin und Lara, als sie sich mir mit solcher Gewalt und solcher Kraft entgegenstellten – mit Mitteln übrigens, die sie heute gar nicht mehr zur Verfügung hätten –, hatten sie damals nicht sogar ein bißchen recht? Mit anderen Worten: Ich war der Zauberlehrling! Ich habe damals die Meinung vertreten, jeder habe das Recht, einen Film zu machen – und das denke ich auch heute noch –, und jetzt leidet das Kino ein bißchen unter den Folgen davon. Ich finde, es erfordert eine irrsinnige Liebe zum Kino, selber Filme zu machen. Außerdem sollte man sich enorm auskennen in der Materie. Ich meine das nicht nur in technischer Hinsicht. 1947 war ich unschlagbar, kannte mich in allem aus und konnte sogar die Vorspanntitel der Filme auswendig herunterbeten. Ich habe immer dazu gelernt, was Film betrifft, ich habe nie aufgehört, Film zu studieren. Schon als kleines Kind habe ich gesagt: »Wenn ich groß bin, mache ich Filme!« Zur größten Verwunderung aller Leute, denn zu jener Zeit wollte niemand etwas mit Film zu tun haben. Ich bin der einzige meiner Generation, der schon vor dem Krieg verkündet hat: »Ich will Regisseur werden!« Endgültig hatte ich diese Gewißheit, als ich *Cavalcade* (1933) von Frank Lloyd sah, einen Film, den ich damals sehr mochte.

Vierundzwanzig Stunden im Leben eines Clowns

Wie kam es dann, daß Sie Ihren ersten Film drehten, der Ihr einziger Kurzfilm bleiben sollte: Vingt-quatre heures de la vie d'un clown? Noch lange vor dem Kino zählte der Zirkus zu meinen ersten großen Leidenschaften. Aus dieser Leidenschaft erwuchs eine Freundschaft: die zu Beby, dem Clown. Bresson hatte einen sehr hübschen Film gemacht, *Les Affaires publiques* (1933), in dem Beby ein wenig der Vorläufer von Chaplin in *The Great Dictator* (1940) war.[2] Ich wollte mir meine ersten Sporen verdienen, indem ich Beby, dem letzten der großen Clowns, ein Denkmal setzte, mit einem Film über eine Kunst, die im Begriff war auszusterben. Unglücklicherweise habe ich den Film total vermasselt, und es ist allein meine Schuld. 1946, kurz nach dem Krieg, war das Filmmaterial knapp. Man bekam es nur gegen Gutscheine. Also habe ich auf dem Schwarzmarkt Agfa-Material von 1942 gekauft! Ich weiß nicht, ob Sie sich klarmachen, was es heißt, wenn Schwarzweißmaterial schon vier Jahre auf dem Buckel hat. Das ist völlig verrückt! Das Material war schon ganz verzogen durch das Alter, wir konnten nichts dagegen tun. Und als es darum ging, den Film zu synchronisieren – ich hatte aus Geldmangel stumm drehen müssen –, erfuhr ich, daß Beby nicht lesen konnte. Ich mußte die Synchronisation Wort für Wort machen, wodurch ich wiederum gezwungen war, den Schnitt zu verändern. Das Ergebnis war so grauenvoll, so entsetzlich, daß ich das Ganze in einen Schrank geschlossen habe und nie mehr

2 Der Kurzfilm *Les Affaires publiques* (1934), Robert Bressons Regiedebüt, ist eine Slapstickkomödie, in der Beby und Marcel Dalio die Oberhäupter zweier benachbarter Republiken spielen, die Staatsakte – die Enthüllung einer Statue, eine Schiffstaufe – unweigerlich in Chaos verwandeln.

hervorholen wollte. Eines Tages fragte mich Pierre Braunberger[3], ob ich nicht vor *Le Silence de la mer (Das Schweigen des Meeres)* schon etwas gedreht hätte, und da habe ich mich dazu hinreißen lassen einzuräumen, daß es da noch diesen minderwertigen Kurzfilm von mir gibt. Er hat so sehr darauf bestanden, ihn sich anzusehen, daß ich ihm den Film schließlich vorgeführt habe. Das Schlimmste war, daß er ihn mochte und mich überredete, ihn ihm zu geben, obwohl ich ihm meine Bedingungen genannt hatte: Mein Name sollte aus dem Vorspann verschwinden, die Tonspur, alles. Neulich hat er mir erzählt, er habe sehr viel Geld mit diesem Film verdient.

Vingt-quatre heures de la vie d'un clown ist etwas, was ich gern vergessen können möchte. Dieser Film ist meine Jugendsünde, meine Erbsünde. *You can't run away from it!*

[3] Pierre Braunberger (1905–1990), französischer Filmproduzent, ein Freund Jean Renoirs ebenso wie ein Förderer der Nouvelle Vague.

LE SILENCE DE LA MER
(DAS SCHWEIGEN DES MEERES, 1947)

Put Out the Light

Als es darum ging, Ihren ersten Langfilm zu drehen, haben Sie sich dafür entschieden, Vercors' Erzählung Le Silence de la mer *zu adaptieren.[1] Wann und wie ist die Idee entstanden, diesen Film zu drehen?* Ich war fest entschlossen, *Le Silence de la mer* zu meinem ersten Film zu machen, und zwar seit dem Tage, da mir Jean-Paul de Dadelsen, der elsässische Dichter, der 1957 starb, die Novelle von Vercors zu lesen gegeben hatte. Es handelte sich um die englische Ausgabe, und das Buch hieß *Put Out the Light*. Das war 1943.

Als ich kurze Zeit später bei *France Libre* nach den Rechten fragte, wollte es der Zufall, daß derjenige, der darüber zu entscheiden hatte, Jean-Pierre Bloch war, später Minister unter de Gaulle. Jean-Pierre Bloch war ein Jugendfreund von mir und zu jener Zeit rechte Hand von Colonel Passy. Als er mir sagte, daß er soeben aus Südamerika eine Anfrage von Louis Jouvet erhalten habe, der ebenfalls einen Film daraus machen wollte, antwortete ich ihm: »Aber du hast nicht das Recht, darüber zu entscheiden, du weißt ja noch nicht einmal, wer Vercors ist! Mache dich auf eine Menge juristischen Ärger gefaßt.« Ich ging sogar so weit, mir Ilja Ehrenburgs Argument zunutze zu machen, der gesagt hatte, dieses Buch sei »ein provokatives Werk, mit Sicherheit von einem Nazi geschrieben, um die propagandistische Aktion der Gestapo zu unterstützen«. Ich war so überzeugend, daß Jean-Pierre Bloch sich am Ende weigerte, Jouvet die Drehgenehmigung zu erteilen, der die Rolle Werner von Ebrennacs übrigens selber spielen wollte, weil es in dem Buch die Stelle gibt: »Mir fiel auf, wie verblüffend er dem Schauspieler Louis Jouvet ähnlich sah.«

Genauso wie Margaret Mitchell an Clark Gable dachte, als sie in *Gone With the Wind* die Figur des Rhett Butler beschrieb, hatte Vercors bei Werner von Ebrennac in der Tat Louis Jouvet vor Augen!

1 *Le Silence de la mer* des französischen Autors Vercors (1902–1991) erschien erstmals 1942 im legendären Untergrundverlag Éditions de Minuit. Bereits im Herbst 1940, nur wenige Monate nach der deutschen Besatzung Frankreichs, hatten beinahe alle französischen Verlage die Titel vom Markt genommen, die den Besatzern nicht genehm waren. Auch die Neuerscheinungen unterlagen der Zensur sowohl durch deutsche als auch durch französische Instanzen. Um dieser Gleichschaltung der Verlage etwas entgegenzusetzen, gründeten Vercors und Pierre de Lescure die Éditions de

Minuit. Bis zur Befreiung 1944 wurden fünfundzwanzig Bücher von Autoren verlegt, die den unterschiedlichen politischen Gruppierungen des Widerstands verpflichtet waren. Als erster Titel erschien *Le Silence de la mer*, ein literarisches Erstlingswerk, das im Sommer 1941 entstanden war und seinen Autor mit einem Schlag berühmt machte.

Weshalb wollte Vercors Ihnen später nicht die Filmrechte übertragen?
In dem Briefwechsel, der zwischen uns um diese Frage herum entstand, sagte er mir, seine Weigerung sei darin begründet, daß *Le Silence de la mer* zum französischen Nationalerbe gehöre. Maître Arrighi, der eine wichtige Rolle in der Widerstandsbewegung spielte, hatte ihn darum gebeten, niemals die Rechte zu verkaufen, denn er hielt die Vorstellung für unerträglich, aus dieser Erzählung, die während des Krieges für viele eine Art Bibel war und entsprechend verehrt wurde, einen Film zu machen. Diese Ansicht wurde im übrigen ausnahmslos von allen Widerstandskämpfern geteilt. Als ich merkte, wie hartnäckig Vercors sich weigerte, habe ich ihm schließlich gesagt: »Also gut, dann mache ich daraus eben einen Film zu meinem persönlichen Gebrauch!« Seine Antwort ließ nicht lange auf sich warten: »Auch dafür gebe ich Ihnen nicht mein Einverständnis!« Am Ende mußte ich mich dazu verpflichten, den Film nach seiner Fertigstellung von einer aus Résistance-Mitgliedern zusammengesetzten Jury begutachten zu lassen, die von Vercors persönlich einberufen werden sollte. Falls sich auch nur eine einzige Stimme gegen eine Aufführung des Films aussprechen sollte, würde ich das Negativ verbrennen.

Die Tatsache, daß Sie bis 1947 warten mußten, um mit den Dreharbeiten zu Le Silence de la mer *beginnen zu können, hat es Ihnen erlaubt, ihn mit Ihrer eigenen Firma zu produzieren ...*
Meine Produktionsfirma hat mir aber nichts genützt, und zwar aus dreierlei Gründen:

1) Ich hatte es nicht geschafft, mir die Filmrechte an dem Buch zu sichern.

2) Ich war kein Mitglied der Regiegewerkschaft, denn ich wollte mich nicht organisieren.

3) Da ich nicht der Berufsgenossenschaft angehörte, hatte ich auch keinen Anspruch auf Gutscheine für Filmmaterial.

Meine persönliche Freiheit beraubte mich also automatisch jeder Hilfe, sowohl finanzieller als auch anderer Art.

Siebenundzwanzig Drehtage

Sie haben Le Silence de la mer *also heimlich gedreht, ohne die Rechte erworben zu haben und ohne Hilfe, vollkommen außerhalb des damaligen Produktionssystems?*
Trotz allem hatte ich es doch noch geschafft, von einer einzigen, aber entscheidenden Seite Unterstützung zu erhalten: vom Kopierwerk! Ich hatte das Glück, auf einen Widerstandskämpfer zu stoßen, Monsieur Colling, dem damaligen Leiter des GTC-Kopierwerks, und er sagte mir: »Monsieur Melville, ich habe Vertrauen zu Ihnen. Machen Sie diesen Film. Wenn Monsieur Vercors Ihnen am Ende der Dreharbeiten immer noch die Rechte verweigert, nun ja, dann schulden Sie mir Geld, das Sie mir eines Tages zurückzahlen werden!« Er hat nicht einmal einen Wechsel von mir verlangt. Nichts! Dieser Mann hat mir sehr geholfen, das kann ich nicht genug betonen.

Die erste Klappe fiel am 11. August 1947, insgesamt waren es siebenundzwanzig Drehtage. Ich drehte immer dann, wenn ich wieder genug Geld zusammengekratzt hatte, um alles bezahlen zu können: die Miete für die Ausrüstung und die Gage für meinen einzigen Beleuchter; den Bus, der uns zu Vercors' Haus fuhr; meinen Kameramann Henri Decaë und meine Schauspieler. Mir lag sehr daran, jeden Abend allen ihren Lohn zu geben. Auf diese Weise hatten wir siebenundzwanzig Zahltage. Ich hatte keine Versicherung abgeschlossen, und falls es während der Dreharbeiten einen Unfall gegeben hätte, hätte ich den Film nie beenden können.

Wie haben Sie Ihre Schauspieler gefunden?
Für die Rolle des Onkels hatte ich an Jean-Marie Robain gedacht, einen Kriegskameraden, den ich aus den Augen verloren hatte. Eines Tages begegnete ich ihm zufällig auf der Straße, und es stellte sich heraus, daß er – ein unglaublicher Zufall! – in derselben Straße wohnte wie ich. Diese Art von Zeichen darf man nicht mißachten: Robain bekam die Rolle!

2 Der Schweizer Schauspieler Howard Vernon (1914–1996) wirkte ab 1945 in rund 150 Filmen mit. Nach *Le Silence de la mer* spielte er wichtige Rollen unter anderem in Jean-Luc Godards *Alphaville (Lemmy Caution gegen Alpha 60, 1965)*, Woody Allens *Love and Death (Die letzte Nacht des Boris Gruschenko, 1975)*, *Der Tod des Empedokles* (1987) von Jean-Marie Straub und Danièle Huillet sowie in *Delicatessen* (1991) von Jean-Pierre Jeunet und Marc Caro. Melville griff noch drei weitere Male auf ihn zurück, aber am häufigsten stand Vernon für den spanischen Regisseur Jess Franco in dessen Exploitation-Filmen vor der Kamera. Als Sproß einer Basler Hotelierfamilie wuchs Vernon in verschiedenen Ländern mehrsprachig auf. In Zürich absolvierte er ein Schau-

Was Howard Vernon[2] betrifft, so hatte ich ihn in *Jericho* (1946) gesehen, einem Film von Henri Calef, und fand, daß er genau richtig für die Figur wäre, auch wenn es damals sehr viele deutsche Schauspieler in Paris gab. Nicole Stéphane war eine Freundin der Familie. Als sie mir eines Tages ihren Wunsch verriet, Regisseurin zu werden, antwortete ich ihr: »An dem Tag, an dem ich meinen ersten Film mache, werde ich Sie als Assistentin engagieren, aber lassen Sie mich sagen, daß es mir noch lieber wäre, Sie als Schauspielerin verpflichten zu können.« Ihr sehr klares Profil und ihr strahlender Blick paßten sehr gut zur Rolle der Nichte.

Bei Vercors

Weshalb wollten Sie den Film in Vercors' Haus drehen?
Dort hatte sich Vercors diese auf wahren Elementen basierende Geschichte ausgedacht. Ein hinkender deutscher Offizier, der Tennis spielte, um sein Bein zu trainieren, hatte tatsächlich in seinem Haus gewohnt. Allerdings hatte sich zwischen ihnen keinerlei Beziehung entwickelt. Vercors hatte aber bemerkt, daß dieser Offizier ein wenig aus der Reihe fiel, denn in seinem Zimmer gab es eine Menge Bücher, die auf eine hohe Bildung schließen ließen, und kein Hitlerbild, sondern eine Büste von Pascal.

Ausgehend von diesen Dingen hatte Vercors also eine Geschichte geschrieben und diese um poetische Elemente ergänzt. So wurde beispielsweise aus seiner Frau seine Nichte, denn so konnte er viel überzeugender die Liebe als Thema einfügen.

Am ersten Drehtag waren Vercors und seine Frau abwesend. Emmanuel d'Astier de la Vigerie, dem sie ihr Haus geliehen hatten, öffnete mir die Tür. Auf mein »Guten Tag, Herr Minister!« erwiderte er mit spürbarer Verachtung: »Aha, Sie sind das – das Kino!« Und damit verzog er sich wieder in den Garten, ohne uns bis zum Abend auch nur die geringste Beachtung zu schenken.

Am letzten Drehtag regte sich Vercors' Frau, die früher zurückgekehrt war als erwartet, über das unvermeidliche Durch-

Howard Vernon (links) in Le Silence de la mer *(Coll. Rui Nogueira)*

einander in ihrem Haus sehr auf. Sinngemäß warf sie mir an den Kopf: »Monsieur, dieses Haus hat die Deutschen erlebt, aber die Deutschen haben es wenigstens respektiert!« Darauf meine Antwort: »Aber Madame, die Deutschen haben ja auch keinen Film gedreht!«

Ich hätte alles im Studio drehen können oder in einem ähnlichen Haus näher bei Paris, denn im Grunde brauchte ich nur ein Zimmer von vier mal fünf Metern, aber mir war der Originalschauplatz doch lieber, wobei mir sehr wohl klar war, daß mir dies in den Augen der Jury keinerlei Bonus einbringen würde.

Sie haben den Film nicht mit Henri Decaë als Kameramann begonnen, auch wenn Sie ihn mit Le Silence de la mer *eigentlich entdeckt haben ...*³

spielstudium. Auf dem Weg nach London zu seinem ersten Engagement wurde er durch den Kriegsausbruch in Paris festgehalten, wo er seither lebte. Er hatte die Schweizer Staatsbürgerschaft aber stets beibehalten und verstand sich als international tätiger Schweizer Schauspieler. Bekannt war Vernon auch als Photograph.

3 *Le Silence de la mer* war der erste von über siebzig Filmen, bei denen Henri Decaë (1915–1987) an der Kamera stand – und der erste von sieben Filmen für Jean-Pierre Melville. Decaë gilt neben Raoul Coutard als wichtigster Kameramann der Nouvelle Vague und hat häufig für Louis Malle, Claude Chabrol und François Truffaut gearbeitet.

Richtig, ich habe die Dreharbeiten mit Luc Mirot begonnen. Er drehte die Szene im Sommer, wenn Vernon mit seinem Tennisschläger unterm Arm ankommt, und dann die gegen Ende des Films in seinem Zimmer, wenn Vernon sich anzieht, kurz bevor er verschwindet. Als wir diese Szene drehten, weigerte sich Luc Mirot, die Einstellung so auszuleuchten, wie ich wollte. Als ich nicht nachgab, rief er aus: »Wenn ich sie so ausleuchte, wie du's dir vorstellst, wird das Mist!« Woraufhin ich erwiderte: »Ich will Mist!« Am nächsten Tag habe ich ihn gefeuert. Danach kam ein anderer Kameramann, André Vilar, aber das hat auch nicht funktioniert. Und dann hat sich Henri Decaë vorgestellt, der jahresweise bei Jean Mineur arbeitete.

So machte ich also die Bekanntschaft von Henri Decaë, einem ebenso sympathischen wie schüchternen jungen Mann von großer Intelligenz, der außerdem, was Film betraf, den gleichen Geschmack hatte wie ich. Der erste Tag unserer Zusammenarbeit verlief sehr angenehm, am zweiten ging es noch besser. Vom dritten Tag an war alles in Butter. Wir verstanden uns so gut, daß wir uns alles teilten: das Drehen, den Schnitt, die Synchronisation und die Mischung.

Eine antikinematographische Erzählung

Trotz Ihrer extremen Treue zur Vorlage und zum Geist des Buches ist Ihnen ein sehr persönliches Werk gelungen, indem Sie es schafften, an keiner Stelle in die Fallen des abgefilmten Theaters zu geraten.
Was mir so außerordentlich an *Le Silence de la mer* gefiel, war die antikinematographische Seite der Erzählung, die mich unmittelbar auf den Gedanken brachte, einen antikinematographischen Film daraus zu machen. Ich wollte eine Sprache ausprobieren, die ausschließlich aus Bildern und Tönen bestand, aus der die Bewegung und die Handlung praktisch verbannt waren. Ich habe also den Film ein wenig wie eine Oper konzipiert. Das Ergebnis kann nicht so schlecht gewesen sein, denn seitdem hat es etliche ande-

re Filme dieser Art gegeben. Mitunter – ich denke an die Kritiken, die nach dem Start von *Le Samuraï (Der eiskalte Engel)* und *L'Armée des ombres* geschrieben wurden – muß ich lesen: »Melville bressonisiert.« Tut mir leid, aber es war Bresson, der immer melvillisierte! Sehen Sie sich *Les Anges du péchés (Das Hohelied der Liebe/Engel der Sünde)* und *Les Dames du Bois de Boulogne (Die Damen vom Bois de Boulogne)* noch einmal an, und Sie werden sehen, daß sie noch keine richtigen Bresson-Filme sind. Wenn Sie dagegen *Le Journal d'un curé de campagne (Tagebuch eines Landpfarrers)* wieder sehen, werden Sie feststellen, daß das ein melvillescher Film ist! *Le Journal d'un curé de campagne,* das ist *Le Silence de la mer!* Es gibt identische Einstellungen. Zum Beispiel die, in der Claude Laydu auf dem Bahnsteig auf den Zug wartet, ist die gleiche wie die mit Howard Vernon in meinem Film. Und die Off-Stimme des Erzählers ... Robert Bresson hat sich übrigens nicht dagegen verwahrt, als ihn André Bazin eines Tages fragte, ob er von mir beeinflußt sei. Das alles ist seither in Vergessenheit geraten.

Le Silence de la mer ist dreiundzwanzig Jahre alt, er entstand lange vor ähnlichen Experimenten, die heute als Vorreiter in bezug auf transponierte antifilmische Erzählweisen gelten.

Ohne dadurch die Einheit der Erzählung zu zerstören, haben Sie Ihrem Film zwei Sequenzen hinzugefügt, die im Buch nicht existieren. Die erste ist die, in der sich Howard Vernon und Nicole Stéphane im Schnee begegnen.
Ich wollte meinen Charakteren alle erdenklichen Möglichkeiten bieten, sich über ihre Liebe zueinander bewußt zu werden. Eine dieser Möglichkeiten – die das Buch mir nicht anbot – war diese Begegnung unter freiem Himmel, ohne die Anwesenheit eines Dritten. Sie hätten stehen bleiben und miteinander reden können, sie hätte den Blick heben und ihm ein Lächeln schenken können ... Im Haus hätte das nicht stattfinden können, denn das junge Mädchen und ihr Onkel waren Gefangene jener Haltung,

für die sie sich am Tag der Ankunft des Deutschen entschieden hatten, und sie konnte in Anwesenheit ihres Onkels unmöglich davon abweichen.

Um diese Begegnung zu filmen, haben Sie sich innerhalb des Schuß-Gegenschuß-Verfahrens dafür entschieden, für Nicole Stéphane eine feste Einstellung zu verwenden und für Howard Vernon eine Fahrt. Warum?
Weil er mit dem Wunsch, etwas zu tun, auf sie zugeht, während sie sich verkrampft. Aber das gehört zu den Mitteln der Regie, die dem Publikum eigentlich nicht auffallen sollten. Sobald der Zuschauer die Absichten der Inszenierung durchschaut, gerät der Rhythmus des Films unweigerlich aus dem Takt.

Das Zittern des Bildes in den Einstellungen mit Howard Vernon ist auf eine Unregelmäßigkeit in der Kamera zurückzuführen. Sie lief zu schnell. Ich mußte den Rhythmus verlangsamen, indem ich jedes dritte Einzelbild doppelt kopieren ließ, aber das Bild springt trotzdem noch. Der Effekt war also ganz und gar nicht beabsichtigt, obwohl es mir jetzt ein Leichtes wäre, ihn zu einem ganz bewußten Regieeinfall zu erklären!

Die zweite hinzugefügte Sequenz ist die am Ende, wenn Vernon die aufgeschlagene Zeitung findet, so daß er die Schlagzeile lesen kann: »Es ist anständig, daß ein Soldat ungehorsam ist gegenüber verbrecherischen Befehlen.«
Damit sollte der Versuch des Onkels Ausdruck finden, diesen Mann, der beginnt, ihm sympathisch zu werden, aufzurütteln. Ohne das Wort direkt an ihn zu richten, will er ihm klarmachen, daß er noch Zeit hat, sich zu retten. Für diese Szene habe ich jene Seite aus *L'Humanité* benutzt, auf der zur Zeit der Affäre Marty und Tillon jener Satz von Anatole France zu lesen war. Die beiden französischen Matrosen hatten im Schwarzen Meer auf ihrem Schiff eine Meuterei entfacht, indem sie sich den Befehlen ihres Kommandanten widersetzten, der sie angewiesen hatte, die Rote Armee zu bombardieren. Wunderbar, oder?

Ein Deutscher in Paris

Hatten Sie keine Schwierigkeiten, mit Howard Vernon in deutscher Uniform auf den Straßen von Paris zu drehen?
Wir riskierten permanent, daß man uns verprügelte! Schließlich darf man nicht vergessen, daß nur zwei Jahre zuvor die Deutschen ja noch da waren.

Meistens nahm ich Vernon in meinem Auto mit, ließ ihn am Drehort aussteigen und drehte mit ihm auf der Straße sehr schnell jene Einstellungen, die exakt die Gegenschüsse einiger Archivaufnahmen darstellten, die ich vorher schon ausgewählt hatte. Aber es gab Momente, da mußte ich tatsächlich noch etwas in Szene setzen, zum Beispiel die Sache in der Rue de Rivoli mit den beiden deutschen Wachsoldaten vor dem Hotel Continental. Solche Szenen fingen wir ganz hastig ein, weil wir immer mit Ärger rechnen mußten.

Diese Einstellungen in Paris dienen dazu, die Berichte des deutschen Offiziers von seinen beiden Urlauben zu illustrieren. Beim ersten Mal sieht man auf den Straßen der Stadt keinen einzigen anderen Deutschen.
Wenn Vernon das erste Mal nach Paris kommt, gibt es keine anderen Deutschen auf der Leinwand, weil er keine bemerkt. Man darf nicht vergessen, daß er Deutscher ist und seine Landsleute ihn in keiner Weise stören. Ihm werden die Tragweite der Besatzung und deren Folgen eigentlich erst nach dem Abend, den er mit seinen Kameraden verbringt, bewußt. Erst nach dieser Erkenntnis findet der zweite Urlaub statt; jetzt spricht er von den Deutschen in den Straßen, und jetzt sieht man diese Deutschen.

Für die Szenen in der Kommandantur bin ich in das Büro gegangen, das auch in der Realität diesem Zweck diente, wegen des Blicks aus dem Fenster auf die Oper. Die tatsächlichen Ereignissen lagen noch nicht so weit zurück, und das erforderte einen großen Realismus sowohl in der Beschreibung der Deutschen als auch der Besatzung überhaupt. Wir konnten nicht einfach irgend etwas erfinden. Heute hätten solche Details überhaupt keine Bedeutung.

In der Buchvorlage gibt es einen Satz, den Sie für den Film übernommen haben und der von Ihnen stammen könnte: »Ich leide darunter, einen Menschen zu kränken, selbst wenn er mein Feind ist.«
Absolut! Weshalb entscheidet man sich für ein bestimmtes Buch? Weil es Situationen und Sätze enthält, die Teil von uns selbst und unserem Leben sind. Gerbier in *L'Armée des ombres* besitzt viele Züge, die ich an mir selber kenne, und falls ich Priester geworden wäre, dann zweifellos ein Priester im Stile von Léon Morin. Aber ich würde sogar noch weiter gehen als Vercors: »Ich füge keinem Menschen Leid zu!« Ich glaube, daß die einzige Art, selbst respektiert zu werden – und mir liegt daran! –, die ist, die anderen vollständig zu respektieren.

Ein anderer Satz, den Sie beibehalten haben, ist der, wenn der Onkel im Off sagt: »Meine Nichte hatte ihre Schultern mit einem Seidentuch bedeckt, auf dem zehn irritierende Hände, von Jean Cocteau entworfen, sanft aufeinander zeigten.« Gehört die Tatsache, daß Vercors diesen Hinweis auf Cocteau einbaut, jenen Autor also, dessen Les Enfants terribles *Sie als nächstes verfilmen würden, zur gleichen Art von Zeichen und Zufällen, die Sie veranlaßt haben, Jean-Marie Robain als Schauspieler in* Le Silence de la mer *auszusuchen?*
Ja, das war eine Methode, die Dinge miteinander zu verbinden. Ich kannte Cocteau sehr gut, und ich liebte, was er machte. Ich habe die Hände selber auf den Stoff gemalt. Als Cocteau den Film sah, war er verwirrt und wollte wissen, wo ich diesen Schal aufgetrieben hatte. Er dachte, er hätte ihn selbst bemalt!

»Zutritt verboten für J ... «

Bei der Frühstücksszene in der Küche haben wir im Vordergrund die Töpfe auf dem Herd, in der Bildmitte den Onkel und die Nichte, wie

Nicole Stéphane, Howard Vernon und Jean-Marie Robain in Le Silence de la mer *(Coll. Rui Nogueira)*

sie Kaffee trinken, und im Hintergrund Howard Vernon, wie er spricht. Trotzdem ist alles im Bild von einer großen Schärfe ...
Zu jener Zeit fragte sich jeder, wie Orson Welles einige bestimmte Einstellungen in *Citizen Kane* hingekriegt hatte, besonders jene mit dem Selbstmordversuch von Dorothy Comingore[4]. Man sah das Medizinfläschchen und das Wasserglas im Vordergrund, Orson Welles, wie er im Hintergrund ins Zimmer stürzt, und zwischen beidem das Gesicht und den Körper der sterbenden Dorothy Comingore. Aber nur sie war unscharf! Die Meinungen darüber, wie das gemacht wurde, gingen drastisch auseinander. Man sprach sogar von einem Objektiv mit zwei Brennweiten, das jede achtundvierzigstel Sekunde eine der Linsen so verschob, daß Vorder- und Hintergrund für das menschliche Auge scharf er-

[4] Orson Welles' *Citizen Kane* aus dem Jahr 1941 kam erst nach dem Krieg in Paris in die Kinos.

scheinen mußten, und ähnlichem. Jedenfalls ein Haufen Unsinn, unbeschreibliche Phantastereien. Natürlich hat Orson Welles nie erklärt, wie sein Kameramann Gregg Toland das gemacht hatte (Welles hat nie verheimlicht, daß er alles Technische Toland zu verdanken hatte). Nun hatte ich aber *Citizen Kane* unzählige Male gesehen, und ich kam zu der Schlußfolgerung, daß er diese Sequenz nur mit Mehrfachbelichtung gedreht haben konnte. Ich bekam Lust, dieses Experiment ebenfalls auszuprobieren. Ich begann damit, die beiden Töpfe auszuleuchten und zu filmen, und zwar mit einem schwarzen Tuch als Hintergrund. Dann habe ich den Film in der Kamera zurückgespult und die Szene ohne das schwarze Tuch noch einmal aufgenommen, wobei die Töpfe nun im Schatten lagen und dadurch die ausgeleuchteten Töpfe vom ersten Durchgang scharf im Vordergrund zu sehen blieben. Leider gab es beim Drehen zwei Pannen. Zuerst entfernte Decaë in einem unbedachten Moment einen der Töpfe, was uns in Panik und Aufregung versetzte. Wenn Sie genau hinsehen, hat einer der Töpfe zwei Griffe, denn es ist uns nicht gelungen, ihn exakt an seinen alten Platz zurückzustellen. Und dann lief plötzlich die Kamera abermals mit der falschen Geschwindigkeit (mit fünfzehn Bildern pro Sekunde statt vierundzwanzig), wodurch die Bewegungen der Personen zu schnell gewirkt hätten. Ich mußte meine Schauspieler also verlangsamt sprechen – denn Vernon hat hier Dialog – und sich gebremst bewegen lassen, um der Langsamkeit der Kamera annähernd zu entsprechen.

Es gab Probleme über Probleme bei den Dreharbeiten zu diesem Film. Wir mußten beispielsweise neunzehn verschiedene Arten von Film benutzen: von Rochester bis Agfa über Kodak Vincennes. Um Rochester-Film zu entwickeln, benötigte man achtzehn Minuten, für Vincennes dagegen reichten neun Minuten! Man verlor bei diesen Rechnungen ständig den Überblick und riskierte dauernd, die Entwicklung des Negativs zu vermasseln. Aber als ich *Le Silence de la mer* beendet hatte, hatte ich viele Dinge gelernt, unter anderem, klassisch zu sein, das Kino nicht zu revolutionieren. Ich habe niemals das Kino neu erfinden wollen, und ich verachte nach wie vor die Erfindungen, die mit einer gewissen Regelmäßigkeit immer wieder neu gemacht werden. Die Kühnheiten einiger Regisseure stören mich wohl bemerkt überhaupt nicht: zum Beispiel *If ...* von Lindsay Anderson.[5] Allerdings: Was für ein Profi, nicht wahr? Was mir an all diesen Versuchen mißfällt, ist, daß sie im allgemeinen von Amateuren ausgehen, begabten oder nicht, selten von Profis. Bei einem Profi ist es so: Je älter er wird, um so mehr neigt er zum Klassizismus, um so mehr ist er darauf bedacht, die Form zu respektieren. Wenn er das nicht tut, bedeutet das, daß er kein Profi ist.

Le Silence de la mer ist das Werk eines Profis, auch wenn damals sehr bekannte Profis – die heute völlig vergessen sind, wie zum Beispiel Guy Lefranc – diesen Film »amateurhaftes Zeug« genannt haben.

[5] Der britische Regisseur Lindsay Anderson arbeitete in seinem Film *If ...* (1969), der von einer surrealen Revolte in einem englischen Knabeninternat handelt, mit einem verblüffenden Wechsel von Farb- und Schwarzweißsequenzen, einer Alternierung, die keiner Regel oder Struktur zu folgen scheint.

Kehren wir noch einmal zu der Art und Weise zurück, wie Sie mit der Erzählung umgegangen sind. Das einzige Mal, daß man den Lärm des Krieges hört, ist die Szene, in der Vernon die Kathedrale von Chartres beschreibt. Man sieht die Kathedrale, die Kamera schwenkt nach rechts und erfaßt die Kanone, die fünf Schüsse abgibt.

Diese Aufnahme beginnt mit der Kathedrale von Chartres, dann schwenke ich in den Himmel und wieder herab auf das Rohr eines Panzers, der nie die École Militaire in Paris verlassen hat und dort noch immer unbeweglich steht. Um den Himmel über Chartres mit dem über Paris zu verbinden, habe ich während des Schwenks einfach überblendet. Wenn Vernon den Befehl gibt zu feuern, sind wir schon in Paris.

Und wie haben Sie die Szene im Café gedreht, mit der Wirtin hinter der Theke?

Gedreht wurde in einem Café, das ich in einem kleinen Dorf vor Paris entdeckt hatte. Als erstes bat ich Decaë, seine Kamera aufzubauen, und sagte ihm, er solle sich keine Sorgen machen, egal was passiere. Während ich auch die Wirtin beruhigte, fummelte ich an der Tür der Telefonzelle herum und befestigte daran heimlich ein Schild mit der Aufschrift: »Zutritt verboten für Juden.« Zu diesem Zeitpunkt war Vernon schon an seiner Position für die Aufnahme. Ich sagte zur Wirtin: »Sie werden sehen, Madame, das geht ganz schnell, Sie brauchen Monsieur Vernon nur das Wechselgeld zurückgeben.« Die Leute, die das Café verlassen wollten, bat ich, sich kurz zu gedulden, dann rief ich »Bitte!«, und es wurde gedreht. Zwei Minuten später war die Szene im Kasten. Wegen dieser Hetze kann man auf dem Schild jetzt lediglich lesen: »Zutritt verboten für J…«, aber die Wirtin durfte einfach nicht mitkriegen, was los war. Wir waren damals noch weit entfernt von der Nouvelle Vague.

Loslegen und am Ball bleiben

Noch während der Dreharbeiten haben Sie gemeinsam mit Decaë den Film nach und nach geschnitten …
Das war nicht einfach. An den letzten drei Drehtagen haben wir zwar chronologisch gedreht – vor allem die Szene im deutschen Offiziersklub –, aber viele der Szenen, die im Film zusammenzuhängen scheinen, entstanden mit sechs Monaten Abstand. Es gab sogar »Retakes«, denn manchmal gefiel mir nicht mehr, was ich vorher gedreht hatte. Decaë und ich haben die Muster – 35-mm-Nitromaterial![6] – in meinem Hotelzimmer geschnitten, an dem alten Continsouza-Schneidetisch, den Decaë mitgebracht hatte. Projiziert haben wir die Muster auf die Zimmerwand. Der Projektor wurde so heiß, daß das Einzelbild sofort durchschmorte, wenn man den Film anhielt. In so einem Fall mußten wir das zerstörte Bild sofort durch ein Stückchen Schwarzfilm ersetzen, das uns später daran erinnerte, daß hier ein Bild fehlte. Eine richtige Mustervorführung konnten wir uns nicht leisten. Wir bekamen abends die entwickelten Filmrollen, und ich sah mir vom Bett aus mit bloßem Auge alles an, was wir am Vortag gedreht

6 Bis in die fünfziger Jahre hinein arbeitete man mit hoch entflammbarem Zelluloid. Heute werden auch Archivkopien auf Sicherheitsmaterial umkopiert, der Umgang mit Nitrofilm ist verboten.

hatten. Ein ganzes Jahr lang – das glücklichste meines Lebens, muß ich betonen – haben wir in völliger Armut gelebt und gearbeitet. Aber das Gefühl, trotz größter Geldknappheit etwas zu realisieren, was wirklich zählte, war einfach wunderbar. Was ich Ihnen jetzt sage, mag ziemlich idiotisch klingen, aber es ist wahr: Man braucht keine Hoffnung, um loszulegen, und keinen Erfolg, um am Ball zu bleiben. Wissen Sie, meine Devise war immer: »Da ich nicht wußte, daß es unmöglich war, habe ich es vollbracht!« Um die Wahrheit zu sagen, war ich zeitweise natürlich auch entmutigt. Ich fragte mich, ob ich nicht komplett verrückt war – dieser Meinung waren viele: »Melville ist komplett verrückt, sein Film wird nie fertig werden!« –, hartnäckig einen Weg verfolgen zu wollen, von dem keiner wußte, wohin er führte. Dies war das erste Mal, daß ein Spielfilm mit Schauspielern in natürlichen Dekors gedreht wurde, das erste Mal auch, daß versucht wurde, die allgegenwärtigen und diktatorischen Gewerkschaftsstrukturen des französischen oder sogar weltweiten Produktionssystems zu unterwandern. Es brauchte schon – das muß man sagen – eine gehörige Portion Mut, um bis zum Schluß durchzuhalten und sich nicht von jeder Art von Drohung und Kritik einschüchtern zu lassen. Die CGT[7] hatte sogar den Nerv, uns vorzuwerfen, einen Film mit dem Geld der Rothschilds zu machen, nur weil Nicole Stéphane, die ich für die Rolle der Nichte verpflichtet hatte, eine Rothschild ist! In der Branche wußte man natürlich, daß sie nur meine Schauspielerin war, aber das hinderte die Gewerkschafter nicht daran, das Gegenteil zu verbreiten. Auf der anderen Seite wurde ich aber auch von seiten der Arbeitgeber und Produzenten nicht akzeptiert: André Paulvé, damals einer der größten Produzenten und Verleiher Frankreichs, ging so weit, dem Programmdirektor der Gaumont-Kinokette, Bernard Wibaux, zu sagen: »Wenn Sie *Le Silence de la mer* auf Ihren Spielplan setzen, gebe ich Ihnen keinen meiner Filme mehr.«

Als mein Film fertig war, hat mir das Centre National de la Cinématographie – sozusagen als Lohn für meine Mühe – eine

7 Confédération Générale du Travail (Allgemeiner Gewerkschaftsbund).

Das Pariser Uraufführungskino von Le Silence de la mer *(Coll. Rui Nogueira)*

Konventionalstrafe von fünfzigtausend alten Franc aufgebrummt. Können Sie sich das vorstellen? Heute schafft es das CNC, die gleiche Summe in neuen Franc als Projektförderung zu vergeben. Da ich keinen Heller besaß, hatte man ein Einsehen und reduzierte die Strafe auf fünftausend Franc, und ein paar Jahre später bekam ich viertausend davon wieder zurückgezahlt. Heute hätte ich gute Lust, ihnen spaßeshalber einen Brief zu schreiben: »Da Sie mir heute fünfzigtausend Franc geben würden, um diesen Film zu drehen, könnten Sie mir nicht die tausend Franc zurückzahlen, die Sie mir damals abgenommen haben?«

Sie haben den fertigen Le Silence de la mer *dann wie vereinbart einer Kommission vorgeführt. Diese hat sich nicht gegen einen Kinostart ausgesprochen. Vercors macht Ihnen aber den Vorwurf, Sie hätten alle*

Pariser Journalisten zu dieser ersten Vorführung eingeladen, die eigentlich geheim bleiben sollte.
Natürlich hatte ich niemanden eingeladen. Das ist nicht mein Stil. Aber ich hatte Georges Cravenne[8], den damals noch niemand kannte, gebeten, diese Vorführung, die im Studio des Champs-Élysées stattfand, für mich zu organisieren. Ich war selbst am meisten überrascht, als ich sah, daß Cravenne alles eingeladen hatte, was in Paris Rang und Namen hatte. Sogar Noël Coward, gerade auf der Durchreise, war erschienen. Ich war wütend und wollte alle hinauswerfen lassen, aber dann schlug Vercors einen Ton an, der mir nicht paßte, und da sagte ich mir: »Du kannst mich mal! Alle sind da, also sei's drum, dann sollen auch alle bleiben!« Cocteau saß im Saal, Mauriac, kurz: das, was man ein »ausgesuchtes Publikum« nennt, an diesem Nachmittag im Oktober 1948. Vercors beschloß daraufhin, den Journalisten eine – für diesen Zweck vorbereitete – Kriegserklärung vorzulesen, die von unglaublicher Lächerlichkeit war. Ich versichere Ihnen, ich war mehr tot als lebendig.

Die Kommission stimmte einstimmig mit »Ja« ab – fast einstimmig.

Ich besitze immer noch die Stimmzettel der vierundzwanzig Persönlichkeiten, aus denen sie bestand. Ich hatte auf jeden Stimmzettel den Namen des Jurymitglieds drucken lassen. Einer der Gäste konnte nicht kommen, wir mußten auf die Schnelle einen Ersatzmann finden, und deshalb wurde in letzter Minute der letzte Stimmzettel durch einen anderen, maschinengeschriebenen, ersetzt. Das einzige »Nein« kam vom Inhaber dieses Stimmzettels, und er hatte Vercors sein Urteil mit den Worten übergeben: »Ich bin nicht gern der vierte Mann, den man in letzter Minute zur Bridge-Runde einlädt!« Woraufhin Vercors antwortete: »Na gut, dann werde ich Ihre Stimme nicht berücksichtigen.« Dieser Gast war Pierre Brisson, der vor ein paar Jahren verstorbene Herausgeber des *Figaro*.

Wie haben Sie es geschafft, Ihren Film nach so vielen Problemen in

8 Georges Cravenne, geb. 1914, Journalist, später Direktor einer PR-Agentur. Erfinder des französischen Filmpreises »César«.

einem der wichtigsten Kinos jener Zeit zu plazieren, dem Gaumont-Palace-Rex?
Der Film war fertig, und nun ging es darum, einen Verleih dafür zu finden. Da es immer besser ist, sich gleich an den lieben Gott statt an einen seiner Heiligen zu wenden, beschloß ich, ihn Metro-Goldwyn-Mayer anzubieten. Ich bat also um einen Termin bei Mr. King, dem mächtigen Europa-Boß. Ein intelligenter Amerikaner, der Frankreich ungewöhnlich gut kannte. Ich sagte ihm: »Ich schneide gerade einen Film, den ich praktisch im Alleingang gedreht habe. Es handelt sich dabei ganz und gar nicht um einen kinematographischen Film, denn es gibt keine Dialoge, sondern eine Person, die redet, und zwei, die zuhören ...« In diesem Moment unterbrach er mich: »Oh, what a wonderful picture!« – »Verzeihung, Mr. King, ich habe Ihnen noch gar nicht gesagt, um was für ein Thema es sich handelt.« – »Nein, aber ich kann es erraten: Sie haben bestimmt *Le Silence de la mer* verfilmt!« Phantastisch, nicht wahr?

Pierre Braunberger, der von diesem Gespräch gehört hatte, suchte mich auf und überzeugte mich schließlich davon, ihm den Film zu geben. Das war schön dumm von mir! Als wir ihn herausbringen mußten, habe ich mich mit Jean Hellman getroffen, dem Inhaber des Rex, eines der größten Kinos von Paris, das mit dem Gaumont-Palace verbunden war. Er sah sich den Film an und mochte ihn sehr. Gaumont hat ihm daraufhin gedroht: »Wenn Sie den Film zeigen, dann ist es vorbei mit unserer Ehe!« Woraufhin Jean Hellman erwiderte: »Schön, dann ist es vorbei mit unserer Ehe.« Auch Bernard Wibaux hat nicht klein beigegeben und *Le Silence de la mer* im Gaumont ebenfalls gespielt. Und der Film ist gut gelaufen.

Wieviel hat der Film gekostet?
Dreißigtausend Franc für die Rechte; dreißigtausend Franc für die Musikaufnahme mit einhundertzwanzig Musikern; sechzigtausend Franc für alles übrige: zusammen einhundertzwanzigtausend

Franc! Zu jener Zeit kostete ein Film wie *La Symphonie pastorale (Und es ward Licht)* von Jean Delannoy eine Million Franc.

Wenn Sie den Film noch einmal drehen müßten, würden Sie ihn anders drehen?
Ganz sicher. Manchmal denke ich an diese Möglichkeit, obwohl ich mich heute vor der poetischen Seite der Geschichte sehr fürchten würde. Damals hatte ich noch keine Angst vor Poesie auf der Leinwand. Heute läßt sie mich zusammenzucken. An dem Tag, an dem André Gide meinen Film sah, habe ich gelernt, wie gefährlich die Poesie im Kino ist. Gide war ja eigentlich genau der richtige Mann, um eine Geschichte wie die in *Le Silence de la mer* zu verstehen, und trotzdem hat ihn das Verhalten des jungen Mädchens gegenüber dem deutschen Offizier sehr gestört. Während der Vorführung merkte man deutlich, daß er es am liebsten gesehen hätte, wenn sie sich in die Arme gefallen wären. Er war freilich gesundheitlich schon sehr geschwächt, als er sich die Mühe machte, sich meinen Film anzusehen. Die filmische Seite hat er gar nicht richtig erfaßt. Er erinnerte sich auch nicht mehr daran, das Buch gelesen zu haben, was ziemlich seltsam war, denn in London hatte man lange Zeit Gide für den Autor gehalten. Es gibt im übrigen Formulierungen in Vercors' Werk, die eindeutig auch von Gide stammen könnten. Der Einfluß ist sehr deutlich. Als das Licht wieder anging, war das einzige, was er mir sagte: »Ich denke, das junge Mädchen war eine Idiotin, und sie verdient ein paar hinter die Ohren!«

Wenn ich heute *Le Silence de la mer* noch einmal drehen müßte, würde ich einen brutaleren Film machen. Die Protagonisten würden sich lieben und miteinander schlafen. Und einer von ihnen würde den anderen töten. Bis dahin ist der wahre *Silence de la mer* ein Film von Irving Pichel beziehungsweise von Steinbeck: *The Moon Is Down* (1943, mit Sir Cedric Hardwicke und Lee J. Cobb).

Was macht Ihrer Meinung nach das Gelingen eines Films aus?

Das Drehbuch = 50%. Die Führung der Schauspieler = 50%. Die Mischung = 50%. Die Kamera = 50%. Die Stimmigkeit der Dialoge = 50%. Der Schnitt = 50%. Alles hat 50% Bedeutung. Wenn eine der Komponenten mißlungen ist, bricht die Hälfte des Films zusammen. Wenn zwei Komponenten des Films mißlungen sind, dann, kann ich Ihnen versichern, bricht der ganze Film zusammen.

In einem Film muß eine Figur sehr, sehr schnell definiert sein, sehr schnell in eine Umlaufbahn gebracht werden, damit man später nichts mehr nachholen muß. Ich sehe immer zu, daß es mir gelingt, meine Hauptfigur spätestens am Ende des ersten Aktes definitiv etabliert zu haben. In *Le Silence de la mer,* wenn Howard Vernon das Zimmer betritt, in die Runde blickt und sagt: »S'il vous plaît! Mein Name ist Werner von Ebrennac«, und dann: »Es tut mir leid« und »Ich habe den höchsten Respekt vor Menschen, die ihre Heimat aufrichtig lieben«, dann weiß man sofort, mit wem man es zu tun hat. Die Figur ist etabliert.

Wissen Sie, neulich bin ich darauf gestoßen, daß der deutsche Hauptmann, der für die Torpedos verantwortlich war, die im Tunnel von Saint-Cloud gelagert wurden und Paris zerstören sollten – wenn von Choltitz Hitlers Befehle ausgeführt hätte[9] –, daß dieser Hauptmann von Ebrennac hieß!

9 Am 25. August 1944 befreiten die Alliierten unter dem frenetischen Jubel der Bevölkerung kampflos Paris, wo Charles de Gaulle eine provisorische französische Regierung bildete. Der deutsche Stadtkommandant von Paris, General Dietrich von Choltitz (1894–1966), hatte zuvor kapituliert und damit einen Befehl Hitlers verweigert, Paris zu verteidigen oder »nur als Trümmerfeld in die Hand des Feindes fallen« zu lassen.

LES ENFANTS TERRIBLES
(DIE SCHRECKLICHEN KINDER, 1949/50)

Die Schüler vom Lycée Condorcet

Wie die Knaben in Les Enfants terribles *waren auch Sie Schüler des Lycée Condorcet. Jean Cocteaus Buch hat Ihre Jugend stark beeinflußt, nicht wahr?*
Nein, wir sollten nicht übertreiben. Wie alle Schüler des Lycée Condorcet habe auch ich mich an Schneeballschlachten in der Cité Monthiers beteiligt. *Les Enfants terribles* war folglich unser Buch. Wir alle hatten es gelesen. Aber obwohl ich diesen Roman sehr liebte, wäre ich nie auf die Idee gekommen, daraus einen Film zu machen.

Cocteau war ein sehr raffinierter Mensch. Als er mich einen Tag, nachdem er *Le Silence de la mer* gesehen hatte, anrief, um mir zu sagen, er wünsche sich, daß ich *Les Enfants terribles* drehe, war er nicht völlig desinteressiert, wie ich anfangs noch glaubte. Seine Bewunderung war aufrichtig, aber er wollte mich auch benutzen wie ein Sprungbrett, um seine neueste Entdeckung zu lancieren, Edouard Dhermitte, aus dem er einen neuen Jean Marais machen wollte.[1]

Wie kamen Sie mit Jean Cocteau aus?
Ausgesprochen gut, solange wir noch nicht drehten; ausgesprochen schlecht, nachdem die erste Klappe gefallen war.

Man muß dazu sagen, daß ich zu jener Zeit nicht gerade unkompliziert war. Ich konnte sehr starrköpfig sein, ohne jeden Sinn für Nuancen. Ich war der Produzent, Regisseur und Drehbuchautor des Films – auch wenn ich Jean Cocteaus Namen im Vorspann als Kodrehbuchautor aufführe –, und ich konnte es nicht ertragen, kritisiert, dirigiert oder kontrolliert zu werden. Nun tauchte Cocteau, der gerade *Orphée* abgedreht hatte und sich langweilte, jeden Tag am Set auf, um mir bei der Arbeit zuzu-

[1] 1947 hatten sich die privaten Wege von Cocteau und Jean Marais getrennt. Cocteaus neuer Freund und Schützling wurde Edouard Dhermitte (1925–1995), ein ehemaliger Bergarbeiter italienisch-jugoslawischer Abstammung, den er schließlich zu seinem Adoptiv-

sohn machte. In Cocteaus Film Orphée (1949) hatte Dhermitte bereits den Cégeste gespielt, eine Rolle, die er in Le Testament d'Orphée (Das Testament des Orpheus, 1960) wiederholen sollte. In Georges Franjus' Cocteau-Film Thomas l'Imposteur (1964) stand Dhermitte als Captain Roy vor der Kamera, weitere schauspielerische Aufgaben hatte er nicht.

sehen. Am ersten Drehtag, bei einer Szene mit Dhermitte, rief er aus: »Oh! Nein! Stop!« Das eisige Schweigen, das sich im Atelier verbreitete, ließ das Schlimmste befürchten. Ich sehe noch Decaës erschrockenes Gesicht vor mir, als er vorsichtig hinter der Kamera hervorlugte. Ich sah Cocteau nur scharf an, und der beeilte sich, mir mit zerknirschter Miene zu versichern: »Oh, Verzeihung, ich weiß nicht, was mich da geritten hat, ich dachte, ich sei noch am Set von *Orphée* ...« Er hat den gleichen Fehler nicht noch einmal gemacht. Manchmal versuchte er mir, sagen wir, Ratschläge zu erteilen; dann warf ich ihm einen kalten Blick zu und sagte: »Nein, Jean!« Darunter litt natürlich unsere Freundschaft.

Wissen Sie, von dem Moment an, da das Projekt abgesegnet war und Gaumont die Bürgschaft unterzeichnet hatte, wünschte Cocteau sich nur noch eines: daß ich tot umfalle, damit er den Film an meiner Stelle machen könne.

Einmal fühlte ich mich nicht ganz auf der Höhe und bat Cocteau, mich für den Tag zu vertreten. Ich habe ihm alle zu drehenden Einstellungen genau aufgezeichnet und ihm eingeschärft: »Entweder du folgst exakt meinen Anweisungen oder du drehst nicht.« Überflüssig zu betonen, daß er die Aufgabe ganz ausgezeichnet erfüllte. Wie ein Regieassistent. Die Aufnahmen betrafen die Sequenz, die wir in Montmorency – angeblich am Meer – drehten, wenn Gérards Onkel sich einen Strohhut kauft und Gérard von Elisabeth und Paul gezwungen wird, eine Gießkanne zu stehlen. Acht Einstellungen insgesamt, die an einem Sommertag spielen sollen, statt dessen aber bei strömendem Regen mitten im Winter gedreht wurden. Um die Straße und die Innenräume des Ladens so auszuleuchten, daß eine sommerliche Atmosphäre entstand, verwendete Decaë Halogenscheinwerfer, die ich damals nicht mochte, aber dennoch für diesen Tag bestellt hatte.

Cocteau war begeistert, denn jetzt hatte er *seinen* Drehtag.

Ich habe diesen Mann sehr gemocht. Er war die Intelligenz, der Charme, das Talent in Person: Er besaß Klasse!

Wissen Sie, warum Cocteau auch Regisseur sein wollte?
Aber damit hatte er doch recht! Warum denn nicht? Weshalb sollte ein großer Schriftsteller nicht versuchen, einen Film zu machen? Malraux hat *Espoir* gedreht.[2]

In meinen Auge ist das Kino ein ideales Ausdrucksmittel für einen Künstler, einen Schöpfer. Cocteau stand 1930 mit *Le Sang d'un poète (Das Blut des Dichters)* zum ersten Mal hinter der Kamera. Es ist völlig logisch, daß das Medium Film einen solchen Menschen lockte. Das Kino insgesamt betrachtet ist noch keine eigene Kunstrichtung; das wird noch kommen. Heute, in den siebziger Jahren, ist das Kino die ideale Form der literarischen Schöpfung. Die Jungen verfügen nicht mehr über eine literarische, sondern eine filmische Kultur.

2 *Espoir (Hoffnung, 1937–40)*, der einzige Film des Schriftstellers und Kulturpolitikers André Malraux (1901-1976), basiert auf Malraux' gleichnamigem Roman und zeichnet in dokumentarischem Stil ein Bild des spanischen Bürgerkriegs.

Wie weit ist zu weit?

Glauben Sie nicht auch, daß einige der Schauspieler in Les Enfants terribles *falsch besetzt sind?*
Selbstverständlich. Für die Rolle des Paul hätte ich mir einen verletzlicheren, zarteren, vor allem ambivalenteren Schauspieler gewünscht. Edouard Dhermitte mit seiner kolossalen Kraft ließ keinen Platz für Mehrdeutigkeit. Das war ihm übrigens sehr bewußt. Er ließ sich sogar das Haar bleichen, um sich so gut wie möglich mit seiner Rolle identifizieren zu können. Was die Auswahl der anderen Darsteller betrifft, bin ganz allein ich dafür verantwortlich, obwohl ich heute finde, daß Renée Cosima in ihrer Doppelrolle nicht besonders gut ist. Nicole Stéphane als Elisabeth finde ich dagegen absolut bemerkenswert. Durch ihr Spiel und ihre Präsenz schafft sie es sogar, uns die Abwesenheit eines Edouard Dhermitte vergessen zu lassen. Roger Gaillard, jenen wunderbaren und intelligenten Schauspieler, den ich für die Rolle von Gérards Onkel genommen habe, fand und finde ich voller Einfallsreichtum und Komik. Selbst Cocteau, der anfangs ein bißchen irritiert war wegen meiner Wahl, hat ihn am Ende sehr geschätzt.

Nicole Stéphane und Edouard Dhermitte in Les Enfants terribles *(Filmbild Fundus Robert Fischer)*

Wie erklären Sie es sich, daß Nicole Stéphane keine Karriere als Schauspielerin gemacht hat?
Ich weiß es nicht. Sie zog es, glaube ich, vor, Produzentin zu werden. Sie hat unter anderem *La Vie de château (Leben im Schloß)* von Jean-Paul Rappeneau produziert sowie fürs Fernsehen *Phèdre* (1968) von Pierre Jourdan.

Ich würde Cocteaus *Les Parents terribles (Die schrecklichen Eltern)* eines Tages gern am Theater inszenieren und ihr dann die Rolle geben, die im Film Yvonne de Bray spielt. Ich bin sicher, daß sie darin absolut fantastisch wäre.

Was Edouard Dhermitte betrifft, waren Sie gezwungen, sich Jean Cocteaus Wunsch beugen, aber bei der Musik konnten Sie doch Ihre Vorstellungen durchsetzen, oder?

Mit Dhermitte mußte ich mich aus vertraglichen Gründen abfinden, was beim Erwerb literarischer Rechte übrigens sehr ungewöhnlich ist. Schade! Dieser nette Bursche ist ein talentierter Maler. Aber ein Bild von ihm wäre mir tausendmal lieber gewesen, als ihn als Schauspieler nehmen zu müssen!

Was die Musik angeht, so wollte Cocteau sie im Stil von Wiener und Doucet[3], denn er hatte den Roman während seiner Entziehungskur in einer Klinik in La Celle-Saint-Cloud geschrieben und dabei ständig dieselbe Schallplatte gehört: *Make Believe*. Er wollte also unbedingt, daß ich das am Klavier spielen ließ. Ich habe am Ende die Musik ausgesucht, ohne Cocteau auch nur davon zu informieren. Er versuchte immer noch ein bißchen, wenn auch nicht zu sehr, mir die Hand zu führen, aber er besaß ein Gespür dafür, was statthaft war. »Man muß immer wissen, wie weit man zu weit gehen darf«, pflegte er zu sagen. Nachdem die Musik eingespielt war, drückte er sich in Interviews vage darüber aus, wer sie ausgesucht hatte, aber da ich bei jeder Gelegenheit versicherte, daß ich allein die Wahl getroffen hatte, gab er irgendwann auf. In André Fraigneaus Buch *Entretiens autour du cinématographe* bringt er zum Ausdruck, daß er mit der Bach-Musik doch sehr zufrieden war.

Symmetrie

Beschränkt sich die Modernisierung des Romans allein auf die Kostüme?
Ja. Anfangs wollte ich den Film verjüngen und die Handlung um 1925 spielen lassen. Als Christian Bérard[4] starb, flehte Cocteau mich an: »Nein, bitte laß die Geschichte nicht 1925 spielen, Bébé ist tot, niemand in Paris kann ihn ersetzen!« In gewissem Sinne stimmte das: Bérard hätte wunderbare Kostüme und Dekors gemacht. Andererseits ist niemand unersetzbar. Ich zog es vor, den zeitlosen Charakter des Films zu bewahren.

Noch heute träume ich davon, einmal einen Film über die

[3] Der französische Komponist Jean Wiener (1896–1982) und der Belgier Clément Doucet (1894–1950) taten sich in den frühen zwanziger Jahren zu einem Jazzpiano-Duo zusammen und traten unter anderem im »Bœuf sur le Toît« auf.

[4] Christian Bérard (1902–1949), französischer Kostüm- und Bühnenbildner, arbeitete für Jean Cocteau an dessen Filmen *La Belle et la Bête* (Es war einmal, 1946), *L'Aigle à deux têtes* (Der Doppeladler, 1947) und *Les Parents terribles* (Die schrecklichen Eltern, 1948).

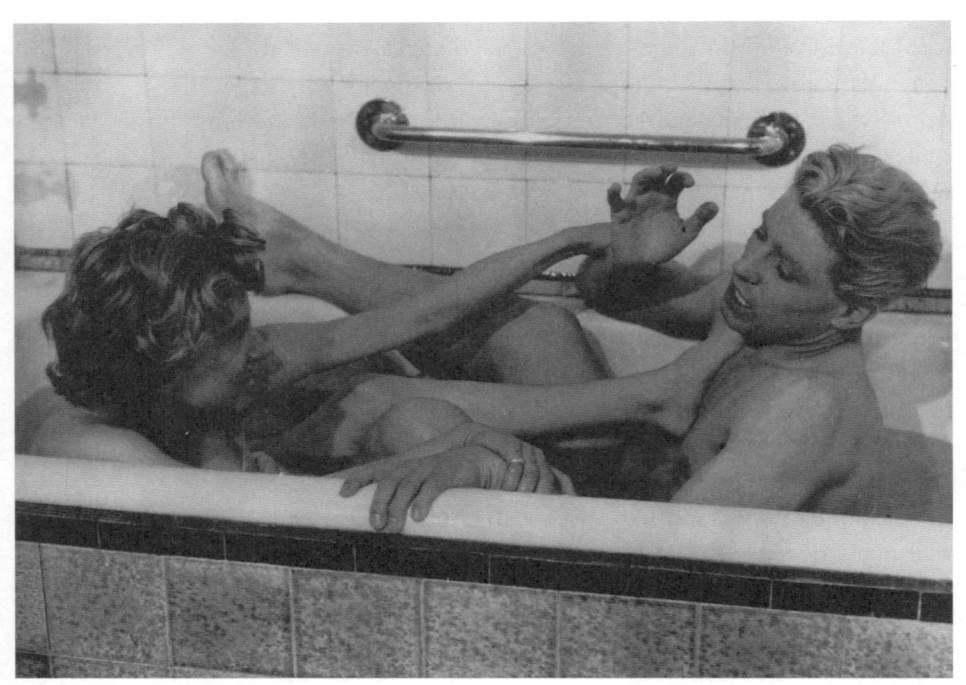

Nicole Stéphane und Edouard Dhermitte in Les Enfants terribles *(Filmbild Fundus Robert Fischer)*

Zeit von 1925 zu machen, aber nur wenn auch das Thema ganz in diese Zeit eingebunden wäre. Man muß anspruchsvoll sein, wenn man einen Kostümfilm machen will, denn der Einsatz von Kostümen ist ein Hindernis, über das man nicht stolpern darf.

Sie haben das Szenenbild selber entworfen, aber es wurde von Émile Mathys gebaut?
Wissen Sie, das Drama mit meinen Filmen war, daß ich nie genug Leute hatte, deren Namen ich in die Vorspanntitel setzen konnte. Nehmen wir zum Beispiel Philippe Schwob, einen entfernten Vetter von mir, von Beruf Bühnenbildner. In *Les Enfants terribles*, bei dem er mir ein wertvoller Mitarbeiter war, übte er gleichzeitig die Funktionen des Herstellungsleiters, Aufnahmeleiters und Requisiteurs aus. Und alle Dekors des Films, obwohl von mir

konzipiert und skizziert, wurden von einem einzigen Mann gebaut. Und es gab eine Menge zu bauen! Sogar der Schlafwagen, der aussieht wie ein echter, ist ein Set. Émile Mathys war ein alter Anarchist und genialer Handwerker. Ich bin nie mehr wieder einem wie ihm begegnet. In *Les Enfants terribles* spielt er zudem eine kleine Rolle, die des stellvertretenden Vorstehers. Von ihm stammen auch die Modelle, die zum Kinostart von *Le Silence de la mer* in den Foyers vom Gaumont-Palace und vom Rex ausgestellt wurden.

Die Plansequenz, in der Elisabeth die Photos betrachtet, die in Pauls Zimmer an die Wand geheftet sind – vergleichbar der Szene in Le Silence de la mer, *in der Howard Vernon das Wohnzimmer des Landhauses erkundet –, läßt uns einzig durch Nicole Stéphanes Gesicht erkennen, daß die Photos alle Ähnlichkeit mit Dargélos/Athalie besitzen.*
Die Photos an der Wand sind Bilder von Boxern, Filmstars und Gangstern, die alle an Dargélos/Athalie erinnern. In einer früheren Einstellung hatte ich die Kamera schon über die Wand und die Photos wandern lassen. Ich fand es deshalb überflüssig, diese Aufnahme zu wiederholen, und hielt es für viel interessanter, dieses Gefühl des Entdeckens der Ähnlichkeit allein durch den Gesichtsausdruck Nicole Stéphanes wiederzugeben. Den Grund dafür werde ich Ihnen trotz allem verraten, um Ihnen zu beweisen, daß ich es ganz ernst meine, wenn ich behaupte, daß ich nie auch nur irgend etwas Neues fürs Kino erfunden habe. Man hat mir oft bestätigt, daß Leute, die den Film gesehen haben, einige Zeit danach fest davon überzeugt sind, die Ähnlichkeit zwischen Dargélos/Athalie und den Gesichtern auf den Photos selbst überprüft zu haben. Wenn es mir gelungen ist, dieses trügerische Gefühl zu erzeugen, so verdanke ich das Orson Welles. Lange nachdem ich *The Magnificent Ambersons (Der Glanz des Hauses Amberson)* gesehen hatte, erinnerte ich mich noch sehr gut an die Szene, in der Joseph Cotten mit seiner Tochter (Anne Baxter) in einem Garten, zwischen blühenden Bäumen, spazierengeht. Nun, machen Sie es

wie ich, sehen Sie sich den Film noch einmal an: Es gibt keinen Baum, nicht einmal den Schatten eines Zweiges! Aber sie reden davon! Und ich sehe immer wieder diese lange, wundervolle Kamerafahrt in dieser Szene mit Cotten und Anne Baxter durch blühende Bäume hindurch! Das ist Film! Wenn man das verstanden hat, dann hat man schon ein kleines bißchen verstanden.

Wenn Cocteau Michaels Tod in seinem Rennauto beschreibt, fühlt man sich daran erinnert, wie Isadora Duncan starb.
Ganz genau. Ich habe diese Szene in Ermenonville gedreht, in der Nähe der Mer de Sable. Es gibt dort Pinien wie an der Côte d'Azur und einen Wald, der wie die getreue Kopie eines Waldes in Südfrankreich ist. In dieser Landschaft habe ich also das Rennauto gefilmt. Nachdem wir es umgeworfen und ein wenig beschädigt hatten, habe ich Mikes Schal in das Rad geklemmt, alles ein wenig in Rauch gehüllt und das Rad sich drehen lassen, damit Cocteau über diese Aufnahme den schönen Satz sagen konnte: »... mit diesem Rad, das sich langsamer und langsamer drehte wie ein Glücksrad.«

Da ich mein eigener Produzent war, kam es nicht in Frage, mich für diese Art von Szene weiter als nötig von Paris zu entfernen.

Aus dem gleichen Grunde habe ich für die Strandszene, als Gegenschuß zu der Einstellung, in der Nicole Stéphane aus ihrem Hotelzimmer blickt, eine Aufnahme verwendet, die Decaë am Strand von Tel Aviv einfing. Er drehte diese Einstellung im Mai 1948, während des Unabhängigkeitskrieges, als ich ihn mit Nicole Stéphane hinunter geschickt hatte, um dort einen Dokumentarfilm zu drehen.

Das Théâtre Pigalle

In der letzten Szene gibt es eine ganz erstaunliche »Kranfahrt«. Dafür haben Sie einen Aufzug verwendet, und doch wird man in keinem Moment dieses Aufzugs gewahr.

Zu jener Zeit hatte ich von der Société Nationale des Entreprises de Presse ein sehr schönes Büro gemietet, das dem Herausgeber einer prodeutschen Zeitung gehört hatte, *Le Petit Parisien*, die nach der Befreiung verboten wurde. In der Eingangshalle dieses Gebäudes drehte ich die Szene, in der Paul aus Stellwänden ein Zimmer improvisiert, und ebenfalls die Szene, von der Sie sprechen. Um den Aufzug als Kamerakran verwenden zu können, mußte ich sicherstellen, daß man zu keinem Zeitpunkt die Aufzugskabine im Bild sah, und deshalb deckte ich sie einfach mit Stoff ab. Für die letzte Szene habe ich den Stoff entfernt und die Kamera in den Aufzug plaziert, der sich genau in dem Moment nach oben in Bewegung setzte, wenn die Stellwände zusammenbrechen. Um einen größeren Effekt zu erzielen, hatte ich das besagte »Zimmer« noch näher am Aufzug bauen lassen.

Es gibt noch andere Stellen in dem Film, wo man meinen könnte, daß ich einen Kran verwendet habe, aber das einzige, was sich dort bewegt, ist das Dekor. Es handelt sich um die Szenen, die ich im Théâtre Pigalle drehte, welches ohne jeden Zweifel das schönste Theater der Welt ist. Es gab zwei Bühnen à zweiundzwanzig mal vierundvierzig Meter, aber das waren in Wirklichkeit sechs Bühnen: eine oben, eine in der Mitte, eine unten, und das mal zwei. Jede Bühne ließ sich auf drei verschiedene Höhen bewegen und zusätzlich noch vor und zurück. Wenn man Jacques Bernard (Gérard) im Vordergrund sieht, während das Zimmer hinter ihm immer kleiner wird, nun, da steht er auf dem unbeweglichen vorderen Teil der Bühne, während ich das bewegliche Teil derselben Bühne nach hinten verschiebe. An einer anderen Stelle beispielsweise habe ich die Kamera an der Decke befestigt. Sie bewegt sich kein bißchen, und doch scheint sie sich auf die beiden Betten hinabzusenken. In Wirklichkeit war es die gesamte Theaterbühne, dieser riesige Aufzug, der sich lautlos nach oben bewegte! Leider ist all das zerstört worden. Übrigens taucht dieses Theater im Film sogar einmal auf. Ich zeige es, um folgenden Satz aus dem von Cocteau gesprochenen Kommentar zu illustrieren: »Das Zimmertheater begann um elf Uhr nachts.«

Wissen Sie, abgesehen von den Tagesszenen, die unter freiem Himmel spielen, habe ich diesen Film gänzlich nachts gedreht, denn tagsüber schlief ich lieber. Zu jener Zeit war ich ein kleiner Diktator, und ich verlangte von meinem gesamten Team, sich dieser Gepflogenheit anzupassen und nur zu nächtlicher Stunde zu arbeiten. Ich war eine richtige Nachteule.

Cocteau, der Arme, der immer am Set sein wollte, um zu sehen, ob Dhermitte sich auch wacker schlug, machte gegen zwei oder drei Uhr morgens schlapp und legte sich zum Schlafen auf eine sehr hohe Theke, die Teil der Dekoration war.

Das verräterische Herz

Einige Regisseure der Nouvelle Vague – ich denke vor allem an Truffaut – hegten eine große Vorliebe für Les Enfants terribles.
Ich weiß. Als Truffaut noch nicht lange Regisseur war, besaß er die Freundlichkeit, mir zu verraten, er habe den Film fünfundzwanzigmal gesehen. Er konnte mir beweisen, daß er den Film viel exakter auswendig kannte als ich. Er kannte nicht nur die Dialoge, sondern auch die jeweils dazugehörige Musik!

Auch Chabrol war sehr vertraut mit *Les Enfants terribles*. Als er *Les Cousins (Schrei, wenn du kannst)* drehte, weiß ich, daß er zu Henri Decaë sagte: »Hier möchte ich, daß du exakt das machst, was du in *Les Enfants terribles* gemacht hast.« Das ist der Grund, weshalb es in seinem Film Kamerafahrten gibt, die mit denen in meinem identisch sind.

Haben Sie, indem Sie diesen Film drehten, versucht, ein Werk über die Kindheit zu schaffen?
Nein, ganz und gar nicht. Wenn ich eines Tages einen Film über die Kindheit machen sollte, würde ich Kinder nehmen. Die Kindheit, das ist nicht *Les Enfants terribles*, das ist *Jeux interdits*

Nicole Stéphane in Les Enfants terribles *(Filmbild Fundus Robert Fischer)*

(Verbotene Spiele) von René Clément. Ich habe den Film schon lange nicht mehr gesehen, aber Brigitte Fossey und Georges Poujouly verkörperten darin wirklich die Welt der Kinder.

In der Szene im Speisewagen kann man Sie an der Seite Jean Cocteaus entdecken ...
Ich liebe es, in meinen Filmen die Bilder meiner Freunde und die Erinnerung an sie zu bewahren, an die Leute, die mit mir gearbeitet haben.

In *Les Enfants terribles* – während der Szene, die ich auf dem Bahnsteig der Gare de Lyon gedreht habe, demselben Bahnsteig, wo ich erst kürzlich eine Sequenz von *L'Armée des ombres* drehte – wird die Abfahrt des Zuges von der Stimme Jacques Gallois', meines Toningenieurs, angekündigt.

Und wenn Gérards Onkel am Telephon mit Pauls Arzt spricht, dann hört man die Stimme Jean Cocteaus am anderen Ende der Leitung.

Auch für den Off-Kommentar des Films habe ich die Stimme von Jean Cocteau verwendet, denn ich fand sie wundervoll. So eine schöne Stimme muß man erhalten. Ich bin glücklich, daß ich es getan habe.

Und was man durch das Stethoskop hört, wenn der Arzt Paul abhorcht, das ist Cocteaus Herz. Da Dhermitte ein krankes Kind zu sein hatte, ließ ich Cocteau im Studio herumlaufen, bevor seine Herztöne aufgezeichnet wurden, denn sein Herz sollte sehr schnell und sehr heftig schlagen.

QUAND TU LIRAS CETTE LETTRE
(UND KEINE BLIEB VERSCHONT, 1953)

Ein ganz normaler Film

Quand tu liras cette lettre *ist von allen Ihren Filmen derjenige, den Sie am wenigsten – um nicht zu sagen: gar nicht – mögen. Weshalb haben Sie ihn überhaupt gedreht?*
Wissen Sie, wenn wir Filme machen, die wir nicht mögen und die uns selber nicht überzeugen, dann suchen wir immer nach Ausreden. Meine Ausrede für *Quand tu liras cette lettre* ist, Yvonne de Bray eine Rolle darin gegeben zu haben. Ihr kurzer Auftritt im Zug ist eine reine Freude.[1]
Doch der wahre Grund, weshalb ich diesen Film gedreht habe, liegt natürlich woanders. In jener fürchterlich hermetischen Welt des französischen Films um 1950 galt ich immer noch als Amateur, sogar als Dilettant. Man verweigerte mir nach wie vor den professionellen Status. Der Vorwurf, den ich am häufigsten hörte, war, ich sei ein Intellektueller und mache intellektuelle Filme. Ich war wirklich sehr verzweifelt darüber, daß mir die Produzenten deshalb kein Vertrauen schenkten, weil sie der Meinung waren, ich sei viel zu intelligent für einen Regisseur. Ray Ventura, damals ein sehr wichtiger Produzent, sagte mir eines Tages klipp und klar: »Aber Monsieur Melville, Sie sind ganz sicher kein Filmregisseur, denn ein Filmregisseur darf nicht intelligent sein!« Das irritierte mich dermaßen, daß ich mir sagte, die Leute dürften auf keinen Fall glauben, ich sei intelligent oder intellektuell – was im übrigen sowieso nicht bewiesen ist. Es war entscheidend, daß sie ein für allemal erfuhren, daß ich ein Mann der Unterhaltungsbranche war, Punkt, aus. Deshalb war nötig, daß ich als nächstes einen sehr, sehr braven, sehr, sehr konventionellen Film machte. Einen ganz normalen Film, nicht einen, der aus dem Rahmen fiel. So kam es, daß ich aus einem sehr schönen, von Jacques Deval wunderbar geschriebenen Drehbuch einen Film gemacht habe,

1 Yvonne de Bray (1889– 1954), französische Schauspielerin, spielte in drei Cocteau-Filmen: *L'Éternel retour* (1943, Regie: Jean Delannoy), *L'Aigle à deux têtes* und *Les Parents terribles*.

Juliette Gréco in Quand tu liras cette lettre *(Coll. Rui Nogueira)*

2 Es gibt noch einen Grund: Melville benötigte Geld, um in der Rue Jenner im 13. Arrondissement von Paris jene Räumlichkeiten zu erwerben, die seine Studios werden sollten.

der auch von jedem anderen französischen Regisseur der damaligen Zeit hätte gedreht worden sein können.²

Aber es gibt ja trotzdem Sequenzen, die Sie mögen, Dinge, die trotz allem Ihren Stempel tragen ...
Ja, zwei oder drei Dinge, mehr sicher nicht. Zunächst der Auftritt von Yvonne de Bray. Dann die Szene der ersten Begegnung zwischen Yvonne Sanson und Philippe Lemaire, wenn sie volltankt. Ich mag die Art, wie Lemaire das Auto immer weiter poliert, bis er schließlich Yvonne Sanson leicht berührt. Mir gefallen auch einige der Momente mit Juliette Gréco als Nonne. Aber es ist einfach kein guter Film.

Hatte die Tatsache, einen Film mit Juliette Gréco zu drehen, etwas

damit zu tun, daß Sie »artig« sein wollten, oder war das einfach nur eine Hommage an die große Zeit von Saint-Germain-des-Prés?
Oh, Juliette Gréco gehörte eher zu den »unartigen« Dingen bei diesem Film! Sie war eine gute Kameradin aus Saint-Germain-des-Prés, jenem Saint-Germain-des-Prés der Jahre 1947 bis 1949. Ich erinnere mich, daß ich zu jener Zeit sehr oft den »Club Saint-Germain« besuchte, wo es ein Orchester mit wunderbaren Musikern gab. Ich habe dort unvergeßliche Stunden mit Django Reinhardt erlebt. Keiner hat besser über Django Reinhardt geschrieben als James Jones in *From Here to Eternity (Verdammt in alle Ewigkeit)*. Ab 1950 hat Saint-Germain sich verändert, aber vorher war es großartig!

Juliette Gréco gehörte nie richtig zum Film. Selbst zu der Zeit, als sie mit Zanuck[3] zusammenlebte, war sie nie richtig Teil dieser Szene. Auch Zanuck hat es nicht geschafft, sie als Schauspielerin durchzusetzen. Man kann niemanden durchsetzen, der nicht wirklich zur Filmszene gehört. Ich mochte Juliette sehr, sie war ein intelligentes Mädchen und eine gute Kameradin. Eines Tages beschloß sie, sich ihre Nase operieren zu lassen. Sie hatte recht. In *Quand tu liras cette lettre* ist sie wirklich sehr schön. Wenn man sich an das kleine Dickerchen mit der häßlichen spitzen Nase erinnert, das sie 1947/48 war ... Bei *Quand tu liras cette lettre* war sie so mager, daß ich sie Bohnenstange nannte!

Koproduktions-Abenteuer

Wie erklären Sie sich, daß weder Philippe Lemaire noch Daniel Cauchy richtig Karriere gemacht haben?
Was soll ich Ihnen dazu sagen? Wissen Sie, die Leute, die ich engagiert habe und aus denen später nichts geworden ist, nun, über die mag ich nicht sprechen. Nicht aus Gemeinheit, ganz und gar nicht, sondern weil ich enttäuscht und traurig bin. Vielleicht arbeite ich so gerne mit Stars, weil ich diese Enttäuschung vermeiden will. Die Stars werden immer arbeiten. Sie könnten jetzt

3 Darryl F. Zanuck (1902–1979), amerikanischer Filmproduzent, Gründer und jahrzehntelanger Chef des Studios Twentieth Century-Fox und damit einer der großen Hollywood-Mogule der dreißiger, vierziger und fünfziger Jahre. Er gab der französischen Sängerin Juliette Gréco Hauptrollen in amerikanischen Filmen wie *The Roots of Heaven (Die Wurzeln des Himmels,* 1958, Regie: John Huston) und *Crack in the Mirror (Drama im Spiegel,* 1960, Regie: Richard Fleischer).

4 Philippe Lemaire (geb. 1927), französischer Schauspieler, war ab 1953 für ein paar Jahre mit Juliette Gréco verheiratet.

5 Daniel Cauchy (geb. 1930), den Melville außer in *Quand tu liras cette lettre* auch noch in *Bob le Flambeur* einsetzte, sollte zwei Jahre nach dem Gespräch zwischen Melville und Rui Nogueira die Hauptrolle in Edouard Molinaros *Le Gang des hôtages (Flucht im Kreis)* spielen, der fast wie eine Hommage an den kurz zuvor verstorbenen Melville wirkt.

einwenden, daß Lemaire zu jener Zeit doch ein Star war, und hätten damit sogar recht.4 Aber Cauchy, mit dem ich ja ein paar Mal gedreht habe, hätte durchaus das Zeug gehabt, im französischen Film groß Karriere zu machen. Er hätte Rollen spielen können im Stil von, sagen wir, Tony Curtis in *Sweet Smell of Success (Dein Schicksal in meiner Hand)* von Alexander Mackendrick. Aber er ist irgendwann vollkommen verschwunden ...5

Bei diesem Film wurde die italienische Seite der Koproduktion von Yvonne Sanson und Irène Galter vertreten. Mit Irène Galter haben Sie sich gut verstanden, mit Yvonne Sanson dagegen weniger, oder?
Ich hatte Yvonne Sanson akzeptiert, weil ich sie in *Il Cappotto (Der Mantel)* von Alberto Lattuada sehr hübsch fand. Was ich allerdings überhaupt nicht wußte, war, daß sie Türkin war. Man vergißt oft, daß die Italiener einzigartige Meister in der Kunst des Synchronisierens sind und sich folglich erlauben können, Schauspieler aus allen Ländern der Welt zu engagieren, also auch aus der Türkei. Yvonne Sanson sprach nur türkisch und ein paar Worte italienisch. Amüsantes Detail am Rande: Sie gab sich als Griechin aus und verriet ihre wahre Nationalität nur im äußersten Notfall. Zwischen ihr und mir war kein Gespräch möglich, keine Kommunikation irgendwelcher Art. Sie brachte keinen einzigen französischen Satz zustande. Also ließ ich sie irgend etwas sagen. Am Rande der Verzweiflung befahl ich ihr einmal sogar: »Madame, sagen Sie einfach nur bla-bla-bla.« Und Philippe Lemaire mußte also eine lange Szene spielen mit dieser Frau, die ihm die ganze Zeit nur »bla-bla-bla« antwortete. Es war fürchterlich. Synchronisiert wurde sie dann von Nathalie Nerval.

Manchmal sah ich die Sanson schon um vier Uhr nachmittags aus ihrer Garderobe kommen. Wenn ich sie fragte: »Wo wollen Sie denn hin, Madame?«, erwiderte sie unschuldig: »Ich will nur ein paar Einkäufe in Paris machen. Ich bin gleich wieder zurück.« Ich mußte ihr mit dem Anwalt drohen, um sie daran zu

Irène Galter und Philippe Lemaire in Quand tu liras cette lettre *(Coll. Rui Nogueira)*

hindern, ständig den Drehort zu verlassen. Und dann wollte sie mir weismachen, daß man in Italien eben so arbeite. Es war wirklich unglaublich!

Aber der französische Produzent war doch immer vor Ort, oder nicht?
Das war's ja gerade, er war nie da. Mein Produzent, Louis Dubois, war ein braver Mann – er ist inzwischen verstorben, der Arme –, aber er verstand nichts vom Film. Immerhin ließ er mir alle Freiheit, ich hatte bei ihm *carte blanche*. Eine Sache, auf die ich mich bei diesem Film nicht herausreden kann, ist, daß mich der Produzent zu irgend etwas gezwungen hätte. Er hat sich nie um etwas gekümmert, ich habe das ganze Projekt allein organisiert. Nachdem ich ihm vorgeworfen hatte, nie ins Studio zu kommen und sich überhaupt nicht für den Film zu interessieren, erschien

Philippe Lemaire und Irène Galter in Quand tu liras cette lettre *(Coll. Rui Nogueira)*

6 Henri Alekan (1909–2001), französischer Kameramann, wurde mit seiner exzellenten Lichtgestaltung in Jean Cocteaus *La Belle et la Bête* bekannt. In den achtziger Jahren holte ihn Wim Wenders für seine Schwarzweißfilme *Der Stand der Dinge* (1982) und *Der Himmel über Berlin* (1987).

er eines Tages tatsächlich zur Mustervorführung und sagte fröhlich zu mir: »Sehen Sie, mein Lieber, hier bin ich, nur um Ihnen eine Freude zu machen!« Mitten in der Vorführung sprang er auf und rief: »Martini? Was soll denn der Martini-Aschenbecher da? Das geht nicht, mein Lieber, das geht nicht, ich habe einen Vertrag mit Cinzano!«

Ein Geheimnis

Weshalb haben Sie mit Henri Alekan als Kameramann gearbeitet statt mit Henri Decaë?
Der wahre Grund dafür, daß ich Henri Alekan[6] genommen habe, war der, daß Henri Decaë sich verliebt hatte. Ist doch schön, oder? Daher kann ich es auch ruhig erzählen. Decaë hatte sich in

das Mädchen verliebt, das heute seine Frau ist, und damals zählte nur eine Sache für ihn: seine Verlobte. An dem Tag, als wir Probeaufnahmen mit Juliette Gréco machen wollten, kam Decaë und beeilte sich mit allem ganz fürchterlich. Das Ergebnis war, was die Kamera betraf, nicht gerade berauschend. Bei der Vorführung der Probeaufnahmen ließ er sich nicht einmal blicken. Ich habe versucht, die Dinge mit Paul Temps' Hilfe zu arrangieren, der damals Herstellungsleiter war, aber es war nichts zu machen.

Am Ende des Films schließt sich der Kreis, wenn es, genau wie am Anfang, einen langen Schwenk über die Stadt und das Nonnenkloster gibt.
Die letzte Einstellung ist dieselbe wie die erste, nur rückwärts. Es ist dieselbe Aufnahme. Ich habe das Negativ im Kopierwerk Bild für Bild von hinten nach vorne kopieren lassen. Sogar die Tauben fliegen rückwärts, aber das ist so kurz, daß es gar nicht auffällt.

Und wie haben Sie die Szene mit dem Unfall gefilmt, bei dem Lemaire den Tod findet?
Die habe ich am Bahnhof von La Varenne gedreht, mit Henri Tiquet, dem größten französischen Kameramann. Er wird sich bis an sein Lebensende an diese Szene erinnern, so große Angst hat er gehabt, denn Philippe Lemaire ist tatsächlich unter dem Zug gewesen. Er klammerte sich an den Puffer der Lokomotive, ließ sich vom Zug mitschleifen und zog die Beine an, die leicht hätten zerquetscht werden können. Die Szene war sehr gefährlich, Philippe Lemaire sehr mutig. In dem Moment ließ Tiquet, der wirklich glaubte, Lemaire habe sich überfahren lassen, laut schreiend seine Kamera im Stich: »Aaaaaahhhhh!«
Dummerweise führte bei den Kameras damals der Sucher noch direkt durch den Film, und das Auge blockierte den Lichteinfall von hinten, so daß Tiquets Flucht bewirkte, daß das Bild einen Schleier bekam. Sie können sich aber vorstellen, daß wir auf eine Wiederholung der Szene verzichteten!

Juliette Gréco in Quand tu liras cette lettre *(Coll. Rui Nogueira)*

Yvonne de Bray, die kurz nach ihrem Auftritt in diesem Film gestorben ist, hat Ihnen zwei wertvolle Ratschläge gegeben, wie man Schauspieler führt. Welche sind das?
Das kann ich Ihnen nicht sagen. Wissen Sie, man ist immer ein bißchen im Krieg mit den Schauspielern, und daher ... darf ich das nicht erzählen. Sagen wir, es ist ein Geheimnis.

BOB LE FLAMBEUR
(DREI UHR NACHTS, 1955)

Eine Sittenkomödie

Im Jahr 1955 haben Sie mit Bob le Flambeur *Ihr erstes Originaldrehbuch verfilmt.*
Ich hatte *Bob le Flambeur* schon 1950 geschrieben, fünf Jahre, bevor ich den Film dann gedreht habe. Mit Hilfe meiner Erinnerungen an eine Welt, die ich recht gut kennengelernt hatte, wollte ich ein möglichst realistisches Bild des französischen Unterweltmilieus vor dem Zweiten Weltkrieg zeichnen.

Meine ursprüngliche Absicht war, einen ernsten Film zu drehen, aber nachdem ich *The Asphalt Jungle (Asphalt-Dschungel)* gesehen hatte, das Meisterwerk von John Huston, war ich der Meinung, die Vorbereitung und Ausführung eines Coups nun nicht länger mit dramatischen oder tragischen Mitteln zeigen zu können. Ich entschied mich also dafür, mein Drehbuch völlig umzuschreiben und einen heiteren Film daraus zu machen. *Bob le Flambeur* ist kein reiner Kriminalfilm, sondern eine Sittenkomödie.

Das Ende – die Vergeblichkeit jedes Strebens – erinnert aber doch sehr an die Thematik des Huston-Films.
Ja, indem er die Bank des Casinos sprengt, beraubt Bob sich selbst. Er gewinnt auf legale Weise das Geld, das er stehlen wollte, und der von ihm auf bewunderungswürdige Weise vorbereitete Raubüberfall wird von dem Moment, da er die 800 Millionen gewinnt, die sich an jenem Abend im Safe des Casinos befinden, vollkommen überflüssig. Hier kommt meine Vorliebe fürs Absurde zum Vorschein. In der Tiefe meines Herzens wird es immer eine Brücke am Kwai geben.[1] Ich mag nutzlose Anstrengungen sehr. Der Aufstieg zum Mißerfolg ist eine ganz und gar menschliche Sache. Der Wissenschaftler zum Beispiel treibt seine Forschungen so

1 Anspielung auf Pierre Boulles Roman *Die Brücke am Kwai* (und David Leans Verfilmung), in dem in einem japanischen Kriegsgefangenenlager britischen Soldaten der Wille dadurch gebrochen werden soll, daß man sie zwingt, eine Brücke zu bauen. Als sie fertig ist, sprengen die Briten sie wieder in die Luft.

weit, daß er plötzlich an einem Punkt angelangt, von dem aus es nicht mehr weitergehen kann. Der Mensch hat den Mond betreten, und er wird nun sicher alle Sterne des Sonnensystems erobern wollen, aber er wird sich dabei verlieren. Die Wissenschaft schreitet voran bis zu dem Moment, da sie scheitern muß. Der Mensch geht von Erfolg zu Erfolg unentrinnbar auf sein letztes Scheitern zu: den Tod.

Bob le Flambeur ist aber dennoch ein heiterer Film. Und er endet mit einer Pirouette. Erinnern Sie sich? Guy Decomble, mein erster Kommissar, sagt: »Anstiftung und Mittäterschaft bringen in so einem Fall zirka fünf Jahre ein, wenn man einen guten Anwalt hat. Und für Anstiftung allein gibt es zwei Jahre weniger.« Dem fügt André Garret noch hinzu: »Und wenn du Floriot und Garçon[2] nimmst, kannst du noch Schadenersatz und Zinsen verlangen!«

Ich fand es sehr lustig, den Film auf diese Weise enden zu lassen. Die Vorstellung, daß ein Typ, der einen Raubüberfall vorbereitet und in gewisser Weise auch ausgeführt hat, juristisch gesehen möglicherweise kein Risiko eingeht, wenn er sehr gute Anwälte an seiner Seite hat, ist schon komisch.

Die Minute der Wahrheit

War Bob le Flambeur *eigentlich der erste französische Film, in dem Gangster vorkamen?*
Nein, ganz und gar nicht. Ich glaube, es hat in Frankreich schon immer Gangsterfilme gegeben, wenn auch meistens oberflächlichere, die längst nicht so weit gingen. Mir fällt zum Beispiel *Miroir* (1946) von Raymond Lamy ein, mit Jean Gabin. Darin spielte Berval einen schwergewichtigen Gangster – und war sehr gut in der Rolle.[3]

Was in allen Ihren Filmen auffällt, ist Ihre Liebe zum Detail und zu bestimmten Objekten. Das hat einmal einen Kritiker dazu bewogen,

2 René Floriot (1902–1978) und Maurice Garçon (1889– 1967), berühmte Pariser Advokaten. In der deutschen Synchronfassung fehlt dieser letzte Satz, statt dessen heißt es nur: »Da haben wir ja noch Schwein gehabt.«

3 Als Vorläufer zu erwähnen wäre hier vor allem auch *Touchez pas au grisbi (Wenn es Nacht wird in Paris,* 1954) von Jacques Becker, in dem Jean Gabin und der spätere Melville-Schauspieler Lino Ventura rivalisierende Gangster spielen

Sie den Francis Ponge[4] *des Kinos zu nennen. Was halten Sie von dieser Aussage?*
Ich kann nicht sagen, daß sie mir mißfällt. Allerdings – und damit entferne ich mich doch ziemlich vom Nouveau Roman – empfinde ich keine Vorliebe für Großaufnahmen von Objekten. Gegenstände sind von großer Bedeutung für mich, aber nichts läßt einen Film schneller altmodisch erscheinen als Großaufnahmen. Deshalb würde ich, selbst wenn ein Gegenstand einen dramaturgischen Wert in einer Szene hätte, ihn irgendwo plazieren, nur nicht im Vordergrund. Hitchcock hätte natürlich keine Angst, ein läutendes Telefon in den Vordergrund zu stellen, wenn hinten eine Leiche liegt. Ich würde das niemals machen.

Welche Bedeutung haben Spiegel in Ihren Filmen?
In meinen Filmen gibt es immer diese Minute der Wahrheit: Der Mensch vor dem Spiegel, das ist die Prüfung, die Bilanz.

Wenn Bob zu Beginn des Films die Rue Pigalle hochkommt, bleibt er vor einem rostigen Spiegel stehen und murmelt: »Eine tolle Gangstervisage!« Und mit diesen einfachen Worten hat er alles über sich gesagt.

Wenn ich eines Tages meinen wahren *Bob le Flambeur* wiederfinden sollte, dann würden Sie sehen, welchen enormen Unterschied auf der Ebene der Dialoge es gibt zwischen dem Film, den ich geschrieben, und dem, den ich gedreht habe. Die Dialoge, die ich geschrieben habe, klangen so echt wie die in *Le Samouraï (Der eiskalte Engel)*.

Weshalb haben Sie dann überhaupt mit Auguste Lebreton zusammengearbeitet?
Nun, ich hatte nicht viel, was ich aufs Plakat setzen konnte. Ich war nicht sehr bekannt, Stars hatte ich auch keine. Was es mir ermöglichte, einen Verleih und einen Vorschuß zu bekommen, war die Tatsache, daß der Name meines Freundes Lebreton im Vorspann auftauchte. In jenem Jahr war er ein großer Star, denn

und auch Daniel Cauchy eine Rolle hat. Der Einfluß dieses Films auf Melville, vor allem was die Beschreibung des Gangstermilieus und die Betonung des Ehrbegriffs und der Freundschaft angeht, ist unverkennbar.

4 Francis Ponge (1899–1988), französischer Schriftsteller, der die Entwicklung des Nouveau Roman stark beeinflußt hat. Während des Krieges Mitglied der Résistance.

er feierte gerade einen Riesenerfolg mit *Du rififi chez les hommes (Rififi)* und *Razzia sur la chnouf (Razzia in Paris),* die beide jeden Tag vor ausverkauften Häusern liefen. Deshalb bat ich Auguste, der ja einige wirklich bewundernswerte Sachen geschrieben hatte, mein Drehbuch zu *Bob le Flambeur* zu adaptieren und die Dialoge zu schreiben, und er hat alles seinem sehr persönlichen Stil angepaßt. Daß ich mir *Bob le Flambeur* heute nicht mehr ansehen kann, liegt an den Dialogen, die hoffnungslos veraltet sind. Es ist nichts zu machen, jedesmal, wenn ich mit jemandem zusammenarbeite, gibt es irgend etwas, was nicht funktioniert. Ich darf anscheinend nur alleine arbeiten. Wenn *Les Enfants terribles* mir heute immer noch so gut gefällt, dann deshalb, weil die Zusammenarbeit zwischen Cocteau und mir auf dem Niveau des Romans stattfand und ich ihn rigoros in die Verpflichtung genommen hatte, die Dialoge des Romans zu erhalten. Jedesmal, wenn Cocteau mit Änderungsvorschlägen kam, sagte ich ihm: »Wenn du deine eigenen *Enfants terribles* umschreibst, bin ich nicht länger daran interessiert, es zu verfilmen!«

Enttäuschte Hoffnung

Wie haben Sie Ihre Schauspieler ausgewählt?
Eines Tages fuhr ich mit dem Auto im Beisein meiner Sekretärin an der Place de la Madeleine vorbei und sah Isabelle Corey. Wir kamen gerade von einem Vorsprechtermin, wo wir uns zahllose Mädchen für die Rolle angeschaut hatten. Obwohl Isabelle zwanzig Meter von uns entfernt war, auf der anderen Straßenseite, gefiel sie mir sofort. Ich saß am Steuer, wollte kein gefährliches Wendemanöver riskieren und bat meine Sekretärin, auszusteigen, hinter ihr her zu laufen und sie um ihre Adresse zu bitten, aber statt dessen hat sie Isabelle Corey meine Adresse gegeben. Riskante Sache, denn es hätte ja passieren können, daß sie sich nie gemeldet hätte!

Isabelle Corey in Bob le flambeur *(Coll. Rui Nogueira)*

Sie besaß alles, um ein Star zu werden, ein großer Star sogar, aber ihr selbst war das nicht bewußt. Sie war fünfzehn Jahre alt, sehr hübsch und intelligent. Ich schloß einen Langzeitvertrag mit ihr ab, aber ich muß zugeben, daß ich mich nicht sehr darum gekümmert habe, sie zu lancieren, sie vorzuzeigen, denn mir fehlte einfach die Zeit dafür. Darunter hat sie sehr gelitten.

Dann kam Isabelle eines Tages zu mir und bat mich, sie die zweite weibliche Hauptrolle in dem Film von Roger Vadim spielen zu lassen, den Raoul Lévy produzieren wollte: *Et Dieu créa la femme (Und immer lockt das Weib)*. Ich versuchte, ihr das auszureden, indem ich ihr erklärte, Lévy habe ihr die Rolle nur angeboten, um sie ein für allemal abzusägen, denn sie stellte für Brigitte Bardot eine echte Konkurrenz dar. Da sie partout nicht auf mich

Roger Duchesne und Guy Decomble in Bob le flambeur *(Coll. Rui Nogueira)*

hören wollte, gab ich ihr schließlich ihre Freiheit zurück, indem ich ihr sagte: »Ein Vertrag ist etwas, was man nicht erklären kann. Wenn du nicht verstehst, was er bedeutet, hat der Vertrag auch keinen Sinn mehr.« Ich denke, daß ich recht hatte, denn ein paar Jahre später kam Isabelle Corey zu mir und bat mich, sie wieder unter Vertrag zu nehmen. Aber sie war keine sechzehn mehr, und es ist praktisch unmöglich, jemanden zu lancieren, der schon einmal als »Hoffnung« galt.

Roger Duchesne war vor dem Krieg ein großer Star gewesen. Dann ist er ins Gangstermilieu abgerutscht und mußte wegen seiner Schulden Paris verlassen. Da ich ihn für meinen Film wollte, ließ ich meine Verbindungen zum Milieu spielen, und man gestattete ihm, sich wieder zu zeigen. Heute verkauft er Autos an der Porte de Champerret, glaube ich.

Joel McCrea, Allen Jenkins und Humphrey Bogart in Dead End *(Filmbild Fundus Robert Fischer)*

Man spricht immer von meinen drei Kommissaren (Jean Desailly, Paul Meurisse, François Périer), man wird sicher auch von Bourvil in *Le Cercle rouge* sprechen, aber man vergißt oft Guy Decomble, der in *Bob le Flambeur* den Kommissar spielt. Ich finde ihn großartig in dem Film. Er war ein sehr guter Schauspieler. Truffaut hat ihm übrigens in *Les 400 coups (Sie küßten und sie schlugen ihn)* eine Rolle gegeben.

Die Cité Jeanne-d'Arc

Man erfährt praktisch nichts über Bob. Möchte er zu seiner Jugend eine gewisse Distanz halten?
Man erfährt nichts über Bobs Jugend, weil Bob nur über seine Kindheit spricht. Er spricht darüber genauso wie Baby Face Martin

(Humphrey Bogart), wenn er in William Wylers *Dead End (Sackgasse)* zurückkehrt, um seine Mutter (Marjorie Main) aufzusuchen.

Bob ist so vernünftig und klarsichtig, daß er die Tatsache, daß er alt wird, mit einem gewissen Glück betrachten kann. Er ist ein freier Mann. Er hat sich dafür entschieden, in Montmartre zu leben, weil Montmartre für ihn immer noch der einzige Ort ist, an dem man leben kann. Die letzte Zuflucht. Er lebt dort nachts, bis zum Morgengrauen, der Stunde des Wolfs. Er schläft nur, wenn der Himmel schon ganz hell ist.

Bob le Flambeur ist eine Liebeserklärung an Paris, so wie *Deux hommes dans Manhattan (Zwei Männer in Manhattan),* mein nächster Film, eine Liebeserklärung an New York werden sollte. Liebeserklärungen werden nachts geschrieben.

Bob le Flambeur evoziert ein Paris, das es schon nicht mehr gab: das Paris der Vorkriegszeit. Es gibt in diesem Film eine Sehnsucht nach vergangenen Zeiten. Bob ist ein Sohn dieser Stadt Paris.

Weshalb haben Sie sich bei der Wohnung von Bob für ein Maleratelier entschieden?
Für diese Wahl gibt es mehrere Gründe. Zunächst gab es in der Avenue Junot 36 tatsächlich dieses Atelier, in dem ich gerne gewohnt hätte. Ich habe es dann im Studio nachgebaut und eine Nacht darin geschlafen. Zweitens hatte Roger Duchesne durch reinen Zufall tatsächlich für kurze Zeit dort gewohnt. Er ist dort sogar einmal verhaftet worden. Und drittens hatte ich vor dem Krieg in der Avenue Junot 36 einen Burschen gekannt, der Charme und Geschmack besaß, einen sehr netten Gauner, der am Rande der Legalität lebte.

Als ich noch ein Kind war, war diese Gegend von einer unglaublichen Wildheit. Man nannte sie den »Busch«, denn dort, wo heute Häuser stehen, gab es damals einen unberührten Wald. Wie oft habe ich als kleiner Junge im »Busch von Montmartre« zwischen den Baumstümpfen, den Schlingpflanzen und den Bäumen gespielt! Ich kannte Paris noch so, wie es in *Die Geheimnisse von Paris* beschrieben wird. In bestimmten Vierteln gab es Ecken, die einfach phantastisch waren.

Vergessen Sie nicht, daß ich noch die Cité Jeanne-d'Arc kannte! Und wer in Paris nicht die Cité Jeanne-d'Arc kannte, kannte gar nichts. Sie schaute auf die Straße gleichen Namens, wo heute Neubauten stehen, nicht weit von meinen Ateliers in der Rue Jenner. Das war eine »Kasbah«, die kein Polizist jemals zu betreten wagte und wo sich die Burschen versteckten, die von der Polizei gesucht wurden. Wer in die Cité hinein wollte, in dieses Viertel der Wunder, das wegen seiner engen Gassen für Autos gesperrt war, mußte einen Begleiter haben, der freien Zugang hatte, sonst war nichts zu machen. Von Zeit zu Zeit gab es Versuche der Polizei, mit einer Razzia da drinnen aufzuräumen, aber dann flogen Flaschen und alles mögliche andere, und die Beamten mußten sich wieder zurückziehen.

Mit dem Einmarsch der Deutschen hörte Paris mit einem Schlag auf, eine alte, geheimnisvolle Stadt zu sein, wobei die Cité Jeanne-d'Arc allerdings schon vor dem Krieg verschwunden war.

Korruption und Co.

All diese Veränderungen sind sicher auch der Grund dafür, daß Bob an einer Stelle zu dem Polizeibeamten, mit dem er in einem chinesischen Restaurant zu Abend ißt, sagt: »Das Milieu ist nicht mehr, was es einmal war, heute ist alles Korruption und Co.«[5]

Dieser Satz von Lebreton – basierend auf einem Satz, den ich davor geschrieben hatte – ist in der Tat ein Hinweis darauf, wie groß der Unterschied war zwischen dem Unterweltmilieu der Vorkriegszeit und dem nach Kriegsende. Darin liegt einer der Gründe für Bobs Nostalgie.

Die deutsche Besatzung hat alles verändert. Vor dem Krieg gab es das Gangstermilieu auf der einen und die Polizei auf der anderen Seite. Und dann, während der Okkupation, gab es plötzlich die deutsche Gestapo und die französische Gestapo. Die fran-

[5] Dieser Satz kommt in der deutschen Synchronfassung nicht vor.

zösische Gestapo bestand aus französischen Polizisten und Unterweltlern. Es gab darin genauso viele Polizisten wie Gauner. In dem bekanntesten Gestapo-Quartier von Paris, dem in der Rue Lauriston, wirkten zur gleichen Zeit Abel Danos und Inspektor Bony. Das Milieu hat sich davon nie mehr erholt. Die Polizei dagegen ist einfach wieder die Polizei geworden.

Die Gestapo verrichtete eine seltsame Arbeit in Paris. Ich kannte vor dem Krieg viele Gauner und Schriftsteller, die sich kopfüber in die Gestapo gestürzt haben. Ich empfehle Ihnen ein Buch von Philippe Azziz, das die Geschichte der Rue Lauriston erzählt: *Tu trahiras sans vergogne*. Es erzählt aber nicht die ganze Geschichte, denn über manches kann noch nicht geschrieben werden, weil viele Leute noch leben und heute wichtige Ämter bekleiden, obwohl sie sich während des Krieges sehr seltsam verhalten haben.

Nicht umsonst sagt in *Le Deuxième Souffle (Der zweite Atem)* Paul Ricci (Raymond Pellegrin) zu Fardiano (Paul Frankeur): »Schuft, du hast dein Handwerk bei der Gestapo gelernt!«

Roger und Bob sind durch Freundschaft verbunden. Glauben Sie an die Männerfreundschaft unter Gaunern?
Nein, ich glaube nicht an die Freundschaft. Weder an die Männerfreundschaft unter Gaunern noch an irgendeine andere. Das gehört zu den Dingen, an die ich nicht mehr glaube, die ich nicht kenne, aber sehr gerne in meinen Filmen zeige.

In der Unterwelt gibt es anstelle der Freundschaft eher eine Interessengemeinschaft und vielleicht auch eine gewisse Trägheit. Man trifft sich jeden Nachmittag um fünf zum Kartenklopfen, zur täglichen Runde.

Was für ein Verhältnis verbindet den Inspektor mit Bob?
Die Gauner hegen immer Sympathie für die Polizisten, und die Polizisten hegen immer Sympathie für die Gauner. Sie üben dasselbe Gewerbe aus. Die einen existieren nur in bezug auf die anderen.

Bob ist von der Spielleidenschaft besessen. Sie selbst sind kein Spieler. Haben Sie sich von Sacha Guitrys Le Roman d'un tricheur *beeinflussen lassen?*
Das ist gut möglich, denn das ist ein Film, den ich sehr liebe. Trotzdem glaube ich nicht, daß ich während der Dreharbeiten zu *Bob le Flambeur* an Guitry gedacht habe. Aber vielleicht sind ein oder zwei Bilder seines Films doch in meinem Kopf hängengeblieben. Ich denke an die Einstellung von dem Mann, dessen Gesicht von der Lampe verdeckt wird und gegen den Guitry gerade seine Tricks anwenden will, als er in ihm den Kameraden erkennt, der ihm im Ersten Weltkrieg das Leben rettete. Und der Kommentar sagt an dieser Stelle, von diesem Tage an habe Guitry aufgehört, am Spieltisch zu betrügen.

Weshalb wirft Bob jedesmal, wenn er nach Hause kommt, eine Münze in den Geldautomaten, der in seinem Atelier steht?
Bob ist ein Spieler. Dieser Münzautomat verschafft ihm vor dem Zubettgehen eine letzte Möglichkeit zu spielen. Das ist das einzige Spiel, das ich in meinem Leben gespielt habe. Sie wissen schon, man wirft ein Zwanzig-Sous-Stück in den Automat und hofft, daß drei Zitronen oder drei Kirschen erscheinen. Na ja, ich hatte immer Lust, so einen Automaten in meiner Wohnung zu haben, und deshalb habe ich einen in Bobs Wohnung gestellt!

Ist das eine Hommage an Her Man (Ein Mann für sie, *1930) von Tay Garnett?*
Nein. Es ist eine Hommage an Melville!

Die wahre Erotik

Sehnt Bob sich nach einem Zuhause? Was bedeuten Paulo und Anne für ihn?
Paulo ist seine rechte Hand, später wird er fast wie ein Sohn für ihn. Ein bißchen so ein Verhältnis wie zwischen Volker Schlön-

dorff und mir. Anne steht für eine bestimmte Art von Mädchen, wie sie mir immer wieder begegnet sind, sehr jung, mit sehr hohen Absätzen, sie machen keinen Unterschied zwischen Gut und Böse, bilden sich ein, das wahre Leben zu kennen, und verbrennen sich sehr schnell die Flügel. Sehr hübsche Mädchen, die aber sehr rasch von der Stadt der Männer verschluckt und wieder ausgespuckt werden, denn natürlich gehört eine Stadt den Männern.

In Ihren ersten Filmen sieht man Frauen nackt oder wie sie sich ausziehen. Heute dagegen, wo man nichts anderes auf der Leinwand sieht, verzichten Sie vollständig darauf.
Ja, weil es zur Gewohnheit geworden ist. Ich konnte solche Szenen zeigen, als man sie noch nicht überall sah – und immer mit viel Takt und Diskretion. Ein Mann und eine Frau im Bett, Frauen, die sich ausziehen – das ist kaum mehr zu ertragen. Wir sind sehr weit von dem berühmten amerikanischen Kino der dreißiger Jahre entfernt, wo die Erotik ein ganz anderes Niveau hatte. Das war wahre Erotik, die die sexuellen Instinkte der Männer und Frauen kitzelte. Im übrigen gab es damals, als die Frauen auf der Leinwand völlig angekleidet erschienen, mehr Erotik als heute, wo sie oft ganz nackt sind. Das ist eine Art vulgäre und unangenehme Gewohnheit geworden, die mich zutiefst anödet. Das ist die alttestamentarische Seite, glaube ich, die puritanische Seite meines Wesens.

In *Le Cercle rouge* habe ich nicht eine einzige Frauenrolle eingebaut. Das ist mir unbewußt passiert, ohne es zu wollen, als Reaktion auf all das, was ich in den letzten drei Jahren als Mitglied der Zensurkommission gesehen habe. Man wirft mir vor, ein Misogyn zu sein, die Frauen nicht zu lieben. Das ist, ich versichere es Ihnen, vollkommen falsch. Wie ich Ihnen schon sagte, liebe ich es, in meinen Filmen die Dinge zu zeigen, die ich nicht kenne. Nun, im Gegensatz zu meinen Kollegen, die von der Erotik völlig besessen sind, kenne ich mich da aus!

Trotzdem haben Sie in Bob le Flambeur *ein Pärchen im Bett gezeigt...*
Sicher, aber vergessen Sie nicht, daß die beiden schlafen! Und außerdem ist das eine wichtige Szene im Film. Bob, dieser Mann um die Fünfzig, der verliebt ist in ein tolles junges Mädchen von sechzehn Jahren – was es ihm, wie es sich gehört, nie erzählt –, findet es plötzlich in seinem eigenen Bett in den Armen dessen, den er wie seinen Sohn liebt. Trotz des Schocks verdrückt er sich auf Zehenspitzen, um die beiden nicht aufzuwecken. Alle Männer sind ein wenig masochistisch, und ich könnte mir durchaus vorstellen, daß Bob absichtlich die Bedingungen dafür geschaffen hat, die es Paulo und Anne erlauben, miteinander zu schlafen. Damit er ein bißchen unglücklich sein kann!

Gibt es nicht eine Parallele zwischen Isabelle Corey in Bob le Flambeur *und Marilyn Monroe in* The Asphalt Jungle?
Nicht ganz, denn Bob ist sicher nicht jemand, der sich ausbeuten lassen würde, Louis Calhern dagegen schon. Sagen wir, wenn Bob Anne Geld gibt, dann ist das anders, als wenn Calhern Marilyn Geld gibt. Bob ist väterlicher. Alonzo Emmerich (Calhern) hegt unbestreitbar jenen masochistischen Wunsch, ein Opfer der Frauen zu sein. Außerdem wird er nie wütend auf Marilyn, nicht einmal, wenn sie ihn verrät, als fände er es normal, daß sie ihn hintergeht. Aber wenn Sie sich mit mir über Hustons Film unterhalten wollen, dann haben wir noch mindestens zwanzig Stunden zu diskutieren. Es ist für mich viel leichter, über Filme von anderen zu sprechen als über meine eigenen. Vergessen Sie nicht, daß ich – *vor allem* – ein Zuschauer geblieben bin und daß Zuschauer zu sein der schönste Beruf der Welt ist.

Dracula in Deauville

Planen Sie eine Wiederaufführung von Bob le Flambeur?
Nein. Ich möchte meine alten Filme nicht neu in die Kinos bringen. Ich sehe darin keinen Sinn, außer vielleicht einen finanziel-

Louis Calhern und Marilyn Monroe in The Asphalt Jungle *von John Huston (Filmbild Fundus Robert Fischer)*

6 Inzwischen gibt es tatsächlich ein Remake von *Bob le Flambeur: The Honest Thief* (USA 2002), Regie: Neil Jordan, mit Nick Nolte als Bob. Statt auf das Casino in Deauville hat Bob es hier auf die Spielbank in Nizza abgesehen.

len, und das interessiert mich nicht. Sollte ich dagegen jemals mein ursprüngliches Drehbuch zu *Bob le Flambeur* wiederfinden, würde ich ihn sofort neu verfilmen ... in Farbe.[6] Aber ich würde auf den Überfall des Casinos verzichten, auch wenn er damals einigermaßen originell war. So viele Leute haben ihn später abgekupfert, es ist unglaublich. Ich habe sieben Plagiate gezählt, zwei Franzosen und fünf Amerikaner *(Bob le Flambeur* ist in den USA – ich glaube unter dem Titel *Hot Fever* – sehr, sehr gut gelaufen): *Seven Thieves (Sieben Diebe)* von Henry Hathaway, *Ocean's Eleven (Frankie und seine Spießgesellen)* von Lewis Milestone, *Mélodie en sous-sol (Lautlos wie die Nacht)* von Henri Verneuil, *L'Étrange Monsieur Steve (Auf schiefer Bahn)* von Raymond Bailly mit Jeanne Moreau und Philippe Lemaire ... In Milestones Film gibt es sogar Dialogsätze, die direkt aus *Bob le Flambeur* stammen!

Hat Bob le Flambeur *viel Geld gekostet?*
Siebzehneinhalb Millionen alte Franc, wobei ein durchschnittlicher Film zu jener Zeit einhundertachtzig Millionen kostete. Dieser Film war für mich ein sehr gutes Geschäft, denn er ist sehr gut gelaufen.

Häufig sage ich – obwohl es nicht stimmt –, daß man mich in dieser Branche immer zurückgestoßen hat. Dabei war es so, daß ich die Branche immer zurückgestoßen habe. Man hat mir dauernd Filme angeboten, aber ich habe sie immer abgelehnt! Ich war nie unfreiwillig arbeitslos. Man konnte mich nicht mit der Kneifzange anfassen, das stimmt, und ich habe mich mit allen Produzenten angelegt.

Warum vergißt Bob den Zeitpunkt des Überfalls?
Weil trotz seiner guten Vorsätze der Spielteufel wieder von ihm Besitz ergreift.

Wissen Sie, es gibt eine Einstellung von Bob, wie er im Smoking von der Treppe des Casinos in Deauville hinunter auf den Saal schaut, und in dem Moment sieht er exakt so aus wie Bela Lugosi. Mit einem Mal ist Dracula in diesem Film!

DEUX HOMMES DANS MANHATTAN
(ZWEI MÄNNER IN MANHATTAN, 1958)

»Agence France-Presse gibt bekannt«

Zwischen Bob le Flambeur *und* Deux Hommes dans Manhattan *liegen drei Jahre. Was haben Sie während dieser Zeit gemacht?*
Im Sommer 1957 begann ich einen anderen Film, den ich nie fertiggestellt habe. Da ich meine Ateliers in der Rue Jenner damals für drei Jahre an Pathé-Marconi vermietet hatte, beschloß ich, an Originalschauplätzen zu drehen, und zu diesem Zweck hatte ich einen sehr billigen Film konzipiert, der keinen großen Aufwand erforderte. Decaë war mein Chefkameramann, seine Frau seine Assistentin, Pierre Grasset und Dédé Salgues (André Garret) meine Schauspieler.

Wie bei *Le Silence de la mer* besaß ich weder eine offizielle Genehmigung, noch erhielt ich irgendeine Filmförderung, war dafür aber auch frei von jeder Verpflichtung gegenüber wem auch immer. Ich konnte machen, was ich wollte.

Dieser Film basierte auf einem Drehbuch, das ich gerade geschrieben hatte, und war eine Spionagegeschichte, ein Genre, das damals noch nicht Mode war. Pierre Grasset spielte darin einen Privatdetektiv. Eines Abends, nachdem er einen Routinetag mit der Beschattung einer verheirateten Frau und deren Liebhaber verbracht hat, kehrt er in sein Büro zurück, wo ein älterer Herr auf ihn wartet. Der Mann war in der Armee sein Vorgesetzter und sucht nun seine Hilfe in einer sehr gefährlichen Mission: »Keiner in meiner Organisation kann diese Mission erfüllen, denn das Atlantische Bündnis verlangt unter anderem, daß die Geheimdienste des Bündnisses niemals gegeneinander ermitteln dürfen. Offiziell haben wir also nicht das Recht dazu. Ich brauche Sie, um den Amerikanern einige höchst geheime Papiere zu stehlen.«

Ich habe nur eine Sequenz dieses Films gedreht, die fast gänzlich in der Gare Saint-Lazare spielt. Ein Mann mit einem Aktenköfferchen verläßt den Zug, der gerade von der Fähre aus Cherbourg eingetroffen ist. Er geht den Bahnsteig entlang, durchquert die Schalterhalle, fährt die Rolltreppen hinunter, gelangt schließlich zur Gepäckaufbewahrung und gibt sein Köfferchen auf.

Von diesem Moment an beginnt Grasset, ihm zu folgen. Der Mann geht zum Ausgang, steckt den Gepäckschein in einen Umschlag, den er in seiner Tasche bereit hatte, und wirft ihn in einen Briefkasten des Rohrpostsystems. Dann geht er den Weg zurück, den er gekommen war, und besteigt den Zug zurück zur Fähre nach Cherbourg. Grasset ist nervös, weil er nicht weiß, was er tun soll, denn um an das Köfferchen zu gelangen, muß er sich erst den Briefumschlag mit dem Gepäckschein besorgen. Die einzige Gewißheit, die er hat, ist, daß der Gepäckschein in anderthalb Stunden sein Ziel erreichen wird, und so bezieht er Posten und beobachtet den Gepäckaufbewahrungsschalter.

Zur gleichen Zeit springt der Mann, der den Zug bestiegen hatte, wieder ab, als dieser im Schrittempo durch die Gare des Batignolles fährt, überquert die Gleise, kommt in die Rue Jouffroy und winkt seelenruhig ein Taxi heran ... Soweit unsere Sequenz. Was den weiteren Verlauf der Geschichte betrifft, so bittet Grasset irgendwann einen pensionierten Kommissar um Hilfe, der ständig betrunken ist und mit seinen zwanzig Katzen und einem Grammophon verwahrlost in einer Ecke von Menilmontant wohnt, die es heute nicht mehr gibt. Was bedeutet, daß dies ein Spionagefilm geworden wäre mit zwei Protagonisten, die gar keine Spione sind.

Aber ich würde anderthalb Stunden benötigen, um Ihnen die ganze Geschichte zu erzählen – die Zeit, die der Film gedauert hätte. Am Ende, nach zahlreichen Abenteuern, müssen der alte Kommissar und Grasset beide dran glauben. Grasset stirbt in einer Telefonzelle, und seine letzte Worte sind: »Mission erfüllt.« Das hätte auch der Titel des Films sein können.

Aus welchem Grunde haben Sie die Dreharbeiten abgebrochen?

Wegen eines banalen Streits um den Rand eines Hutes, den Grasset tragen sollte. Ich war nicht einfach damals. Ich besaß ein sehr aufbrausendes Wesen.

Gibt es noch andere Filme, die Sie nie beendet haben?
Vor *Deux Hommes dans Manhattan* hatte ich damit begonnen, das Drehbuch zu einem Kriminalfilm zu schreiben, dessen Geschichte sich in Cannes parallel zum dortigen Filmfestival abspielte. Ich hatte schon die Dekors bauen lassen und war bereit zu drehen, aber dann habe ich doch lieber alles abgebrochen, denn ich hatte wieder einmal den Fehler begangen, mich auf einen Kodrehbuchautor einzulassen.

Nachdem ich dieses Projekt fallengelassen hatte, begann ich, wieder mit Decaë als Kameramann, ein anderes Drehbuch zu verfilmen, das ich lange vorher geschrieben hatte. Es trug den Titel *L'A.F.P. nous communique* und war die Geschichte eines französischen Ministerpräsidenten, der in der Wohnung seiner Geliebten an einem Herzinfarkt stirbt. Ich hatte schon zwanzig Minuten des Films abgedreht, als im Mai 1958 de Gaulle an die Macht kam. Damit war der Film für mich gestorben. *L'A.F.P. nous communique* starb mit der Vierten Republik.

Und dann, eines Tages im Sommer 1958, ging ich mit Grasset ins Celtic, Rue d'Arras, um mir zum x-ten Mal *The Asphalt Jungle* anzusehen. Mitten im Film brüllt Grasset plötzlich: »Schau doch! Dein Dekor!« Er hatte recht: die Lampe, das Sofa, das große Fenster, die Jalousien aus Metall, alles war da. Ohne es zu wollen, hatte ich das Wohnzimmer aus Louis Calherns Liebesnest für meinen Film nachgebaut! Wir kommen aus dem Kino, bestätigen uns gegenseitig, daß *The Asphalt Jungle* zweifellos der beste Film aller Zeiten ist, und dann sagt Grasset: »Sag mal, macht dir das nicht Lust, deinen Film zu Ende zu drehen? Verlockt dich die Tatsache, daß du unbewußt ein Szenenbild entworfen hast, das exakt dem Dekor eines amerikanischen Films entspricht, nicht dazu, deine Geschichte in die USA zu verlegen?« Und so kam es, daß ich die Geschichte von *L'A.F.P. nous communique* nach New York transponierte. Im November 1958 flog ich hin und drehte alle Außenaufnahmen. Die Innenaufnahmen entstanden im folgenden Jahr, ab Februar 1959, in den Ateliers von Billancourt.

Im Wunderland

Aber für Deux Hommes dans Manhattan *stand Ihnen Henri Decaë nicht mehr zur Verfügung ...*
Nein, Decaë war nicht mehr frei. Er war inzwischen der bevorzugte Kameramann der Nouvelle Vague geworden.

Vor meinem Abflug in die Vereinigten Staaten kam ein junger Mann, der sich bei mir als Kameramann bewerben wollte: François Reichenbach.[1] Da ich einige seiner Filme kannte, bei denen er laut Vorspann auch für die Kamera verantwortlich gezeichnet hatte, nahm ich ihn mit. Leider habe ich erst am ersten Drehtag gemerkt, daß er noch nie in seinem Leben eine Kamera angefaßt hatte. Grasset und Alain Térouanne, mein Koproduzent, können es bezeugen. Als er sah, daß wir aus allen Wolken fielen, meinte er unschuldig: »Ich wußte nicht, daß du in dem Film auch selber mitspielst. Ich dachte, du stündest die ganze Zeit hinter der Kamera und könntest mir alles beibringen.« Da ich aber in meinen Szenen als Darsteller natürlich nicht gleichzeitig auch noch hinter der Kamera stehen wollte, konnte ich François Reichenbach nicht behalten.

Die Aufnahmen in New York, in denen ich zu sehen bin, wurden von Mike Shrayer gedreht. Die, bei denen ich nicht im Bild bin, stammen von mir.

In Paris wurden wir hinter der Kamera von Nicolas Hayer und Charles Bitsch[2] abgelöst, wobei der eine für die Innen- und der andere für die Außenaufnahmen zuständig war. Bitsch fungierte gleichzeitig auch noch als mein Regieassistent.

Wie haben Sie Amerika entdeckt?

1 François Reichenbach (1922–1993), französischer Regisseur und Kameramann. Reichenbach qualifizierte sich vor allem deshalb für *Deux Hommes dans Manhattan,* da er zu diesem Zeitpunkt drei Kurzfilme in den USA gedreht hatte: *Houston, Texas* (1956), *Les Marines* (1957) und *L'Amérique insolite* (1958). In späteren Jahren arbeitete Reichenbach unter anderem mit Orson Welles zusammen *(Portrait Orson Welles,* 1968, und *F for Fake [F wie Fälschung,* 1975*]).*

Pierre Grasset in Deux Hommes dans Manhattan *(Filmbild Fundus Robert Fischer)*

2 Charles Bitsch war in den fünfziger Jahren Kritiker bei den *Cahiers du cinéma*. In den Sechzigern Regieassistent bei Melvilles *Le Doulos* und bei sechs Filmen von Jean-Luc Godard. Regisseur von zwei Episodenfilm-Beiträgen und einem Spielfilm, *Le Dernier homme* (1968).

Mein eigener Kolumbus wurde ich zuallererst mit einer Zeitung, die *Le Dimanche illustré* hieß und auf deren letzter Seite in Farbe der erste ins Französische übersetzte amerikanische Comicstrip erschien: »Bicot Président de Club«. Ich habe nie erfahren, wie Bicot, dieser kleine Junge – der eine sehr schöne Schwester mit langen, wunderbar gezeichneten Beinen hatte und einen kinnlosen Vater mit dickem Schnauzbart – im amerikanischen Original hieß, aber in Frankreich war die Figur sehr bekannt.[3]

Etwa zu der Zeit, als ich mit Hilfe von Bicot und seinen Abenteuern Einblicke in jenes Land bekam, in dem die Kinder frei auf der Straße herumlaufen konnten, entdeckte ich jenes außerordentliche Ding, das damals in Frankreich noch nicht sehr verbreitet war – heute bezeichnet man es als »Kühlschrank«, aber für uns hatte es nur einen Namen, und das war der der Marke »Frigidaire«. In Frankreich bedeutet »Frigidaire« aber nicht »Kühlschrank der Marke Frigidaire«, sondern ganz allgemein Kühlschrank. Eine Marke wurde zur Bezeichnung einer Gattung. Irgendwann kamen die ersten echten »Frigidaires« in Frankreich heraus, dann kamen die Autos, dann – die Filme. Aber die Stummfilme konnten die Eroberung Europas durch Amerika noch nicht herbeiführen, denn es gab keinen großen Unterschied zwischen den französischen Stummfilmen und denen aus Hollywood. In Frankreich drehte man oft sogar falsche »amerikanische« Stummfilme. Erst dank des Tonfilms gelang es Amerika, auch jene Länder mit seinen Fangarmen zu umschlingen, die in ihrer Sprache oder Denkweise nicht angelsächsisch waren. Der amerikanische Imperialismus ist entgegen der landläufigen Meinung nicht nur ein industrieller, sondern auch ein kultureller Imperialismus.

Sie haben einmal gesagt, für die Amerikaner sei das weibliche Ideal »eine Frau, die ihren Hintern auf der Brust trägt«. Weshalb glauben Sie, daß die Amerikaner so etwas mögen?
Ich erinnere mich, daß ich 1958/59 von der Tatsache frappiert war, daß die Frau in der amerikanischen Werbung immer mit einer enormen Oberweite dargestellt wurde. In den einschlägigen Läden am Times Square gab es ausschließlich Gegenstände in Form von unglaublichen Brüsten zu kaufen. Es war kaum zu glauben. Gemeinsam mit Grasset habe ich mehrere Stripteaselokale besucht, und auch die Stripteasetänzerinnen besaßen ungeheure Brüste. Wirklich unvorstellbar! Diese Frauen litten unter physischen Deformationen – denn bei Atrophie und Hypertrophie handelt es sich ja um Krankheiten –, die sie pflegen mußten, um ihren Kunden zu gefallen. Und das, so schien es, war für die Amerikaner die höchste Form von Schönheit! Wir hatten den Eindruck, daß die Amerikaner alle unter einem Brustkomplex litten und am liebsten noch gestillt werden wollten. Das war sehr merkwürdig, sogar ein bißchen widerlich.

3 »Bicot Président du club« war ab 1926 in Frankreich populär. Autor und Zeichner ist der Amerikaner Martin Branner (1888–1970), dessen bekannteste Comic-Figur allerdings Winnie Winkle ist. »Winnie Winkle« erschien erstmals 1920 als Comicstrip in der *Chicago Tribune* und erzählte von den Abenteuern einer jungen Sekretärin (und späteren Modedesignerin), die ihre faule Familie ernähren muß. 1922 bekam Winnie Winkle einen kleinen Bruder, Perry, und dieser aufgeweckte Kerl erlebte schon bald seine eigenen Comicstrip-Abenteuer: »Perry and the Rinkydinks«. In Frankreich wurde Perry in Bicot umgetauft und sein Club »Rinkydinks« in »Rantanplan«. »Bicot« erreichte in Europa eine viel größere Popularität als »Perry and the Rinkydinks« in den USA.

Es ist ein offenes Geheimnis, daß Howard Hughes, als er Präsident von Radio Pictures Inc. (RKO) war, überall in der Welt seine Spürhunde hatte, die auf der Suche nach sogenannten »Talenten« waren, anders ausgedrückt: nach Mädchen mit riesigem Busen.

The Man in Question

Ursprünglich war Deux Hommes dans Manhattan *doch das Portrait eines Toten, so wie sich vier verschiedene Frauen an ihn erinnern, ein bißchen wie in einer Novelle von Paul Morand in* L'Europe galante ...
Ja, es gibt die Novelle von Paul Morand, aber auch zwei britische Filme: *The Woman in Question* von Anthony Asquith und *Sapphire (Das Mädchen Saphir)* von Basil Dearden. Aber hauptsächlich war der Film von Asquith, in dem das Leben einer ermordeten Frau aus dem Blickwinkel aller Männer, die sie kannten, erzählt wird, Anlaß für mich, mein Drehbuch umzuschreiben.

Weshalb haben Sie sich dafür entschieden, zwei Journalisten statt zwei Polizisten die Untersuchung führen zu lassen?
Zu der Zeit, als ich das Drehbuch schrieb, also 1949/50, verbrachte ich alle meine Abende in Saint-Germain-des-Prés, zusammen mit zwei Journalisten der Agence France-Presse, zwei guten Freunden: François Nadeau und Jean-François Devay. Zu unserer Clique gehörte auch noch ein Photograph, Georges Dudognon, den ich als Vorlage für die Rolle des Delmas benutzte. Er war der beste Photoreporter von Paris. Oft fuhren wir alle vier im Auto durch die Gegend. Georges besaß ein Mercedes-Kabriolet wie das, das man am Ende von *L'Armée des ombres* sieht. Und in meinem ersten Drehbuch, *L'A.F.P. nous communique,* spielte die Geschichte in Paris in einem Mercedes-Kabriolet.

Betrachten Sie Deux Hommes dans Manhattan *als ein Portrait der Welt der Journalisten? Als eine Dokumentation über ein soziales Milieu?*

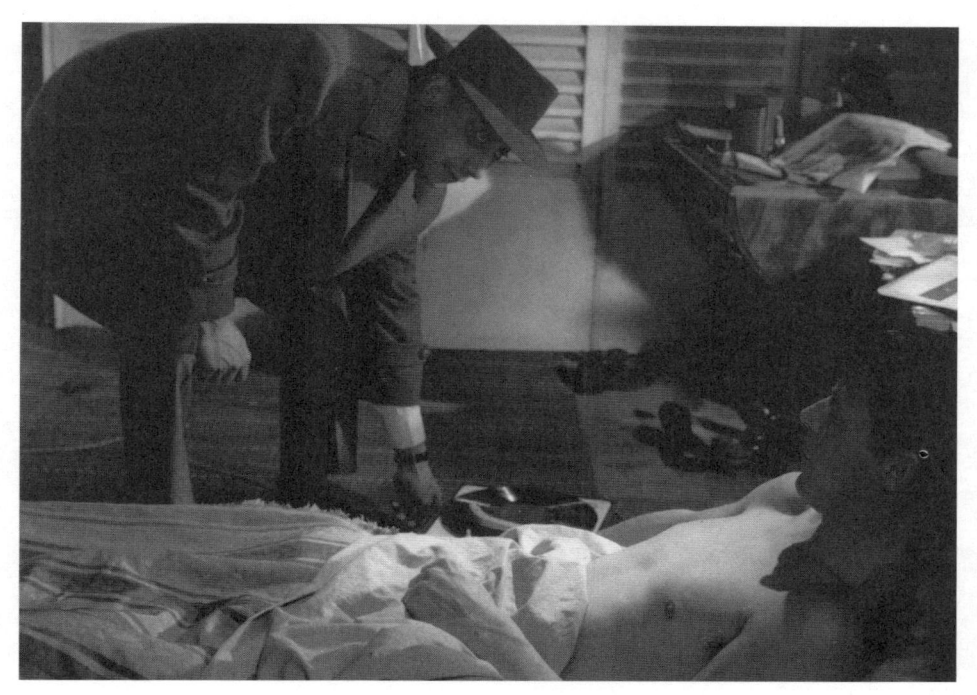

Jean-Pierre Melville und Pierre Grasset in Deux Hommes dans Manhattan *(Filmbild Fundus Robert Fischer)*

Nein, nein. Mit Fragen dieser Art zielen Sie in die falsche Richtung. Realismus war noch nie meine Sache und wird sie auch nie sein. *Deux Hommes dans Manhattan* zeichnet kein Portrait der Welt der Journalisten, weil ich kein Dokumentarist bin. Da ich mir immer Mühe gebe, Realismus zu vermeiden, gibt es keinen inakkurateren Zeichner als mich. Ich mache nur Gefälschtes. Immer.

Pierre Grasset in der Rolle des Delmas ist sehr überzeugend. Haben Sie sich gut mit ihm verstanden?
Sehr gut. Ich mag Pierre Grasset sehr. Er hätte eine große Karriere machen können. Belmondo erzählte mir, er habe sich im Marignan *Deux Hommes dans Manhattan* angesehen und sei ganz nie-

dergeschlagen aus dem Kino gekommen, weil er dachte, Grasset werde ihn noch im selben Jahr in der Gunst des Publikums ablösen. Leider gab es Intrigen gegen den Film, und er spielte keinen Heller ein. Grasset hätte nur Karriere machen können, wenn er zum Beispiel akzeptiert hätte, ohne Geld auszukommen. Als Schauspieler muß man solche Krisen überstehen. Wenn ich ihn morgen bitten würde, für mich wieder in einem Film zu spielen, würde er das sofort machen, aber umgekehrt würde er selbst nie jemanden um etwas bitten. In diesem Beruf muß man hartnäckig sein, aber ihm ist alles ziemlich egal. Er wartet immer darauf, daß man ihm Angebote macht, und das ist der Grund dafür, daß man ihn nicht öfter auf der Leinwand sieht. Er ist ein guter Schauspieler, er sieht gut aus und besitzt enorme Präsenz. Was für eine Schande, daß der französische Film nicht öfter auf ihn zurückgegriffen hat![4]

Grasset ist ein sehr seltsamer Mensch. Man könnte eigentlich einen Film über ihn drehen. Ich erinnere mich, daß man ihn jeden Nachmittag auf der Terrasse der Belle Ferronière sitzen sehen konnte, lässig wie ein *vitellone,* der sorglos in den Tag hinein lebt. In Wirklichkeit arbeitete er nebenbei als Vertreter, stand jeden Morgen um drei Uhr auf und klapperte mit dem Zug seine Kunden in der Provinz ab, um nachmittags wieder zurück zu sein ...

Deux Hommes dans Manhattan war kein Kassenerfolg, weil es nicht die richtige Zeit für einen Film dieser Art war – die Nouvelle Vague gab es noch nicht – und weil er in einem zu großen Kino gestartet wurde, dem Marignan, denn es gab noch keine kleinen Säle. Vergessen wir nicht, daß kurz darauf sogar *Le Trou (Das Loch)* von Jacques Becker im Marignan baden ging!

Ich weiß noch, wie Jacques beim Start meines Films zu mir sagte: »Mich wird's auch erwischen, denn ich komme im selben Saal heraus wie du.« Ich konnte ihm ruhig sagen, er sei verrückt und *Le Trou* sei doch ganz anders als *Deux Hommes dans Manhattan,* er hörte sich meine Argumente an und meinte ganz ruhig:

4 Pierre Grasset spielte einen der Grutter-Brüder in Jules Dassins *Du Rififi chez les hommes* (1955), bevor Melville ihn für seinen nicht vollendeten Spionagefilm, für *Deux Hommes dans Manhattan* und schließlich für *Le Deuxième souffle* holte. Danach war er nur noch in zwei Filmen zu sehen: In Philippe Labros *L'Héritier (Der Erbe,* 1972) spielt er neben Belmondo eine Figur namens Delmas (eine liebevolle Anspielung Labros auf *Deux Hommes dans Manhattan*), und 1975 führte Grasset sogar selber Regie bei dem Gangsterfilm *Quand la ville s'éveille (Überfall im Morgengrauen),* seiner ganz persönlichen Melville-Hommage.

»Du wirst es erleben.« Nun, er hatte recht, ich habe es erlebt. Er nicht, er ist kurz zuvor gestorben, aber ich!

Die toten Seelen

Aus welchem Grund haben Sie die Rolle des Moreau selbst übernommen?
Das weiß Gott allein! Aus nicht wiedergutzumachender Dummheit, zumal es noch nicht einmal eine gute Rolle für mich war. Ich bin kein Charakterdarsteller. Anfangs hatte ich geglaubt, ich würde nur eine kleine Rolle spielen, um in New York ein Problem weniger zu haben, aber dann saß ich plötzlich bis zum Hals in der Falle. Aber das ist eigentlich ohne Bedeutung, denn ich halte den ganzen Film für ziemlich bedeutungslos.

Moreau wirkt wie die anständige Figur in dem Film, wogegen Delmas ein ganz schöner Schuft zu sein scheint ...
Aber es sieht nur so aus! Der ganze Film ruht auf diesem Anschein. In Wirklichkeit ist Moreau der Dreckskerl. Delmas ist jemand, der seinen Job ordentlich erledigt, ein echter Profi. Moreau ist ein kleiner Angestellter, ein kleinlicher, schäbiger Beamter.

Das kann man schon zu Beginn sehr schön beobachten. Als man ihn ruft, kommt Moreau erst, nachdem er seinen Schreibtisch aufgeräumt hat.
Exakt. Das hat nur keiner kapiert, weil ich diese Rolle gespielt habe. Im Notfall hätte ich auch Delmas spielen können, aber ich war zu alt für die Rolle. Ich habe mich kräftig getäuscht, denn für Moreau war ich äußerlich der Falsche. Glatter Fall von Fehlbesetzung ...

Man sieht Moreau erst dann von vorne, wenn er das Büro von Jean Lara (Aubert) betritt. Wieso haben Sie sein Gesicht nicht sofort gezeigt?

Jean-Pierre Melville in Deux Hommes dans Manhattan *(Filmbild Fundus Robert Fischer)*

Damit man mich nicht sofort erkennt. Ich wollte die Aufmerksamkeit ausschließlich auf die Gesten lenken, die ich mache und die meine Beamtenmentalität verraten sollten.

Zu Beginn Ihres Films gibt es eine Sequenz, die aus Dokumentaraufnahmen besteht: Ausschnitte aus einer UNO-Vollversammlung. Stammt das Material aus dem Filmarchiv der Vereinten Nationen?
Nein, das sind Aufnahmen, die ich einer Wochenschaufirma abgekauft habe, denn der Leiter des Filmarchivs der UNO, ein gescheiterter Regisseur, verweigert bei Anfragen automatisch seine Hilfe. Ohne einleuchtende Begründung hat er mir nicht nur untersagt, bei einer UNO-Vollversammlung mitzufilmen, sondern auch die Bitte um *stock shots* abgelehnt. In dem Material, das ich in dem Film benutzt habe, gibt es einen Moment, wo man

eine seltsame Gestalt in lustiger Nationalkleidung sieht – das ist U Thant.⁵ Inzwischen hat er es weit gebracht. Man kann auch Cabot Lodge⁶ erkennen und Eleanor Roosevelt, die zu der Zeit aber schon nicht mehr bei der UNO war.

Jagd auf Bilder

Die Sequenz im Krankenhaus, in der Delmas der Geliebten von Fèvre-Berthier mit Gewalt ihr Geheimnis entreißt, hat Ihnen den Vorwurf der Gewaltverherrlichung eingebracht. Dabei ist diese Methode in der Praxis, wenn es darum geht, an Informationen oder Photos zu kommen, durchaus nicht ungewöhnlich …

Die Szene ist ziemlich hart, das gebe ich zu, aber man muß die Leute in ihren Kinosesseln auch ein bißchen wachrütteln. Delmas' rohes Verhalten gegenüber diesem armen Mädchen, das versucht hat sich umzubringen, ach Gott, das ist uns doch nur zu vertraut. Erinnern wir uns an das Theater um die Photos von Edith Piaf, wie sie in Casablanca nach Cerdans Tod weinend neben dessen Frau Marinette steht.⁷

Wenn ich Bildreporter gewesen wäre, hätte auch ich alles für den richtigen Schuß getan, ich hätte mich sicher sehr schlecht benommen. Ich kenne einen Bildreporter, der während der Hochzeitsnacht von Juliette Gréco und Lemaire im selben Zimmer im Schrank hockte. Er hat es aber nicht gewagt, Photos zu machen, und ist durch den Garten an der Rue de Berri geflohen, Lemaire auf den Fersen. Wo beginnt in jenem Beruf die Grenze, die man nicht überschreiten darf? Wenn ich ehrlich sein soll, glaube ich nicht, daß es so eine Grenze gibt.

Ein Photoreporter ist ein Jäger. Er jagt Bilder. Er hat jedes Recht, das Wild aufzuscheuchen. Wenn er seinen Job liebt, muß es ihm in den Fingern jucken, auf den Auslöser zu drücken, wenn nicht, sollte er den Beruf wechseln.

Ich erinnere mich an einen sehr schönen MGM-Film über Wochenschaureporter, die ihre Aufnahmen fälschen, mit Clark

5 Sithu U Thant (1909–1974), ab 1957 Vertreter Birmas bei den Vereinten Nationen, 1961 bis 1971 deren Generalsekretär.

6 Henry Cabot Lodge Jr. (1902–1985), amerikanischer Politiker und Diplomat, 1953 bis 1960 US-Vertreter bei den Vereinten Nationen, 1968–69 amerikanischer Botschafter in Bonn.

7 Die Sängerin Edith Piaf (1915–1963) und der Boxweltmeister Marcel Cerdan (1916–1949) waren ein schlagzeilenträchtiges Liebespaar, als Cerdan bei einem Flugzeugabsturz ums Leben kam.

Clark Gable (2. v. r.), Myrna Loy, Walter Pidgeon (2. v. l.) und Leo Carilo (links) in Too Hot to Handle (Filmbild Fundus Robert Fischer)

Gable, Myrna Loy und Walter Pidgeon: *Too Hot to Handle (Zu heiß zum Anfassen)* von Jack Conway.

Delmas, der die Einsamkeit in den Großstädten verkörpert, liebt nur den Alkohol und seinen Beruf. Warum?
Sagen wir, der echte Photoreporter, der mir als Vorbild diente, war dem Alkohol ebenfalls nicht abgeneigt. Vielleicht verleiht der Alkohol diesen Leuten etwas Mut.

Weshalb verzichtet Delmas am Ende auf die Chance, eine Menge Geld zu verdienen, indem er die Negative in den Gully wirft?
Weil er, nachdem Moreau ihm einen kräftigen Hieb verpaßt hat, in seinem Alkoholdunst plötzlich die Augen von Fèvre-Berthiers

Mädchen vor sich sieht. Der einzige Grund, der einen Typen wie Delmas zu einem solchen Verzicht bewegen kann, sind die schönen Augen einer Frau. Und nicht unbedingt weil er Photograph ist. Mr. Bernstein (Everett Sloane) in *Citizen Kane* ist kein Photograph, und trotzdem vergeht kein Tag, an dem er nicht an das Gesicht einer Frau denkt, das er nur einmal ganz kurz sah, als auf dem Hudson River seine Fähre der ihren begegnete. »Sie trug ein weißes Kleid und hielt einen weißen Sonnenschirm. Ich habe sie nur eine Sekunde gesehen. Sie hat mich nicht einmal bemerkt.« Und es stimmt, das Gesicht oder der Blick einer Frau, vielleicht nur erhascht, kann einen jahrelang verfolgen. Das ist mir schon passiert.

New York

Wenn McKimmie (Jerry Mengo) ihm von den roaring twenties *erzählt, sagt Moreau: »Du sehnst dich zurück in die zwanziger Jahre.«*
Das war mehr als nur ein Filmdialog, das war ein Thema zwischen Jerry und mir. Er hatte seine ganze Kindheit in New York verbracht. Er erzählte mir zum Beispiel, daß Mitte der zwanziger Jahre im Winter jeder Subway-Waggon in der Third Avenue einen Kohleofen besaß. Er erinnerte sich an die tollsten Dinge, die mehr das Ende des 19. Jahrhunderts beschworen als die zwanziger Jahre.

In diesem Film verwenden Sie nur sehr wenige Kamerabewegungen. Es gibt etliche Schwenks, aber nur eine Fahrt, wenn die Kamera in der Szene, in der das Lied aufgenommen wird, langsam die Sängerin ins Bild bringt.
Ich hatte am selben Tag zwei Filme ohne Kamerafahrten gesehen: *A Face in the Crowd (Das Gesicht in der Menge)* von Elia Kazan und *How Green Was My Valley (Schlagende Wetter)* von John Ford (um genau zu sein, gibt es in dem Ford-Film eine kleine Fahrt von vielleicht vierzig Zentimetern, die den Ausschnitt korrigiert, und in

dem Kazan-Film eine Zufahrt auf Walter Matthau), und ich bekam Lust, ebenfalls einen Film ganz ohne Kamerafahrt zu machen. Um es auszuprobieren.

Die Bilder des Films sind eher dunkel, es gibt nicht viel Licht. Entspricht das New York?
Ja, absolut. Vom Times Square abgesehen, schwöre ich Ihnen, daß New York 1958 eine sehr düstere Stadt war. Viel düsterer als Paris. Ich weiß noch, daß ich von dem Fenster meines Zimmers im neunten Stock, das auf die 85. Straße hinausging, nicht sehen konnte, was unten los war. Ich konnte die Autos vorbeifahren hören und sah ihre Scheinwerfer, aber nicht die Straße. New York ist eine ebenso düstere wie schöne Stadt.

Wie würden Sie aus heutiger Sicht Deux Hommes dans Manhattan *in Ihr Gesamtwerk einordnen?*
Ich ordne ihn gar nicht ein. Ich verdränge ihn. Das ist eine sehr gesunde, sehr hygienische Haltung, seine eigenen Filme zu verdrängen. Das verhindert, daß man sich zu ernst nimmt. Es ist tragisch, wenn man sich zu ernst nimmt. Wie verdrängt man einen Film? Indem man einen neuen macht. Anders geht es nicht.

In einem bestimmten Augenblick kann man in *Deux hommes dans Manhattan* ein Päckchen Boyard-Zigaretten auf einem Bett sehen. Diese Einstellung habe ich gedreht, um Godard eine Freude zu machen. Er rauchte nur diese Zigaretten. Damals mochte ich Godard. Inzwischen …

LÉON MORIN, PRÊTRE
(EVA UND DER PRIESTER, 1961)

Stile und Schnitte

In Jean-Luc Godards erstem Spielfilm À bout de souffle *(Außer Atem) haben Sie 1959 die Rolle eines Schriftstellers gespielt.*
Ich habe zugesagt, Parvulesco zu »spielen«, um Godard eine Freude zu machen. Er hatte mich in einem Brief darum gebeten, in seinem Film zu spielen: »Versuche über Frauen zu sprechen, wie du gewöhnlich über sie sprichst.« Das habe ich getan. Für die Rolle ließ ich mich von Nabokov inspirieren, den ich in einem Fernsehinterview gesehen hatte. Ich war wie er scharfsinnig, eitel, selbstbewußt, ein bißchen zynisch, naiv und so weiter. Meine Szene dauerte über zehn Minuten und *À bout de souffle* insgesamt über drei Stunden. Das Ganze mußte auf normale Länge gestutzt werden. Godard bat mich um Rat. Ich sagte ihm, er solle alles herausschneiden, was unerheblich für die Handlung des Films sei, und alle überflüssigen Szenen herauswerfen, einschließlich meiner. Er hat nicht auf mich gehört, und anstatt ganze Sequenzen zu eliminieren, wie es bisher üblich war, kam er auf den genialen Einfall, mehr oder weniger willkürlich innerhalb der Einstellungen zu schneiden. Mit exzellentem Resultat.

In *À bout de souffle* bezieht sich Godard auf *Bob le Flambeur*, und zwar in der Szene, in der Poiccard (Belmondo) versucht, einen Freund im Inter-Americana-Reisebüro dazu zu bringen, den Scheck einzulösen. Als der sich weigert, meint Belmondo: »Und dein Freund Bob Montagné, kann der ihn nicht einlösen?« Darauf der andere: »Den Armleuchter haben sie gekascht!«

Was halten Sie vom Stil der Nouvelle Vague?
Aber es gibt doch gar keinen »Stil der Nouvelle Vague«! Die Nouvelle Vague war nur eine preiswerte Art, Filme zu machen. Das ist alles.

Ich frage deshalb, weil Henri Decoin mir kurz vor seinem Tod sagte, sein bester Film sei Tendre et violente Élisabeth *(Zärtliche, wilde Elisabeth) gewesen, der unter größten finanziellen Schwierigkeiten entstanden sei. Er meinte, dank dieser Probleme, die ihn oft gezwungen hätten, besonders erfindungsreiche und phantasievolle Lösungen zu finden, habe er einen Stil entwickelt, der dem der Nouvelle Vague vergleichbar gewesen sei.*

Decoin hat Ihnen nicht die Wahrheit erzählt. Das ist unangenehm: Er war ein guter Freund, und er ist tot. Claude Durand, die damals auch an dem Film von Decoin arbeitete, den Sie erwähnten, war lange Zeit meine Cutterin. Eines Tages gegen sechs Uhr nachmittags sah sie, wie er wie ein Verrückter in den Schneideraum platzte und rief: »Schmeiß alle Markierungen raus, schmeiß alles raus, ich will keine Abblenden, keine Aufblenden, keine Überblendungen, gar nichts mehr. Ich komme gerade aus *À bout de souffle*!«

Jacques Becker

Ihre Vorliebe fürs Klassische, Ihr Perfektionismus läßt Sie alle Ihre Filme als »Versuch« betrachten. Weshalb?

Weil einem erst dann klar wird, was für eine unglaubliche Menge von Dingen man hätte machen können und versäumt hat zu tun, wenn man den Film fertiggestellt hat und kurz davor steht, ihn in die Kinos zu bringen. Dann möchte man am liebsten noch einmal ganz von vorn beginnen – wie Jacques Becker es bei *Le Trou* gemacht hat! Unzufrieden mit dem »Versuch«, den jeder Film darstellt, hat Becker *Le Trou* komplett neu gedreht – in meinen Ateliers in der Rue Jenner. Er hat von jeder Einstellung zwanzig, fünfundzwanzig, achtundzwanzig, dreißig, dreiunddreißig Aufnahmen gedreht, nur um dann doch die erste, die zweite, die dritte oder maximal die sechste zu verwenden. Da wandte sich Perfektion gegen sich selbst. Ich erinnere mich, daß er auch nach der zwanzigsten Aufnahme noch das Bedürfnis verspürte, sich zu

Jean, seinem Sohn, umzudrehen, um zu sehen, ob er nickte. Jeans Meinung schien ihm wichtig zu sein. Unglaublich!

Jedes Mal, wenn Sie von Le Trou *sprechen, spürt man, daß dieser Film einen besonderen Platz in Ihrem Herzen einnimmt.*
Nicht nur wegen des Films selbst, den ich für einen der schönsten der Welt halte, sondern auch wegen Jacques.

Becker war der einzige französische Regisseur, der sich um mich kümmerte, als ich allein war. Eines Tages, im Jahr 1948, erhielt ich einen Anruf: »Hallo? Becker hier. Heute Vormittag haben Jean Renoir und ich *Le Silence de la mer* gesehen, und ich würde mich gern auf ein Glas mit Ihnen treffen.« Ich war jung und schüchtern und mochte ihn kaum fragen, was er von meinem Film hielt. Er fand ihn wunderbar und begann gleich, mich zu duzen. Ich schmolz dahin. Als ich ihn – immer noch schüchtern – nach Renoirs Reaktion nach der Vorführung fragte, meinte er: »Na ja, Jean hat etwas gesagt, was mir gegenüber nicht sehr nett war, daß nämlich *Le Silence de la mer* für ihn der schönste Film der letzten fünfzehn Jahre gewesen sei.« Wunderbarer Jacques Becker!

Damit Sie sehen, welch wichtige Rolle Becker in meinem Leben spielte, werde ich Ihnen eine kleine Anekdote erzählen: Eines Tages saßen meine Frau und ich im Café Dupont-Ternes, gegenüber dem Cineác-Ternes, wo gerade *Les Enfants terribles* gezeigt wurde. Ich hatte nur fünfunddreißig Franc in der Tasche, dreißig Franc für eine Cola und fünf Franc Trinkgeld. Das war im Frühjahr 1950, vor zwanzig Jahren also. Aus mehreren Gründen hatte ich beschlossen, meinen Beruf als Filmregisseur an den Nagel zu hängen. Ich konnte einfach nicht mehr. Am Abend davor hatte ich schon darüber gesprochen, und zwar auf einer Bank in der Avenue Montaigne, mit einem alten Freund, den ich sehr mochte, Pierre Colombier, dem früheren Regisseur und Bruder des Bühnenbildners.[1] Dieser alte Mann, der zum Stadtstreicher geworden war und keinen Pfennig mehr besaß, nachdem er einmal

[1] Pierre Colombier, Bruder des Ausstatters Jacques Colombier, drehte zwischen 1920 und 1939 vierunddreißig Filme.

der König von Paris gewesen war, brachte die Energie auf, mir wieder Mut zu machen. »Du hast kein Recht aufzugeben! Das ist ein schwerer Beruf, sicher, aber es ist auch der schönste Beruf der Welt, glaube mir!« Und um mich endgültig zu überzeugen, erzählte er mir von der Zeit, als er selbst Filme gemacht hatte: *Le Roi des resquilleurs* (1930), *Les Rois du sport* (1937) und so weiter. Seine Worte richteten mich wieder etwas auf, aber nicht genug, um mich davon abzuhalten, am nächsten Tag zu beschließen aufzuhören. Ich sitze also im Bistro neben dem Cinéac-Ternes, als aus dem hinteren Teil des Lokals Jacques Becker und Daniel Gélin kommen, die gerade gehen wollen. »Unglaublich«, schreit Becker, als er uns sieht, »wir sitzen hier schon seit zwei Stunden und reden über *Les Enfants terribles,* den wir uns vorhin wieder angesehen haben. Was für ein wunderbarer Film!« Ich konnte sie nicht einmal auf ein Glas einladen, aber nachdem wir uns verabschiedet hatten, stiegen meine Frau und ich in unser altes, klappriges Auto und waren beseelt und glücklich. Das war ein Zeichen, nicht wahr? Und ich habe meinen Beruf nicht aufgegeben!

Jacques Becker starb an Hämochromatose. Sein Organismus produzierte mehr Eisen, als er abbauen konnte. Als er starb, war er zu einer Eisenfigur geworden! Jacques Becker sah gut aus, sehr gut sogar, auf seinem Totenbett. Ich versichere Ihnen, die Menschen, die ihn sahen, werden ihn nie vergessen.

Einmal habe ich mir *Le Trou* in einer Matinée im Marignan angesehen. Auf dem Balkon saßen Jean Becker und der Kinobesitzer. Im Parkett saßen meine Frau und ich, ganz allein in diesem Riesensaal. Jean wußte, daß ich ein Freund seines Vaters war. Als ich nach der Wiederbegegnung mit diesem Meisterwerk nach Hause kam, war ich so aufgewühlt, daß ich mich gleich wieder ins Bett gelegt habe.

Am Abend der Uraufführung von *Le Trou* weinte René Clément. Jean Rossignol[2] sah dies und flüsterte mir zu: »Weißt du, warum er weint? Weil er nicht der Regisseur von *Le Trou* ist!«

2 Jean Rossignol, französischer Literaturagent, spezialisiert auf Filmrechte.

Diese banale Welt

Wie kam es zu Léon Morin, prêtre?
Der Mißerfolg von *Deux Hommes dans Manhattan* hatte mich in keiner Weise gestört. Meine Zukunft sah ich nicht im mindesten in Frage gestellt. Ich stürzte in keine Krise, ganz im Gegenteil: Ich war Besitzer meiner eigenen Ateliers und fühlte mich als solcher ziemlich privilegiert. Allerdings hatte ich nicht die geringste Absicht, weiterhin Filme zu drehen, die an der Kasse nicht liefen. Ich hatte die Nase voll davon, als *auteur maudit* zu gelten, nur der Liebling einer Handvoll Cineasten zu sein.

Anfang 1960 hatte ich mich auf die Produktion eines teuren Kurzfilms eingelassen, *Ce Monde banal* von Jean Wagner, die Geschichte eines französischen Soldaten und einer Deutschen im besetzten Deutschland. Ich riet Wagner, die Handlung nach Algerien zu verlegen, um dem Thema brennende Aktualität zu verleihen. Er fand die Idee hervorragend, machte aus dem Soldaten einen Fallschirmjäger und aus der Deutschen eine Algerierin und drehte seinen Film innerhalb von drei Tagen in meinem Studio in der Rue Jenner ab, in sehr schönen Dekors, die eigens dafür gebaut wurden. Henri Decaë, den ich dafür von den Hakim-Brüdern für das Doppelte seiner normalen Gage ausgeliehen hatte, war sein Chefkameramann, Philippe Leroy und Nadia Lara seine Hauptdarsteller. Es war eine richtige Großproduktion. Aber Wagner hat es nie geschafft, den Film, den er in fünfundsiebzig Einstellungen gedreht hatte (wobei es spannend gewesen wäre, ihn in einer einzigen Einstellung zu realisieren), fertig zu schneiden und zu vertonen. Damals habe ich begriffen, daß der Beruf des Filmproduzenten ein sehr gefährlicher ist. Aber ich muß sagen, daß ich sicher viele Filme anderer Regisseure produziert hätte, wenn diese erste Erfahrung von Erfolg gekrönt gewesen wäre.

Nach dieser Geschichte, im September 1960, kaufte ich die Rechte an einem amerikanischen Kriminalroman, den ich auf die

Leinwand bringen wollte, und ich beschloß, dieses Projekt dem mächtigsten Produzenten und Verleiher in Frankreich anzubieten, Edmond Tenoudji. Er hielt mir den gleichen Vortrag wie einst Ray Ventura und schlug mir vor, als »Auftragsproduzent« für ihn zu arbeiten und als Regisseur einen jungen Burschen zu nehmen, der im September 1960 gerade sehr gefragt war, inzwischen aber nicht mehr so.

Ich schaffte es also nicht, das Projekt auf die Beine zu stellen. Da Georges de Beauregard und Carlo Ponti gerne einen Film mit mir machen wollten, entschied ich mich schließlich für eine Verfilmung von *Léon Morin, prêtre*.

Deckt sich Beatrix Becks Buch mit Ihrem eigenen Bild vom Krieg?
Ich finde darin vieles, was ich erlebt habe, auch wenn es sich nicht unbedingt mit meinem eigenen Bild deckt. Frankreich unter der deutschen Besatzung zum Beispiel. Was mich aber an diesem Buch, das ich schon seit seinem Erscheinen (November 1952) auf die Leinwand bringen wollte, so anzog, war die Figur des Léon Morin, die mir die Chance bot, auf nicht autobiographische Weise von mir zu erzählen, was, glaube ich, alle schöpferischen Menschen lieben. Wenn ich Priester gewesen wäre, hätte ich wie er gehandelt.

Ich gebe sehr viel von mir preis in meinen Filmen. Ein Teil des Regisseurs sollte in jedem seiner Werke verborgen sein, er sollte in das, was er erzählt, hineinschlüpfen wie in ein Kostüm. Ich sage oft, wenn ich einen Film über die Schwarzen in Afrika drehen würde, würde ich für die Dauer der Dreharbeiten zu einem Schwarzafrikaner; wenn ich einen Film über die indianische Minderheit in Nordamerika drehen würde, würde ich für die Dauer der Dreharbeiten zu einem Sioux oder Apatschen; für einen Film über Homosexuelle wäre ich schwul und so weiter. Verstehen Sie, was ich sagen will? Ich würde exakt so denken wie die Figur, die ich zeige. Insofern hat jeder Regisseur etwas von einem Charakterdarsteller an sich.

Reise nach Italien

Léon Morin, prêtre ist der erste von drei Filmen hintereinander, die Sie mit Jean-Paul Belmondo gemacht haben. Wie haben Sie ihn kennengelernt?
Das allererste Mal bin ich Jean-Paul Belmondo in der Einstellung in *À bout de souffle* begegnet, in der er die Treppe im Flughafen Orly mit dem Gesicht zur Kamera heruntergeht, während ich sie mit dem Rücken zur Kamera hinaufgehe. Wir sind nur aneinander vorbeigegangen. Für ihn war der Dreh zu Ende, und für mich begann er gerade.

Meine erste richtige Begegnung mit ihm fand in Italien statt, als er *La Ciociara (Und dennoch leben sie)* mit Sophia Loren drehte, unter Vittorio De Sicas Regie. Carlo Ponti hatte mich eingeladen, das Wochenende bei ihm zu verbringen und bei der Gelegenheit mit Belmondo zu reden, den ich mir für die Titelrolle in *Léon Morin, prêtre* wünschte. Belmondo stand diesem Projekt sehr, sehr widerwillig, um nicht zu sagen feindselig gegenüber, ganz einfach weil er Angst hatte.

Wir haben uns am Drehort von *La Ciociara* getroffen, zwischen Neapel und Rom, einem Ort, den ich aus dem Krieg kannte. Aber das erstaunlichste war, daß dieser Film, den er drehte, eine Geschichte erzählte, in der wir französische Soldaten uns so benommen hatten wie die Soldaten, die De Sica als Marokkaner präsentiert. In Wahrheit waren diese Männer, die in Italien die Frauen vergewaltigten, aber keine Marokkaner, die zu solchen Akten nie fähig gewesen wären, sondern französische Soldaten. Ich fand es sehr beeindruckend, mich unverhofft in dieser Gegend wiederzufinden.

Ich weiß noch, daß ich Belmondo vor meiner Abreise ein Buch schenkte, das ich in Paris an der Gare de Lyon gekauft hatte. Es war die französische Erstausgabe von *The Longest Day*, mit einem Photo des Produzenten auf der Umschlaginnenseite. Aber es war nicht etwa ein Photo von Darryl Zanuck, wie man glau-

Emmanuelle Riva in Léon Morin, prêtre *(Filmbild Fundus Robert Fischer)*

ben könnte, sondern eines von Raoul Lévy! Eine tolle Sache, wenn man bedenkt, daß Raoul Lévy, der sich bestimmt kaum das Buch hätte leisten können, es durchgesetzt hatte, sein Photo auf dem Umschlag zu haben!

Und weshalb haben Sie sich bei der Rolle der Barny für Emmanuelle Riva entschieden?

Jean-Paul Belmondo in Léon Morin, prêtre *(Filmbild Fundus Robert Fischer)*

Niemand anders hätte Beatrix Beck spielen können. Da ich Beatrix Beck gekannt hatte, mußte ich jemanden finden, der ihr ähnlich sah, der wie sie war, und ich muß sagen, daß ich mit meiner Wahl sehr zufrieden war. Ich wüßte nicht, wen ich sonst hätte nehmen können.

Ich hatte Emmanuelle Riva in *Hiroshima mon amour* (1959) gesehen, in dem sie mir sehr gut gefallen hatte. Es ist gar nicht leicht, sie zu führen, denn sie ist sehr, sehr ängstlich, aber sie ist eine große Schauspielerin. In *Léon Morin, prêtre* finde ich sie phantastisch.

Wie haben Sie die anderen Darsteller ausgesucht?
Ich warte immer ganz gerne, bis ich die Nebendarsteller engagiere, und ich treffe meine Wahl immer erst in letzter Minute.

Irène Tunc habe ich genommen, weil sie genau der Vorstellung entsprach, die ich mir von Christine Sangredin gemacht hatte, sie hatte diesen Lyoner Akzent, war sehr schön.

In *Léon Morin, prêtre* spielen vier Gozzi-Schwestern mit. Es gibt eine amüsante Einstellung in dem Film, in der die Rolle der France gleichzeitig von zwei der vier Schwestern gespielt wird. Ich habe dabei mit einem Trick gearbeitet: Wenn Marielle Gozzi ihren Kopf nach links bewegt, überblende ich auf Patricia Gozzi, die die gleiche Bewegung wiederaufnimmt und die ich dort plazierte, wo zuvor ihre jüngere Schwester stand. In einer einzigen Einstellung zeige ich, wie aus dem Baby ein Mädchen wird. Aber den Leuten fällt das gar nicht auf, denn France redet in beiden Teilen des Satzes, den sie spricht, mit Marielles Stimme. In jedem meiner Filme gibt es viele Dinge, die eigentlich nicht auffallen sollen.

Was Monique Hennessy betrifft, die die Rolle der Arlette spielt, so war sie meine Sekretärin, und ich hatte sie schon in *Deux Hommes dans Manhattan* eingesetzt, wo sie die Nutte spielt, die sagt: »So kind of you to visit me. Tell me, pretty boy, are you in a hurry or not?« Ich habe sie übrigens noch ein drittes Mal besetzt, in *Le Doulos*, wo sie von Belmondo umgebracht wird. Monique hätte es weit bringen können. Ich habe so viele Mädchen gekannt, die es weit hätten bringen können!

Weder Gott noch Marx

War der zentrale Gedanke in Léon Morin, prêtre *die Unmöglichkeit der Konversion?*

Nein, das war nur ein Element unter mehreren. Die Konversion betrifft nur einen Moment im Leben eines Menschen, nicht sein ganzes Leben. Der zentrale Gedanke war, diesen das Feuer entfachenden Priester zu zeigen, der es liebt, die Frauen zu erregen, aber nicht mit ihnen schläft. Léon Morin, das ist Don Juan, er verdreht allen Frauen den Kopf. Er weiß um sein Aussehen und um seine Intelligenz und bedient sich dieser Trümpfe maximal.

Wollten Sie den Mystizismus als Betrug entlarven?
O nein, von solchen Dingen will ich gar nicht reden. Persönlich könnte ich gar nicht sagen, ob der Mystizismus Schwindel ist oder nicht. Jeder hat das Recht, zu sein, was er will, und zu glauben, an was er will. Jedenfalls denke ich nicht, daß *Léon Morin, prêtre* ein antireligiöser Film ist und daß er als solcher empfunden werden könnte. Im Gegenteil, ich finde, daß es ein sehr katholischer Film ist. Im übrigen war die katholische Kirche in Frankreich der gleichen Meinung, denn sie hat ihn als solchen anerkannt. Allerdings erst, nachdem er fertig war: Zuvor war sie sehr, sehr mißtrauisch und sogar feindselig und verweigerte mir bei den Dreharbeiten jede Hilfe.

Wissen Sie, ich finde, daß die persönliche Meinung des einzelnen nichts zu tun hat mit filmischen Problemen. Ob ich an die Existenz Gottes glaube, was ich vom Sozialismus halte und so weiter, das geht nur mich etwas an, und diese Dinge halte ich aus meinen Filmen heraus, denn ich finde, es ist nicht meine Aufgabe, politische, metaphysische oder ähnliche Botschaften zu verbreiten. Vielleicht ist es die Aufgabe anderer Regisseure, von solch ernsten Dingen zu reden. Ich für meinen Teil will ernste Dinge gerne ansprechen, aber sie nicht vertiefen.

Aber Sie sind nicht gläubig, oder?
O nein, ganz und gar nicht.

Was verstehen Sie denn unter Religion und Glauben?

Ich will Ihnen darauf gerne antworten, aber nur in bezug auf mich und nicht in bezug auf den Film. Ich glaube, daß Religion nützlich ist, wenn man sie als moralische Basis betrachtet. Sie hat sich ja bereits als nützlich erwiesen, denn eine religiöse Moral gab es, noch bevor es eine zivile oder weltliche Moral gab. Der Glaube ist etwas, mit dem ich nichts anfangen kann, denn ich kann mir nicht vorstellen, an etwas glauben zu können, was nicht existiert. Ich verstehe nicht, wie man mehr an Gott glauben kann als an den Weihnachtsmann. Weshalb sagt man den Kindern irgendwann, daß es den Weihnachtsmann nicht gibt, aber nie den Erwachsenen, daß es Gott ebensowenig gibt? Man scheint jener anderen legendären Figur eine ewige Existenz zuzubilligen. Ich bin davon überzeugt, daß Gott und der Weihnachtsmann Brüder sind. Sie existieren nur in den Köpfen von Kindern, kleinen wie großen. Andererseits kenne ich hochintelligente Leute, die an Gott glauben, so daß ich nicht so weit gehen kann zu behaupten: »Menschen, die an Gott glauben, sind dumm!« Trotzdem finde ich das verblüffend, verrückt und verwirrend. Vollkommen.

Der Glaube, sei's an Gott oder an Marx – für mich ist das nun vorbei.

Ist die Bekehrung Barnys in Léon Morin, prêtre *eine falsche Bekehrung?*
Selbstverständlich! Barny konvertiert, um eines Tages bei Morin im Bett zu landen. Aber sie ist sich dessen nicht bewußt. Sie glaubt wirklich an ihre Bekehrung. Sie nähert sich dem Priester und seinen Gedanken, aber plötzlich reicht ihr das nicht mehr, und es verlangt sie danach, mit dem Vertreter Gottes zu schlafen.

Aber Barny und Léon Morin leben nicht auf derselben Ebene?
Nein, natürlich nicht, Barny ist ein Opfer. Léon Morin ist ein starker Mensch. Er bestimmt, wo es langgeht.

Ist Morin für Sie ein militanter Priester ohne Frustrationen?

Also hören Sie, ein Priester ist immer frustriert. Sie sehen doch, die einzigen auf der Welt, die momentan für die Ehe sind, sind die Priester. Niemand will mehr heiraten, außer den Priestern. Außerdem ist Léon Morin ein Mensch, und ein Mensch will leiden. Priester zu sein ist eine Methode, sich Leid zuzufügen.

Mögen Sie Carl Theodor Dreyer?
Ja, ich liebe die Filme von Dreyer sehr. Aber wenn Sie mir diese Frage im Zusammenhang mit *Léon Morin, prêtre* und mit dem Priesterthema stellen, muß ich Ihnen deutlich sagen, daß Dreyer gläubig ist. Zumindest ist dies das Gefühl, das er mir vermittelt, nachdem ich seine Filme gesehen habe.

Die kleinen und die großen Miseren

Stimmt es, daß Léon Morin, prêtre *ursprünglich über drei Stunden lang war?*
Ja, er dauerte drei Stunden und dreizehn Minuten, und ich habe ihn auf zwei Stunden und acht Minuten reduziert.[3] Der Film gefiel in seiner ursprünglichen Länge sowohl dem Verleiher als auch den Produzenten sehr. Man wollte mich sogar daran hindern, ihn zu kürzen. Ich mußte Carlo Ponti um Schützenhilfe bitten. Er gab mir *carte blanche,* denn schließlich war ich ja der Autor des Films. Ich hatte eine Art großer Freske über die Besatzungszeit gemacht, über die Probleme der Nahrungsmittelbeschaffung, über alle möglichen Obsessionen einer einsamen Frau, einschließlich der sexuellen. Der Aspekt, der mich auch weiterhin interessierte, reduzierte sich schnell auf die unmögliche Liebe zwischen Léon Morin und Barny. Sie müssen sich vorstellen, daß Léon Morin in der ersten Fassung erst nach einunviertel Stunden zum ersten Mal auftauchte! In der aktuellen Fassung hat er seine erste Szene nach fünfzehn Minuten. Trotzdem war der Film gut, und ich frage mich heute, ob ich vielleicht unrecht hatte, ihn zu kürzen. Oder vielleicht war es doch richtig, ich weiß es nicht.

3 Die Länge des Films bei seiner Uraufführung betrug 114 Minuten, nicht 128, wie Melville hier sagt.

Volker Schlöndorff und Emmanuelle Riva in Léon Morin, prêtre *(Coll. Rui Nogueira)*

Ich habe eine sehr schöne Szene herausgeschnitten, in der Barny Léon Morin anfleht, sie Gilberte Lathuile, das junge Mädchen, das der Fraternisierung mit den Deutschen beschuldigt wird, davor warnen zu lassen, daß die Widerstandskämpfer sie erschießen wollen. In bezug auf das Verhalten des Priesters war das eine ganz außergewöhnliche Szene, wunderbar gespielt von Jean-Paul. Leider machte die Sequenz ohne das, was ich schon geschnitten hatte, kaum Sinn.

Und die Passage im Roman, in der Barny Lucienne findet, wie sie über einem aufgeschlagenen Buch Tränen vergießt, und dann feststellt, daß es sich bei der Lektüre nicht um einen Roman, sondern um ein Kochbuch handelt?

Auch die hatte ich gedreht. Es war eine ganz wunderbare Szene. Was für ein Roman! Es ist ein Buch, das ich immer wieder gern zur Hand nehme, wissen Sie. Nicht gedreht habe ich dagegen die Stelle, in der Christine von dem gräßlichen Tod eines Jungen durch die Hand eines italienischen Soldaten berichtet. Ich wollte die Italiener, die ich sehr mag, nicht in einem schlechten Licht zeigen.

Was war der Unterschied zwischen der italienischen und der deutschen Besatzung?
Die italienische Besatzung war nie so unmenschlich wie die deutsche. Wenngleich sich auch die Italiener schrecklicher Dinge schuldig gemacht haben, vor allem die in Uniform – denn Menschen in Uniform sind schreckliche Menschen –, kann man eigentlich keine Vergleiche anstellen. Von wenigen Ausnahmen abgesehen, haben die Franzosen keine schlechten Erinnerungen an die Italiener behalten. Ich kann sogar sagen, daß sie mit ihnen gelitten haben, als die Deutschen sie zu ihren Gefangenen machten.

Haben Sie noch andere Szenen gedreht, die in der Endfassung nicht enthalten sind?
Entfernt habe ich die Szenen, in denen es um die Widerstandskämpfer und ihre Aktivitäten geht; die Sequenzen mit dem Ehepaar Anton und Minna Silmann; und die Szene, in der Barny und Christine Stierkampf spielen und Irène Tunc ihre Bluse auszieht und nichts darunter hat.

Erst gar nicht gedreht habe ich dagegen die Stelle, wenn Barny versucht, Léon Morin zu verführen, er in seiner Soutane und sie in Hosen. Ich wollte nicht den vertikalen Schwenk in *L'Armée des ombres* vorwegnehmen, wo man sieht, wie ein Mädchen in Hosen einen Soldaten im Schottenrock küßt. Ich mußte mich entscheiden.

Die Beziehungen zwischen den weiblichen Figuren sind recht zweideutig …

Jean-Paul Belmondo und Nicole Mirel in Léon Morin, prêtre *(Coll. Rui Nogueira)*

Sie sind nicht zweideutig, sondern sehr klar. Ich mag die Art und Weise, wie Barny Sabine Lévy beschreibt, in die sie sich verliebt hat: »Sie erinnert mich an eine Amazone, an Pallas Athene, an einen Samurai …«

Stimmt es, daß Sie sehr viele Briefe erhalten haben, die an Léon Morin adressiert waren?
Ja, Briefe von einfachen Leuten, die glaubten, daß Léon Morin tatsächlich existierte. Und weil es am Ende des Films heißt: »Gedreht in den Ateliers in der Rue Jenner«, haben sie an diese Adresse geschrieben. Sehr eigenartig. Das gehört zu den Dingen, die man nicht ganz nachvollziehen kann.

Carlo Ponti hat Ihnen einmal gesagt: »Wenn ein Regisseur seinen besten Film gemacht hat, bevor er fünfundvierzig ist, wird er nie mehr einen guten drehen. Hat ein Regisseur dagegen mit fünfundvierzig Jahren seinen besten Film noch nicht gedreht und ist sich dessen bewußt, dann wird er ihn noch machen.« Das klingt ein bißchen paradox ...

Man muß Carlo Ponti so gut kennen, wie ich ihn kenne, um zu verstehen, was er meint. Carlos Satz könnte fast von George Bernard Shaw stammen. Carlo besitzt einen außergewöhnlichen Sinn für Humor und Zynismus. Er ist ein großartiger Typ, ein Produzent mit Stil, ein echter Abenteurer.

An diesem Film haben Sie mit mehreren Cutterinnen gearbeitet, darunter auch Nadine Marquand, die später Regisseurin geworden ist ...
Stimmt, ich hatte mehrere Cutterinnen bei *Léon Morin, prêtre*: Denise de Casabianca, Nadine Marquand, Jacqueline Meppiel, Marie-Josèphe Yoyotte und Agnès Guillemot. Ich habe sie nicht alle im Vorspann genannt, denn Casabianca und Guillemot haben nur sehr kurz an dem Film gearbeitet. Aber die drei anderen habe ich in der Reihenfolge meiner Präferenz aufgeführt. Daraufhin haben sie sich zusammengetan und Georges de Beauregard verklagt. Ich habe meinen eigenen Prozeß geführt und ein Urteil bewirkt, das heute in Frankreich Gesetz ist und besagt, daß der Regisseur die Namensnennung im Vorspann festlegen darf. An der Reihenfolge nach Präferenz in unserem Vorspann mußten wir nichts ändern.

Wissen Sie, wie ich Marie-Josèphe Yoyotte kennengelernt habe? Eines Tages rief Cocteau mich an und sagte: »Ich schicke dir ein Mädchen vorbei, es heißt Marie-Josèphe Yoyotte, ich glaube, sie könnte Dargélos in *Les Enfants terribles* spielen.« Nachdem ich mich mit ihr getroffen hatte, rief ich sofort wieder bei Cocteau an und fragte: »Bist du verrückt?« Woraufhin er antwortete: »Ja, gut möglich ...«

LE DOULOS
(DER TEUFEL MIT DER WEISSEN WESTE, 1962)

From a soldier to a soldier

Schlöndorff, der heute selber Regisseur ist, war bei Léon Morin, prêtre *und* Le Doulos *Ihr Regieassistent. Sie schätzen ihn anscheinend sehr ...*
Volker lernte ich eines Abends im Filmklub des Lycée Montaigne kennen. Bertrand Tavernier hatte mich dorthin mitgeschleppt, um sich mit mir diese Monstrosität namens *Johnny Guitar (Wenn Frauen hassen)* anzusehen. Ich weiß noch, daß die Diskussion im Anschluß von einem salbadernden »Priester« geleitet wurde, der von seiner Kanzel herunter schimpfte, beleidigte und verfluchte. Diese merkwürdige Person, die einen Burschen, der nicht seiner Meinung war, des Saales verwies und ein großes Kreuz auf seiner Jacke trug, war Henri Agel.[1] Oh, Toleranz!

Neben Tavernier saß ein kleiner Kerl, den ich gar nicht beachtet hatte: Volker Schlöndorff. Das war im Frühjahr 1960. Im Sommer desselben Jahres rief mich eben jener junge Bursche an und fragte, ob er mein Assistent werden könne. Ich ließ ihn in mein Büro in der Rue Jenner kommen, und wir haben uns auf Anhieb verstanden. Ich hatte sehr schnell den Eindruck, in ihm meinen geistigen Sohn vor mir zu haben, und noch heute betrachte ich Volker so.

Volker hat mir auch bei der Vorbereitung zu *L'Aîné des Ferchaux (Die Millionen eines Gehetzten)* und *Trois chambres à Manhattan*[2] geholfen. Wir saßen an der Planung eines dieser beiden Filme, als er mich eines Tages davon zu überzeugen versuchte, Eastmancolor sei Technicolor um einiges überlegen. Um ihm zu beweisen, daß er unrecht hatte, schleppte ich ihn in *Heaven Can Wait (Ein himmlischer Sünder)* von Ernst Lubitsch, in dem Don Ameche die Rolle des Mr. Van Cleve spielt. Überflüssig zu betonen, daß Volker von dem Film wie betäubt war und nie mehr schlecht über Technicolor geredet hat!

---

1 Henri Agel (geb. 1911), französischer Filmwissenschaftler. 1960 Mitbegründer der Zeitschrift *Études cinématographiques*. Zahlreiche Buchveröffentlichungen.

2 *Trois chambres à Manhattan* hätte Melvilles zweite Simenon-Verfilmung nach *L'Aîné des Ferchaux* werden sollen. Der Film wurde 1965 gedreht, aber nicht von Melville, sondern unter der Regie von Marcel Carné.

Zu jener Zeit wohnte ich im Hotel Raphael, Avenue Kléber. Den nächsten Tag haben wir durchgearbeitet und wollten gerade zum Abendessen gehen, als wir im Flur vor meinem Zimmer einen Mann in schwarzem Lodenmantel sahen. Ich drehte mich zu Volker um und flüsterte ihm zu: »Schau mal, der sieht aus wie Mr. Van Cleve!« Aus Spaß bin ich auf den Herrn zugegangen und habe ihm zugerufen: »How do you do, Mr. Van Cleve?« Er dreht sich um – und es ist Don Ameche! Unfaßbar, oder? Mir verschlug es die Sprache. Eine fast magische Erscheinung!

Seit 1938 war mir so etwas Unglaubliches nicht mehr passiert. Damals leistete ich in Fontainebleau gerade meinen Militärdienst ab. Eines Tages, als ich mit einem Kameraden die Hauptstraße hinunter spaziere, fällt mir ein Mann in Kniehosen und Radlerstrümpfen auf, der mit seiner Frau vor uns hergeht. Ich betrachte seinen breiten Hals und muß an Erich von Stroheim denken. Um meinem Kameraden etwas zu lachen zu geben, brachte ich mich auf gleiche Höhe mit dem Paar und werfe dem Mann den Satz entgegen, den Stroheim in *La Grande Illusion (Die große Illusion)* Pierre Fresnay zuruft: »De Boeldieu, from man to man, come back!« Der Mann war Stroheim. Er schüttelte mir überschwenglich die Hand, zog eine Visitenkarte aus der Tasche, schrieb darauf: »From a soldier to a soldier«, reichte sie mir und drückte mich an sich. Er benahm sich exakt wie ein General, der einem Soldaten einen Orden verleiht.

Was ich in meinem Leben am meisten bedaure: nicht mit Stroheim gedreht zu haben.

Das Zugpferd

Bevor Sie Le Doulos *drehten, hatten Sie einen Vertrag mit Georges de Beauregard, um für ihn* Les Don Juan *zu drehen. Warum wurde daraus nichts?*
Georges lag daran, daß ich einen Film nach einer Novelle von Prosper Mérimée drehte, die er ganz wunderbar fand: *Les Âmes du*

Purgatoire (Don Juan im Fegefeuer). Das war die eher unaufregende Geschichte eines der beiden legendären spanischen Don Juans, aber ich sagte ihm zu. Unter solchen Umständen muß man dem Produzenten erst einmal bestätigen, seine Idee sei genial, nur um dann darüber nachzudenken, wie man die Sache verändern kann. Basierend auf Mérimées Vorlage schrieb ich also ein Drehbuch, mit Jean-Paul Belmondo und Anthony Perkins im Kopf. Dieser Film, der ein sehr freizügiger Film geworden wäre – kein Sexfilm, man beachte den Unterschied! –, ist nie zustande gekommen, weil Jean-Paul eine Gage von fünfzig Millionen verlangte und Georges de Beauregard sich weigerte, ihm eine solche Summe zu zahlen. Er fand es unmoralisch, für jemanden so viel bezahlen zu müssen, den er selber zu einem Star gemacht hatte.

Während wir darauf warteten, einen neuen Schauspieler für die Rolle zu finden, ließ ich eine ganze Reihe weiterer Drehbücher über dasselbe Thema schreiben: eins von Monique Lange, ein anderes von Michel Mardore – das im übrigen sehr gut war –, ein drittes von France Roche. Alle Exemplare dieser Drehbücher, einschließlich meinem eigenen, sind beim Brand in der Rue Jenner zerstört worden.

Wie kam es dann zu Le Doulos?
Eines Tages kam Georges de Beauregard völlig aufgelöst in die Rue Jenner, mit glasigem Blick und ganz grün im Gesicht. »Jean-Pierre«, rief er, »ich bin geliefert! Ich kann dichtmachen!« Er hatte für *Landru (Der Frauenmörder von Paris)* schon Verträge mit Claude Chabrol, Françoise Sagan, Jean Rabier, Michèle Morgan, Danielle Darrieux, Charles Denner und anderen abgeschlossen, als United Artists, die den Film finanzieren wollten, ihm mitteilten, sie würden aus dem Projekt aussteigen. Ohne United Artists war er aber nicht in der Lage, die Verträge zu erfüllen. Um sich aus der Affäre zu ziehen, plante Georges de Beauregard eine Reise nach Rom, um *Landru* dort vorab zu verkaufen, aber um Chabrols Film an den Mann zu bringen, brauchte er ein Zugpferd.

»Nächsten August wirst du mit Belmondo *L'Aîné des Ferchaux* drehen«, sagte er zu mir, »aber ich weiß, daß er bereit wäre, mit dir jetzt sofort noch einen anderen Film zu drehen. Jetzt sag mir bloß nicht, daß es in der ganzen *Série Noire*³ keinen Titel gibt, den du nicht gern sofort verfilmen würdest!« In der Tat gab es einen Roman von Pierre Lesou, der mir ausnehmend gut gefiel: *Le Doulos*. Ich erklärte mich also einverstanden, aber nur unter einer Bedingung: Ich wollte Serge Reggiani für die Rolle des Maurice Faugel.

Am Tag nach diesem Gespräch rief mich Georges de Beauregard aus Rom an und sagte, die Sache sei geregelt. Allerdings bestand Reggiani, nachdem er den Roman gelesen hatte, auf der Rolle des Silien. Es ist Reggianis Spezialität, immer den Part zu wollen, den man ihm *nicht* vorschlägt. Sollte ihm jemand einmal Armand Duval anbieten, wäre er imstande zu antworten, er würde lieber Marguerite Gauthier spielen!

Für Silien hatte ich aber schon Belmondo vorgesehen. Ich fand es witzig, ihn nach der Priesterrolle nun einen Spitzel spielen zu lassen. Ich machte mich schon darauf gefaßt, alles wieder abzublasen, als Reggiani doch noch beschloß, seine Meinung zu ändern.

Amüsantes Detail am Rande: Als Belmondo *Le Doulos* zum ersten Mal auf der Leinwand sah, rief er verblüfft: »Verdammte Scheiße! Ich bin der Spitzel?«

3 *Série Noire* ist die im Verlag Gallimard erscheinende Kriminalroman-Reihe, 1952 gegründet von Marcel Duhamel (1900–1988).

Sterben oder lügen

Wann hatten Sie Le Doulos *das erste Mal gelesen?*
Im Januar 1957. Jean Rossignol gab mir die Korrekturfahnen von Lesous Buch, noch bevor es in Druck ging. Ich las und war auf Anhieb begeistert.

Sie haben den argot, *den der Autor benutzt, nicht für den Film übernommen ...*

Jean-Paul Belmondo in Le Doulos *(Filmbild Fundus Robert Fischer)*

Stimmt. Ich ertrage es nicht, wenn im Film *argot* gesprochen wird. Als ich jung war und noch eine gewisse Romantik im *argot* sah, habe ich es selber verwendet, es wurde mir zur zweiten Natur. Mit zunehmendem Alter habe ich es dann nach und nach abgelegt, aber als Florence mich kennenlernte, sprach ich praktisch nichts anderes. Lange Zeit verkehrte ich in … »zweifelhaften Kreisen«.

Wieso kannten Sie sich so gut aus im Milieu?
Ich fühlte mich wohl darin, als ich jung war.

Vor dem Krieg gab es unter anderem die Gare-Saint-Lazare-Bande. Ursprünglich bestand diese Bande aus Schülern des Lycée Condorcet, die in der westlichen und nordwestlichen Vorstadt wohnten. Irgendwann waren wir keine Schüler mehr, haben uns aber immer noch an der Gare Saint-Lazare getroffen. Ich muß Ihnen sagen, daß wir Ende 1939 eine ganz ordentliche Gang bildeten, und da waren wir keine Kinder mehr.

Zu unseren Mitgliedern gehörten – warum soll man das verschweigen, niemand braucht sich zu schämen – der spätere Kommissar Paganelli, der spätere Anwalt Bordet und so weiter. Wir haben uns alle verändert, aber zu jener Zeit waren wir nicht zimperlich. Wir spielten die Harten. Aber das ist eine andere Geschichte.

Die Figuren, die Sie in Le Doulos *zeigen, sind alle ambivalenter als die im Roman ...*
Ja, es gibt bei allen Figuren eine Duplizität, keine ist echt. Deshalb warne ich das Publikum ja schon zu Anfang des Films mit dem – gekürzten – Céline-Zitat: »Man muß sich entscheiden ... Sterben ... oder lügen?« Ich habe den Schluß weggelassen, der da heißt: »Ich aber, ich lebe.«

Le Doulos ist ein sehr komplizierter und schwer zu verstehender Film, denn ich habe den Situationen aus dem Roman eine doppelte Wendung verliehen.

War Lesou zufrieden mit den Änderungen, die Sie vorgenommen hatten?
Ja. Er meinte sogar, ich hätte ihm meine Version der Geschichte erzählen sollen, bevor er das Buch schrieb.

Es gab einen anderen Krimi von Lesou, den ich gerne verfilmt hätte: *Main pleine,* der ist tausendmal besser als *Le Doulos*. Aber der wurde 1964 unter dem Titel *Lucky Jo* von Michel Deville auf die Leinwand gebracht. Leider völlig mißlungen. Es macht mich krank, wenn ich nur daran denke. Wenn Sie wüßten, was für einen Film man daraus hätte machen können!

In Le Doulos *wird eine deutliche Sympathie für Nuttheccio spürbar ...*
In einem normalen französischen Film wäre die Rolle des Nuttheccio von Dario Moreno gespielt worden, oder nicht? Ich hatte aber Lust, einen Mistkerl zu zeigen, der sich eben nicht in die Hose macht, als er sieht, daß er sterben muß.

Ich wollte weder Dario Moreno noch Dalio, Claude Cerval oder sonst jemanden dieses Rollenfachs. Als ich Michel Piccoli anrief und ihn fragte, ob er in meinem Film mitspielen wolle, sagte er sofort zu, ohne weitere Erklärungen zu verlangen. Weder verlangte er, erst das Drehbuch zu lesen, noch wollte er wissen, wie hoch seine Gage war. Als ich ihm sagte, dieser Auftritt werde sich für ihn auszahlen, antwortete er einfach nur: »Ich weiß!« Er ist ausgezeichnet in dem Film.

Nuttheccio ist aber nicht die Figur, der ich mich am meisten verbunden fühle. Ich würde mich, den Tod vor Augen, sicher wie er verhalten, aber als Polizeispitzel wäre ich wie Silien. Andererseits, wenn ich jemand wäre, der durchs Zuchthaus verbittert ist und den Tod seiner Freundin rächen will, würde ich mich verhalten wie Faugel. Und als Kommissar würde ich exakt so handeln wie Clain.

Durch die Figuren meiner Filme entziehe ich mich immer der Wirklichkeit. Einen Film zu machen, das heißt, alle Rollen zugleich spielen, das Leben anderer zu leben.

Das »underplay«

Sind Sie zufrieden mit Jean Desailly, Ihrem zweiten Kommissar?
Ja, ich finde ihn großartig. Ich wollte für die Rolle Clains einen »Sohn aus gutem Hause«, aber neben den Tugenden und Untugenden seiner Klasse sollte er unterschwellig noch den Zynismus

Jean Desailly in Le Doulos *(Coll. Rui Nogueira)*

und die Vulgarität besitzen, den sich alle Polizisten nach einigen Jahren des Kontakts mit der Unterwelt aneignen. Meiner Meinung nach hat Desailly seine Rolle auf perfekte Weise interpretiert.

Generell glaube ich, daß die Kommissare in meinen Filmen ziemlich gelungen sind und daß sie recht genau einer bestimmten Wahrheit entsprechen, auch wenn ich mich einem Realismus verweigere.

Sie bringen Ihre Darsteller dazu, ihrem Spiel eine Qualität zu verleihen, die in Le Doulos *sehr deutlich zum Tragen kommt: das »underplay«...*
Natürlich ist es ein amerikanischer Schauspieler, der das »underplay« erfunden hat: Fred MacMurray. Böse Zungen behaupten, man verdanke das dem Umstand, daß er nicht spielen konnte,

aber das ist völlig falsch. Noch heute, wenn man die ersten Filme von Fred MacMurray sieht, muß man einfach die Ökonomie der Mittel bewundern, mit der er sein Ziel erreicht. Beim Betrachten der Filme jener Epoche wird einem klar, daß die anderen Schauspieler – Bogart beispielsweise – nach ihm kamen und sich nach ihm gerichtet haben. Im aktuellen Hollywood-Kino könnte man vielleicht James Garner als den großen Meister des »underplay« betrachten.

Garner ist aber sehr schlecht in The Children's Hour (Infam) *von William Wyler ...*
Nichts ist schlecht an diesem Meisterwerk. Ihr Mangel an Geschmack ist erschreckend!

Als Meisterwerk würde ich die erste Version der Geschichte bezeichnen, die Wyler 1936 unter dem Titel These Three (Infame Lügen) *verfilmte, mit Joel McCrea in der Garner-Rolle.*
Da vertun Sie sich. Glauben Sie wirklich, William Wyler würde es Spaß machen, das Remake eines gelungenen Films zu drehen? Er hat den zweiten gedreht, weil er wußte, daß ihm der erste mißlungen war! Ich versichere Ihnen, daß *The Children's Hour* für jeden, der das amerikanische Großbürgertum von Phildaelphia und Boston kennt, ein großartiger Film ist.

Allein schon durchs Dekor schaffen Sie es, in Le Doulos *eine fast magische Stimmung zu erzeugen ...*
Ohne die dreiundsechzig amerikanischen Regisseure, die vor dem Krieg den Tonfilm »erfunden« haben, hätte ich *Le Doulos* nie gemacht. Die Dekors meines Films bezeugen meine Passion für ein Kino, das für meine Berufswahl entscheidend war.

Die Telefonzelle, von der aus Silien bei Salignari anruft und die keine französische Telefonzelle ist; die Bar, in die wir Volker Schlöndorff gehen sehen, die nichts von einem Pariser Bistro hat; die Fallfenster, die keine Läden, sondern Metall-Jalousien haben

– ohne den Zuschauer zu entfremden, helfen diese Dinge dabei, diese Magie zu erzeugen, von der Sie sprechen.

Das gleiche gilt für Clains Büro, wo das Verhör stattfindet. Es ist die exakte Nachbildung des Büros (seinerseits eine getreue Kopie des Originals im New Yorker Polizeihauptquartier), das Rouben Mamoulian für *City Streets (Straßen der Großstadt)* bauen ließ. In einer Ausgabe der *Revue du cinéma* aus dem Jahre 1934 ist ein Photo eben jenes Büros abgedruckt, und davon ließ ich mich für mein Szenenbild inspirieren.

In *City Streets* gibt es jene wunderbare Szene, in der Guy Kibbee, der gerade ein Verbrechen begangen hat, zur Polizei sagt, die ihn wenige Minuten nach dem Mord verhaften will: »Ich habe die Wohnung den ganzen Abend nicht verlassen.« Er sitzt in seinem Sessel und hält eine Zigarre in der Hand, die zur Hälfte aufgeraucht und von der die Asche noch nicht heruntergefallen ist; seine Frau hat die Zigarre in seiner Abwesenheit geraucht. Eine wunderbare Idee für ein Alibi, die man heute nicht mehr verwenden kann. Nur die wirklich großen Autoren kommen auf solche Ideen, nicht jeder kann sich so etwas ausdenken. Ich habe eine Schwäche für Alibi-Ideen, und diese gefällt mir besonders.

Chronik einer Einstellung

Wie haben Sie jene Einstellung in Clains Büro, die nicht weniger als neun Minuten und achtunddreißig Sekunden dauert, eigentlich gedreht?
Wir haben den ganzen Freitag geprobt. Als am Ende des Tages alles fertig war, war ich hundemüde, um so mehr, als ich gegen halb sieben abends immer einen Tiefpunkt habe.

Georges de Beauregard, dem das auffiel, wollte, daß ich jeden Tag um diese Zeit zu arbeiten aufhöre. Da zeigt sich Georges' gute Seite: Er wäre bereit gewesen, ein Vermögen zu verlieren, nur damit ich jeden Abend anderthalb Stunden früher ins Bett hätte gehen können!

Am nächsten Tag hat mein Kameramann Henri Tiquet vor mir die Texte aller Personen gesprochen, wobei er mit der Kamera all die Bewegungen wiederholte, die ich ihm angegeben hatte. Dann habe ich die Schauspieler gerufen, und wir haben gedreht. Sie können sich die technischen Schwierigkeiten nicht vorstellen, mit denen wir uns herumzuschlagen hatten, um diese Einstellung zu realisieren!

Ich habe eine ebenso schwierige, wenn auch kürzere Einstellung in *Le Samouraï* im Zimmer von Delon gedreht. Doch war Delons Zimmer nicht völlig mit Glasscheiben ausgestattet wie das Büro von Clain. Hier liefen wir die ganze Zeit Gefahr, unsere eigenen Spiegelbilder im Blickfeld zu haben. Deshalb mußte sich in bestimmten Augenblicken die ganze technische Mannschaft hinter der Kamera verstecken. Mit Ausnahme meines Tonmannes. Er war der Unsichtbare. Weil er von Kopf bis Fuß in Schwarz gekleidet war – er trug sogar eine schwarze Kapuze –, spiegelte er sich nicht in den Scheiben.

Nachmittags um vier hatten wir schon eine völlig gelungene Aufnahme im Kasten: die sechste. Aus Sicherheitsgründen wollte ich sie wiederholen, aber ich erhielt nur falsche Einsätze und Pfusch, bis zur vierzehnten Aufnahme, die bis auf den schnellen Übergang von Belmondo auf Marcel Cuvellier perfekt war. Ich habe noch eine fünfzehnte zur Ergänzung der vorhergehenden gedreht. Sie begann bei dem Übergang und ging bis zum Schluß. Die vierzehnte/fünfzehnte war also eine zusammengesetzte Aufnahme, die durch den Übergang verbunden war. Obwohl sie ebenso gut war wie die sechste und niemand die Verknüpfung bemerkt hätte, weil sie aus den drei verschwommenen Bildern des Übergangs bestand, habe ich die sechste in die endgültige Fassung montiert. Aus Gründen des Prinzips.

Daß diese Aufnahme gelang, war übrigens wirklich außerordentlich. Ich erinnere mich, daß in dem Augenblick, als Clain, Silien und die beiden Polizisten die Bürotür durchschritten und aus der Einstellung hinausgingen, mein Kameraassistent uns mitteilte, es sei kein Film mehr in der Kamera. Die Filmspule war zu Ende. Wir hatten hintereinander neun Minuten und achtunddreißig Sekunden gedreht. Das sind tausend Fuß.

In der allerletzten Szene, wenn Silien tödlich verwundet ist, nimmt er sich noch die Zeit, sich im Spiegel zu betrachten, ehe er zusammenbricht. Ein melvillescher Moment...
Ja. Der Mensch, konfrontiert mit seinem Selbst. Silien braucht nicht mehr zu lügen. Aber dieses Ende ist nicht ganz so, wie ich es ursprünglich konzipiert hatte. Siliens letzte Worte – »Fabienne? ... Ich kann heute Abend nicht kommen« – waren nicht vorgesehen. Eigentlich wollte ich, daß er sich zum Telefon schleppt, eine Nummer wählt und aus dem Hörer eine Stimme kommt: »Hallo, Kriminalpolizei, ich höre?« Das wäre viel schöner gewesen, wenn er als letzten Reflex das Bedürfnis gehabt hätte, die Polizei anzurufen. Er hätte die Sinnlosigkeit seiner Geste erst begriffen, wenn er die Stimme sich melden hört, und hätte ohne ein weiteres Wort aufgehängt. Erst in diesem Augenblick hätte er realisiert, daß er schon tot ist.

Leider mußte ich die Version drehen, die jetzt im Film zu sehen ist.

Der ständig lauernde Tod

Ist das Kriminalfilm-Genre für Sie die einzige Methode, die klassische Tragödie zu transponieren?
Ich glaube absolut nicht an die mondänen Dramen von Luchino Visconti. Die Tragödie paßt schlecht zu Smoking und Spitzenbrust: Sie ist schrecklich heruntergekommen. Die Tragödie – das ist der ständig lauernde Tod, dem man in der Welt der Gangster oder in einer besonderen Zeit wie dem Krieg begegnet. Die Personen in *L'Armée des ombres* sind tragische Personen, das weiß man von Beginn des Films an.

Hat man Ihnen deshalb zum Vorwurf gemacht, daß Sie das Thema der Résistance in gleicher Weise behandelt haben wie das Thema in Le Doulos?
Das ist zweifellos richtig. Ich sehe keine Veranlassung, mich dafür zu entschuldigen.

Und der Western? Bietet nicht auch er den idealen Rahmen für ein Transponieren der Tragödie?
Alle meine Originaldrehbücher sind ohne Ausnahme transponierte Western. Aber ich glaube nicht, daß man außerhalb Amerikas einen Western drehen kann. Aus diesem Grund mag ich die Filme von Sergio Leone nicht.

Man hat mir schon Angebote gemacht, Western in Almeria zu drehen. Auch wenn ich ein »Europäer« bin, der gerne Western machen würde, hätte ich keinerlei Interesse daran, einen *falschen* Western zu drehen. Was völlig verrückt ist, schizophren sogar, ist, daß die Amerikaner die Western mögen, die in Almeria entstehen! Sie sehen lieber *Once Upon a Time in the West (Spiel mir das Lied vom Tod,* Sergio Leone*)* als einen echten Western. Wir durchleben gerade in bezug auf eine der schönsten Formen des Kinos eine Periode verheerendsten Schwachsinns. Der Italo-Western hat dem Western den Garaus gemacht.

Obwohl The Wild Bunch (1969) *von Sam Peckinpah ein amerikanischer Film ist, halte ich ihn ebenfalls für einen falschen Western …*
Völlig zu Recht! Am Anfang sieht man sechzehnmal eine Großaufnahme von William Holden, dann eine Großaufnahme von Ernest Borgnine, dann eine Großaufnahme von Warren Oates, dann eine Aufnahme von allen dreien, dann … sechzehnmal! So etwas Lächerliches kann einem wirklich angst machen. Nach der Enttäuschung, die *Major Dundee (Sierra Charriba)* für mich darstellte, habe ich meinen Glauben an Sam Peckinpah endgültig verloren.

Jacques de Léon und Jean-Paul Belmondo in Le Doulos *(Filmbild Fundus Robert Fischer)*

The Wild Bunch *ist Peckinpahs Rache am System. Ich bin davon überzeugt, daß Peckinpah selber nicht an seinen Film glaubt, auch wenn er dem Thema des Alterns treu bleibt.*
Schon, aber trotzdem: William Holden, dieser Wein- und Schnapsschlauch, mit seinen kaputten Augen ... Es ist schrecklich für einen Schauspieler, zu altern, ich weiß das wohl, aber wenn man William Holden ist, muß man es bleiben. Ich habe kein Mitleid mit den Schauspielern. Sie haben das Glück, den schönsten Beruf der Welt auszuüben, aber sie gehören nicht sich, sie gehören den anderen.

L'AÎNÉ DES FERCHAUX
(DIE MILLIONEN EINES GEHETZTEN, 1962)

Ein anständiger junger Mann

Als Léon Morin, prêtre *1961 herauskam, unterzeichneten Sie einen Vertrag, um* L'Aîné des Ferchaux *nach dem Roman von Georges Simenon zu drehen ...*
Fernand Lumbroso, der die Rechte an dem Buch besaß, hatte einen Vertrag mit Alain Delon abgeschlossen. Delon hatte auf einem Regisseur seiner Wahl bestanden, aber irgendwann wollte er den doch nicht mehr, und Lumbroso machte sich auf die Suche nach einem anderen Regisseur. Dann erhielt er jedoch einen eingeschriebenen Brief von Delon, der ihn daran erinnerte, daß der Vertrag null und nichtig sei, wenn es ihm nicht gelänge, bis zum festgelegten Termin einen Regisseur für das Projekt verpflichtet zu haben. Lumbroso war es leid.

Da bekam ich einen Anruf von Blanche Montel, Belmondos Agentin: Belmondo habe *L'Aîné des Ferchaux* angeboten bekommen, wolle den Film aber nicht ohne mich machen. Eine Stunde später bat mich Lumbroso darum, mich kennenzulernen. Bei unserem Treffen wollte er wissen, ob ich Simenons Roman gelesen hätte. Ich bejahte, merkte aber, daß er mir nicht glaubte, und fragte ihn daher, ob ich ihm den Roman oder den Film erzählen solle. Sein Mißtrauen verwandelte sich in Verblüffung. »Erzählen Sie mir den Film«, bat er schließlich. Und ich schilderte ihm eine der möglichen Adaptionen des Romans, eine Version übrigens, die ich später zwar niedergeschrieben, aber beim Drehen nicht benutzt habe. Wir haben unverzüglich den Vertrag unterzeichnet.

Die Adaption, die ich dann von *L'Aîné des Ferchaux* angefertigt habe, war praktisch ein Originaldrehbuch: Vanels Figur hieß nicht mehr Ferchaux und Belmondos nicht mehr Michel Maudet. Und der Titel war auch nicht mehr *L'Aîné des Ferchaux*. Aber Fernand Lumbroso, der sechzehn Millionen [alte Franc] für die Filmrechte bezahlt und bereits Verleihverträge abgeschlossen hatte, bat mich um einen Kompromiß. Zu der Zeit konnte man mich mit solchen Argumenten noch beeindrucken.

Im August 1962, unmittelbar nach den Dreharbeiten zu *Le Doulos,* begann ich mit *L'Aîné des Ferchaux.* Während ich noch am Schnitt und an der Mischung des einen Films saß, drehte ich schon den anderen. Ich arbeitete achtzehn Stunden am Tag und fühlte mich mehr tot als lebendig.

Aber Sie haben doch stets die Treue gegenüber der literarischen Vorlage verteidigt ...
Ich bin ein großer Verteidiger der geistigen Treue. *L'Aîné des Ferchaux* ist ein Film, der Simenon völlig treu bleibt, obwohl er von dem Roman abweicht. Ich könnte fast sagen, der Film ist mehr Simenon 1962 als der Roman, obwohl er in besonderem Maße ein Film von Melville ist.

Bei allem, was das Verhältnis zwischen Michel Maudet und Dieudonné Ferchaux betrifft, habe ich mich überhaupt nicht an die Vorlage gehalten, was die Kritiker aber nicht davon abhielt, in ihren Artikeln die bewundernswert werkgetreue Adaption herauszustellen. Man fragt sich, ob einer von ihnen Simenons Buch überhaupt gelesen hatte. Was ich am meisten bedaure, ist, mich darauf eingelassen zu haben, die Namen der Hauptfiguren nicht zu ändern. Wenn ich da standhaft geblieben wäre, hätten Produzent und Verleiher auch nicht umhin gekonnt, meinen ursprünglichen Titel beizubehalten: *Un jeune homme honorable [Ein anständiger junger Mann].*

Wie kamen Sie auf Charles Vanel für die Rolle des Dieudonné Ferchaux?
Ehrlich gesagt wollte ich eigentlich Spencer Tracy, der auch schon zugesagt hatte, aber die Versicherungen spielten nicht mit, weil er zu der Zeit schon sehr krank war. Auch Charles Boyer zeigte sich sehr interessiert an der Rolle, aber er hatte noch nicht das not-

Charles Vanel in L'Aîné des Ferchaux *(Filmbild Fundus Robert Fischer)*

1 Fast vierzig Jahre nach Melvilles Verfilmung von Simenons Roman spielte der inzwischen achtundsechzigjährige Jean-Paul Belmondo in einer zweiteiligen TV-Neuverfilmung von *L'Aîné des Ferchaux* (2001) die Rolle des alten Ferchaux. Regie

wendige Alter, und außerdem wäre er zu gutaussehend für den Part gewesen. Also richtete ich meinen Blick auf Charles Vanel, denn ich hielt ihn für einen großartigen Schauspieler.¹

Haben Sie sich gut mit ihm verstanden?
Nein, nicht besonders gut. Gleich zu Beginn sind wir schon aneinandergeraten. Eine blödsinnige Klausel in seinem Vertrag versetzte mich in Wut, und ich warf ihm sogar Schimpfwörter an den Kopf, was ich bedauere. Das hätte ich nicht tun sollen. Vanels Agentin hatte etwa folgendes in den Vertrag setzen lassen: »Mein Klient hat das Recht, jedwede Änderung zu verlangen, die ihm notwendig erscheint, sowohl in den Dialogen als auch in den Szenen, in denen nicht geredet wird, sowohl seine eigene Rolle betreffend als auch die seiner Partner.« Anders ausgedrückt, Charles

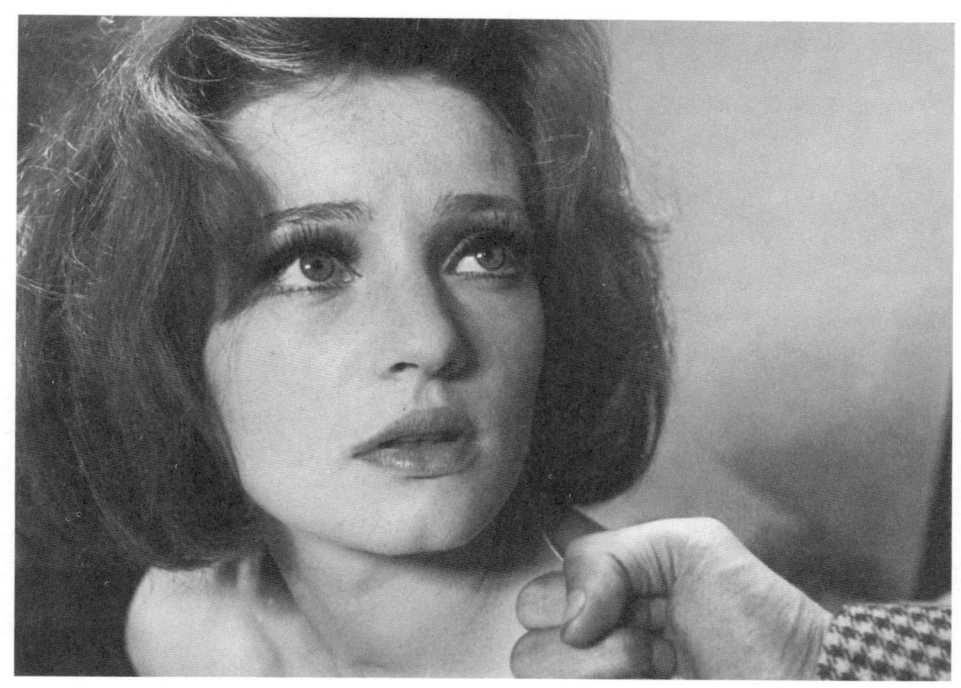

Malvina Silberberg in L'Aîné des Ferchaux *(Coll. Rui Nogueira)*

Vanel wollte die Oberaufsicht übernehmen. Als ich davon erfuhr, geriet ich außer mir. »Wenn das Ihr Vertrag sein soll«, sagte ich zu Vanel und machte ein Röhrchen aus dem Papier, »dann können Sie sich ihn in den Hintern stecken!« Ich habe ihn auf der Stelle seine Agentin anrufen lassen, die mir einen neuen Vertrag ohne die betreffende Stelle schicken sollte. Und solange diese Sache nicht geregelt war, bin ich nicht mehr am Set erschienen.

führte Bernard Stora, der Melville bei *Le Cercle rouge* assistiert hatte.

Wie haben Sie Michèle Mercier entdeckt?
Ich hatte sie in verschiedenen Filmen gesehen und fand sie sehr schön. Die Szene in *Tirez sur le pianiste (Schießen Sie auf den Pianisten)*, wenn sie ihre hübschen Brüste in die Luft reckt, die hat Truffaut für mich gedreht. Sie ist sehr gut. Sie hätte eine bessere Karriere verdient.

Jean-Paul Belmondo in L'Aîné des Ferchaux *(Filmbild Fundus Robert Fischer)*

Malvina verschwindet

Weshalb haben Sie einen Boxkampf in den Film eingebaut?
Erst einmal, weil ich ein großer Freund des Boxsports bin, ich habe selbst geboxt, als ich jung war. Und außerdem wollte ich der erste sein, der einen Film mit Jean-Paul Belmondo in der Rolle eines Boxers dreht.

Alle glauben, Belmondo habe sich seine Nase im Ring gebrochen, aber das stimmt nicht, es passierte in der Armee. Als er seinen Militärdienst absolvierte, hat er sich mit einem Gewehrkolben selbst die Nase gebrochen, um seine Entlassung zu erreichen. Aber Belmondo ist wirklich Boxer. Der Ringrichter im Film war sein Boxlehrer. Sein Gegner (und gleichzeitig sein Double), Auzel, ein Profi-Boxer, war französischer Champion.

Ohne es zu wollen, hat er Belmondo übrigens k.o. geschlagen. Wenn man ihn das zweite Mal zu Boden gehen sieht, dann ist das nicht gespielt.

Das Match ist für mich außerdem eine Hommage an *The Set-Up (Ring frei für Stoker Thompson)* von Robert Wise und an *Moby Dick* von Herman Melville. Deshalb lasse ich Belmondo im Off sagen: »Wenn wir an diesem Abend gesiegt hätten ...«, und deshalb ist der erste Satz des Off-Kommentars: »Nennt mich Michel Maudet.«[2]

Wenn Michel Maudet diesen Boxkampf verliert, verliert er damit auch seine Jugend?
Absolut. Von dem Moment an gerät in seinem Leben alles ins Wanken. Bei dem Gang über den Boulevard d'Auteuil – der die Zugreise von Paris nach Caen aus dem Roman ersetzt – findet er sogar den Mut, seine rote Mütze wegzuwerfen, die ihn an seine Vergangenheit als Fallschirmjäger erinnert, auf die er so stolz ist. Er ist ein Rechter, dieser Michel Maudet.

Er hat sogar den Mut, seine Freundin zu verlassen ... Apropos, wer ist Malvina Silberberg, die Maudets Freundin spielt?
Malvina war von Beruf Mannequin. Ich suche immer schöne Frauen aus, aber da solche Schönheiten nur selten auch ein großes schauspielerisches Talent besitzen – so hat es die Natur gewollt –, lasse ich sie meistens, einer guten alten Gewohnheit folgend, von meiner Cutterin Françoise Bonnot synchronisieren.

Was ist aus Malvina Silberberg geworden?
Ich habe keine Ahnung, sie hat sich nie wieder bei mir gemeldet. Warum fragen Sie?

Ich finde, sie besitzt eine verblüffende Ähnlichkeit mit Ewa Swann.
Ach, das ist Ihnen auch aufgefallen? Ich finde auch, die beiden gleichen sich aufs Haar. Aber Malvina kann nicht Ewa Swann

2 Der französische Titel von *The Set-Up* lautet *Nous avons gagné ce soir* (»Heute abend haben wir gesiegt«). Und Herman Melvilles *Moby Dick* beginnt mit den Worten: »Nennt mich Ishmael ...« In der deutschen Synchronfassung von *L'Aîné des Ferchaux* ist die Wortwahl anders und die Anspielung auf *Moby Dick* nicht erkennbar.

sein, denn letztere hat ihren ersten Film, *Bye Bye Barbara,* 1969 mit Michel Deville gemacht, und da war sie achtzehn. Malvina war 1962, als ich *L'Aîné des Ferchaux* drehte, aber schon sechsundzwanzig. Ewa Swann könnte also höchstens Malvinas Tochter sein. *Who knows?*

Als wir Dieudonné Ferchaux das erste Mal sehen, befindet er sich in dem Saal, in dem gerade die Aufsichtsratssitzung stattfindet. Diese Szene erinnert an einen anderen Film von Robert Wise: Executive Suite (Die Intriganten).

Ja. Völlig klar. Diese Szene – die wir in der Rue Jenner drehten – ermöglichte es mir, aus Simenons Roman ein ziemlich großes Stück zu entfernen, das mich überhaupt nicht interessierte. Wenn ich Dieudonné Ferchaux sagen lasse: »Um Einzelheiten brauchen wir uns nicht zu kümmern«, dann fasse ich mit diesem Satz rund hundert Seiten aus dem Buch zusammen.

Die Strafe

Wofür steht dieser Dieudonné Ferchaux in Ihrem Film?
Wissen Sie das wirklich nicht? Auch wenn ich Sie daran erinnere, daß ich diesen Film 1962 gedreht habe? Lesen Sie keine Zeitung? Erinnern Sie sich noch an das Verschwinden einer berühmten amerikanischen Persönlichkeit, Ende 1961?

Nein, wirklich, keine Ahnung...
Howard Hughes! 1961 bekam Howard Hughes vom Staat einen Haufen Prozesse an den Hals gehängt, und plötzlich verschwand er spurlos, nachdem er kurz zuvor noch einen Sekretär engagiert hatte. Fünf Jahre lang wußte niemand, noch nicht einmal das FBI, wo er sich versteckt hielt. Er ist erst wieder aufgetaucht, als die angeblich illegalen finanziellen Transaktionen, die man ihm unterstellte, verjährt waren.

Mein Ferchaux ist also Howard Hughes![3]

3 Regisseur Jonathan Demme und Drehbuchautor Bo Goldman erzählen in ihrem Film *Melvin and Howard* (*Melvin und Howard,* 1980) die skurrile Geschichte, wie Millionär Howard Hughes (Jason Robards) sich kurz vor seinem Tod mit dem jungen Habenichts Melvin Dummar (Paul Le Mat) anfreundet. Das ungleiche Paar in *Melvin and Howard* hat durchaus Ähnlichkeit mit dem in *L'Aîné des Ferchaux.*

Maudet und Ferchaux ähneln sich oft ...
Ja, und das wird in der Szene in der Bank, wenn sie das Geld abholen kommen, mehr als deutlich. Ihr Gang ist der gleiche, und man könnte sie für Verwandte halten. In der Tat gehören sie zur gleichen Spezies.

Wo haben Sie die Innenaufnahmen der Bank gedreht?
In einer Bank ...

Das ist klar, aber ich wollte wissen, ob in einer Bank in Frankreich oder in den USA?
In den USA. Warum? Nehmen Sie mir das nicht ab?

Doch, natürlich ...
Sollten Sie aber nicht. Ich habe diese Szene nämlich am Boulevard Haussmann gedreht, in der Société Générale, denn eine Bank sieht aus wie die andere.

Eines Tages erfuhr ich, daß Monsieur Vanel sich erhoffte, die Dreharbeiten für seine Hochzeitsreise in die USA zu benutzen. Ich habe also Monsieur Vanel um seine Amerikareise gebracht, und Belmondo folglich auch. Dadurch sah ich mich gezwungen, einige der Außenszenen in Frankreich zu drehen: die Sequenz mit der Anhalterin, die Szene am Fluß und so weiter. Was die Fremdenverkehrsabteilung der amerikanischen Botschaft nicht davon abgehalten hat, mir brieflich zu danken und mir zu meinen gelungenen Aufnahmen von den Appalachen zu gratulieren, besonders zu der schönen Stelle mit der Brücke über den Fluß ...

Welche Szenen im Film sind denn wirklich in den USA gedreht worden?
Nur die typisch amerikanischen Dinge, bei denen ich Vanel und Belmondo nicht im Bild haben mußte.

Völlig klar, daß ich die Ansichten von New York nicht in der Rue Jenner gedreht habe. Allerdings entstanden die Szenen auf der Autobahn ebenfalls hier in Frankreich. Wenn Sie genau darauf achten, werden Sie immerhin feststellen, daß es sich bei keinem der Autos, die man im Bild sieht, um eine französische Marke handelt, denn ich habe nur amerikanische Autos verwendet.

Pray for Peace

Ihr Film ist eine sehr schöne Liebesgeschichte zwischen einem alten Mann, der vom Leben enttäuscht ist, und einem jungen Mann voller Pläne.
Dieudonné Ferchaux ist ein alter Mann, der angesichts der Jugend seines Partners plötzlich einen Persönlichkeitswandel erfährt. Michel Maudet, das ist er selbst in seiner Jugend. Die Liebe, die er für ihn empfindet, ist reiner Narzißmus. Ferchaux fühlt sich physisch von Maudet angezogen und verliebt sich in ihn. Die Tatsache, daß er mit siebzig Jahren zum ersten Mal entdeckt, daß er zur Homosexualität fähig ist, macht ihn völlig verrückt und ist auch der Grund dafür, daß er sich mit seinen Eifersuchts- und Verzweiflungsanfällen aufführt wie ein altes Weib. Mehr als eine Meditation über das Alter ist mein Film vor allem eine Meditation über die Einsamkeit. Sie dürfen nicht vergessen, was Ferchaux in dem Bungalow in New Orleans zu Maudet sagt: »Sie haben in dieser Nacht Ihre Prüfung in Sachen Freiheit abgelegt, Michel ... und ich die meine in Sachen Einsamkeit.«

Ferchaux fällt auf, wie jung Maudet ist, als dieser sich mit den beiden Amerikanern eine Schlägerei liefert ...
Genau. Diese Schlägerei ist der Grund dafür, daß Ferchaux in der darauffolgenden Szene, wenn Michel Maudet am Steuer sitzt, dessen Hände betrachtet. Sie gefallen ihm. Die Hände, die man im Bild sieht, sind meine eigenen. Während ich am Steuer saß, filmte Deacë aus dem Auto heraus auch die Landschaft, die draußen vorbeizog. Für die Einstellungen, in denen man die beiden Schauspieler von vorn sieht, habe ich mit Rückprojektion ge-

arbeitet, denn wie ich schon sagte, sind Vanel und Belmondo gar nicht in Amerika gewesen.

Sie erklären Ihre Figuren meistens durch deren Verhalten, was viel Raum läßt für Ambivalenz ...
Nichts ist jemals definitiv in der Art, wie ein Mensch ist oder zu sein scheint, denn der Mensch kann nicht anders, als sich ständig zu ändern. Seine Evolution ist konstant.

Natürlich wird das, was in seinem Wesen gut oder schlecht ist, im Laufe der Jahre nie verschwinden, aber seine Art, sich zu verhalten, wird unweigerlich vom Leben verändert. Mit fünfzig Jahren wird ein Mensch nicht so argumentieren wie mit zwanzig, dreißig oder vierzig Jahren.

Ich hasse den Manichäismus. Ich glaube nicht, daß er heutzutage noch einen realen Bezug zu den Menschen hat, die in Großstädten leben. Ich glaube, daß es unter denen, die nahe an der Natur leben, immer noch wirklich gute Menschen gibt. Aber ich glaube nicht, daß die Städter, also die durch die Großstadt verdorbenen Menschen, noch gut sein können.

In den Außenszenen, die Sie in den USA gedreht haben, sehen wir einmal ein Holiday-Inn-Neonschild mit dem Satz »Pray for Peace« ...
Wir haben diese Aufnahme Anfang November 1962 gedreht, und damals fürchtete man sich wegen der Kubakrise vor einem Krieg zwischen der Sowjetunion und den USA. Dieses Schild gestattete mir, die damalige Stimmung in Amerika einzufangen.

Als Kennedy erfuhr, daß sowjetische Langstreckenraketen auf Kuba stationiert waren, mußte er, bevor er eine Botschaft an Chruschtschow schickte, erst einmal herausbekommen, ob die Russen angesichts eines drohenden Kriegs klein beigeben würden oder nicht. Also ließ er um drei Uhr morgens Vertreter aller großen Computerhersteller ins Weiße Haus kommen. Diese wurden mit allen zur Verfügung stehenden Informationen versorgt (Angaben über die tatsächliche Militärstärke, Wunsch nach Frieden, Angst etc.), sie gaben die Daten in ihre Computer ein und kamen vier Stunden später übereinstimmend zu dem Ergebnis: Die Drohung, Kuba zu bombardieren, werde die Russen veranlassen, ihre Raketen abzuziehen. Und die Computer sollten recht behalten.

In dieser Nacht habe ich also »Pray for Peace« gedreht, und ich weiß noch, wie ich zu Decaë sagte: »Morgen erleben wir vielleicht die Apokalypse.«

Warum haben Sie für Ihren Film das Lied ausgesucht, das Frank Sinatra in Frank Capras Film A Hole in the Head (Eine Nummer zu groß) *singt?*
Nicht alle Songs von Sinatra gehören auch Sinatra. Wenn ich gekonnt hätte, wie ich wollte, hätte ich mich für *What is This Thing Called Love* entschieden. Aber gemäß den amerikanischen Gewerkschaftsgesetzen hätte ich das gesamte Orchester bezahlen müssen. Bei dem Lied aus Capras Film dagegen waren keine Abgaben fällig, denn Sinatra wird dort von einem Kinderorchester begleitet.

Wie haben Sie Sinatras Geburtshaus gefunden?
Mit viel Mühe. Wir mußten aufwendige Recherchen anstellen, um an seine Geburtsurkunde – die übrigens beweist, daß er älter ist, als wir denken – und damit an die Adresse seines Geburtshauses zu kommen. Hinter dem Fenster, das man im Film sieht, ist das Zimmer, in dem er geboren wurde.

Ein melvillescher Held

In Simenons Buch tötet Maudet Ferchaux, um dessen Kopf an Suska zu verkaufen, den Holländer, der Schrumpfköpfe an Touristen verscherbelt. Weshalb haben Sie auf dieses schauderhafte Ende des Romans verzichtet?
Weil ich nicht ein Jahr lang mit einem Typen hätte leben können, der fähig gewesen wäre, den Kopf Dieudonné Ferchauxs zu ver-

kaufen. Was interessant zu lesen gewesen sein mag, hätte auf der Leinwand nur abscheulich gewirkt.

Haben Sie Georges Simenon nie kennengelernt?
Oh, nein. Von dem Moment an, da ich erfuhr, daß Simenon zu den Autoren gehört, die sich nie die Filme ansehen, die nach ihren Werken gedreht werden, hatte ich kein Interesse mehr daran, ihn kennenzulernen. Ich kann noch eingebildeter sein als er. Als Mensch interessiert er mich auch nicht. Ich muß aber sagen, daß es Bücher von Simenon gibt, die mir ungemein gefallen haben.

Wissen Sie, Vermeer wurde während des Krieges von Van Megeren imitiert. Nun, Simenon ist einmal Vermeer und dann wieder Van Megeren. Ich glaube, Simenons Werk besteht nicht nur aus Juwelen, auch wenn es zwei oder drei Perlen darin gibt.

In Ihrem Film zeigen Sie nie die Schilder der Ortschaften, durch die Sie mit Ihrer Kamera gekommen sind.
Nein, ich wollte die Ortsschilder nicht zeigen. Aber ich kann Ihnen verraten, daß wir uns, wenn man durchs Fenster des Bungalows sieht, wie Maudet mit dem Rücken zur Kamera in dem Wald verschwindet (mein Assistent Georges Pellegrin hat Belmondo in diesen beiden Szenen gedoubelt), in Melville bei Baton Rouge, USA, befinden.

Einmal bringe ich aber ein Schild ins Bild, und zwar kann man lesen: »De Beauregard St. Stop!« Diese Warnung galt Georges de Beauregard, um ihm zu sagen, er solle aufpassen, daß er nicht pleite geht. Leider hat er dem Schild keine Beachtung geschenkt ...

Gegen Ende des Films, wenn Maudet sich daran macht, Ferchaux im Stich zu lassen und den Geldkoffer mitzunehmen, sagt der alte Mann mit gebrochener Stimme zu ihm: »Brutus tötet Cäsar. Aber du bist nicht Brutus.« Woraufhin Maudet kalt erwidert: »Und du, altes Wrack? Hältst du dich immer noch für Cäsar?«

Das ist die letzte Konfrontation zwischen den beiden Männern. Als es zwischen ihnen nichts mehr zu sagen gibt, haut Maudet ab und wirft dem Älteren verächtlich zu: »Ciao! Adios!«, nicht ohne ihm vorher noch zugeflüstert zu haben: »Tragediante, commediante!«

Doch Maudet ist treuer, als er selber glaubt. Wenn er mit dem Koffer zurückkehrt, kann er jedoch nur noch hilflos zusehen, wie Ferchaux stirbt, ihm vor seinem Tod aber noch den Schlüssel zu dem Tresor in Caracas gibt. Diese Geste durchbricht Maudets Gefühlspanzer. Der letzte Satz des Films scheint diesen neu entdeckten Gefühlen dann wieder zu widersprechen: »Du und dein Schlüssel – zum Teufel mit euch!«
Was ich sehr mag an dieser Szene, ist die Zärtlichkeit, die von ihr ausgeht. Die Worte, die Maudet sagt, widersprechen dem, was seine Augen ausdrücken. Maudet ist ein melvillescher Held, vergessen Sie das nicht.

Fallen Ihnen noch andere Fragen ein, die ich Ihnen zu diesem Film stellen könnte?
Ich weiß nicht. Außerdem stellt mir niemand je die Fragen, von denen ich mir wünsche, daß man sie mir stellt. Niemand. Und Sie schon gar nicht!

Vielleicht könnten nur Sie selbst sich diese Fragen stellen?
Das stimmt. Denn der Michel Maudet in meinem Film, das bin ich. Ich kann nicht sagen: »Dieudonné Ferchaux, das bin ich«, denn ich bin noch keine siebzig ...

»Nennt mich Jean-Pierre Melville ... «

LE DEUXIÈME SOUFFLE
(DER ZWEITE ATEM, 1966)

Ein film noir

Wie sind Sie auf den Roman Le Deuxième Souffle *aufmerksam geworden?*
Das Buch kursierte seit seinem Erscheinen im April 1958 in den Büros aller französischen Produzenten. Da die beiden Geschichten, aus denen der Roman besteht, keinen Bezug zueinander haben, erwies sich eine Drehbuchadaption praktisch als unmöglich, und niemand wollte die Filmrechte kaufen.

Der Autor versuchte mich schon seit Jahren zu überreden, ich solle doch einen Film nach seinem Buch machen. Ich antwortete ihm jedes Mal, ich müsse erst »die Idee« finden. »Die Idee? Welche Idee denn?« fragte er mich einmal. »Die Idee, die es erlaubt, die beiden Geschichten miteinander zu verbinden«, erklärte ich ihm.

Und dann, eines Tages, fand ich schließlich die Lösung. Ich führte Orloff schon zu Beginn ein (im Roman hat er erst auf Seite 104 seinen ersten Auftritt), verknüpfte die Marseille-Handlung mit der Paris-Geschichte und ließ die erste innerhalb der zweiten stattfinden.

Stimmt es, daß Sie Le Deuxième Souffle *eigentlich schon 1964 drehen wollten, mit einer völlig anderen Besetzung?*
Ich hätte den Film mit demselben Produzenten machen sollen, für den ich *L'Aîné des Ferchaux* gedreht habe: Fernand Lumbroso. Vorgesehen waren Serge Reggiani als Gu, Simone Signoret als Manouche, Lino Ventura als Blot, Roger Hanin als Jo Ricci, Georges Marchal als Orloff und Raymond Pellegrin als Paul Ricci. Alle Verträge waren schon unterschrieben, aber das Projekt fiel ins Wasser. Ich habe die ganze Bande sogar verklagt. Eine sehr komplizierte Geschichte.

In der Fassung, die Denys de la Patellière dann etwas später hätte drehen sollen, wäre die Rolle des Gu an Jean Gabin und die Blots wieder an Lino Ventura gegangen.

La Patellière ließ den jungen Schauspieler, den ich für den Part des Antoine engagiert hatte, zu sich kommen, um ihm dieselbe Rolle anzubieten, mußte sich aber anhören: »Nein! Ich sollte in Monsieur Melvilles Film mitspielen und habe nicht die geringste Lust, in Ihrem aufzutreten!« Diese Antwort fand ich wunderbar, denn sie verrät die Haltung eines Ehrenmannes. Der Name des jungen Schauspielers: Pierre Clémenti. Eines Tages werde ich mich bei ihm dafür erkenntlich zeigen.[1]

Weshalb haben Sie ihn 1966 nicht für die Rolle verpflichtet?
Weil er nicht mehr frei war. Ich habe ihn durch Denis Manuel ersetzt, der im übrigen sehr gut ist in dem Film. Sie dürfen nicht vergessen, daß die Produktion von *Le Deuxième Souffle* letztendlich innerhalb von vier Tagen auf die Beine gestellt wurde: Die erste Klappe fiel am 21. Februar 1966, und am 17. Februar war noch nichts entschieden! Das erklärt übrigens auch, weshalb ich Marcel Combes als Kameramann verpflichtet habe. Er hatte mich ein paar Tage vor den Dreharbeiten angerufen, und da ich niemanden an der Hand hatte und die Chefkameraleute, die ich wollte, nicht frei waren, habe ich ihn engagiert.

Aber seine Kameraarbeit erweist dem Film keinen schlechten Dienst, ganz im Gegenteil.
Das stimmt, aber ich war gezwungen, alles alleine zu machen. Ich versichere Ihnen: Sich neben der Regie auch noch um die Kamera zu kümmern, das zehrt ganz schön an den Kräften. Wir haben diesen Film bis zum 14. März unter extrem schwierigen Bedingungen gedreht, und dann mußten wir drei Monate pausieren. Als es am 7. Juni tatsächlich weiterging, konnte ich es kaum glauben.

Aber Le Deuxième Souffle *ist doch eine Lumbroso-Produktion?*

---

1 Der französische Schauspieler Pierre Clémenti (1942–1999), einer der zornigen jungen Männer des europäischen Autorenfilms der sechziger und siebziger Jahre, wurde vor allem für seine Rollen in Luis Buñuels *Belle de Jour (Schöne des Tages,* 1967*)* und *La Voie lactée (Die Milchstraße,* 1969*)*, in Bernardo Bertoluccis *Partner* (1968) und *Il conformista (Der große Irrtum,* 1970*)* sowie in Pier Paolo Pasolinis *Porcile (Der Schweinestall,* 1969*)* bekannt. Zu einer Zusammenarbeit mit Melville kam es leider nie.

Jean-Pierre Melville (rechts) bei den Dreharbeiten zu Le Deuxième Souffle *(Coll. Rui Nogueira)*

Ja, aber nicht Fernand hat den Film produziert, sondern sein Bruder, Charles Lumbroso. Er wollte beweisen, daß er vollbringen kann, woran der andere gescheitert war. Das war übrigens sehr witzig, denn als er zu mir kam, besaß er keinen Heller, aber steckte mit dreihundert Millionen in der Kreide. Er hat den Film produziert, indem er die Banque des Intérêts Français mit an Bord holte, die von einem Mitglied der Familie Giscard d'Estaing geleitet wurde.

Die Jahre zwischen 1964 und 1966, das war für mich die Durchquerung der Wüste!

Welches, glauben Sie, sind die fundamentalen Unterschiede zwischen Bob le Flambeur *und* Le Deuxième Souffle?
Strenggenommen gibt es keinerlei Verbindung zwischen den bei-

Le Deuxième Souffle *(Filmbild Fundus Robert Fischer)*

2 Kriminalfilm mit Jean-Paul Belmondo aus dem Jahre 1961, Regie: Jean Becker. Das Drehbuch zu *Un nommé la Rocca* stammt von José Giovanni (geb. 1923), dem Autor des Romans *Le Deuxième Souffle*. Giovannis erster Roman war *Le Trou*, die Vorlage zu Jacques Beckers gleichna-

den Filmen. Für mich ist *Bob le Flambeur* kein Kriminalfilm, sondern eine Sittenkomödie. Ich kümmere mich darin weder um den Krieg noch um die Gestapo, und über das »korrupte Milieu« wird nur gesprochen. *Le Deuxième Souffle* ist ein *film noir*.

Der Unterschied zwischen dem Roman und seiner Verfilmung ist beträchtlich.
Wenn Sie sich wirklich die Mühe machen wollen, die Unterschiede zwischen dem Buch und meinem Film aufzulisten, können Sie allein damit Ihr Buch füllen. Hätte ich den Roman verfilmt, wäre *Un nommé la Rocca (Sie nannten ihn Rocca)*[2] dabei herausgekommen. Es gibt in dem Buch viele überflüssige Dinge, die nur Staffage sind. Dem Autor des Romans mangelte es an

Phantasie. Er hat sich darauf beschränkt, den Ablauf einiger wahrer Geschichten aufzuschreiben, die ihm im Zuchthaus von seinen Mitgefangenen erzählt worden waren. Es ist der Gedächtnisbericht all dessen, was er im Gefängnis gehört hat, eine Akte über jene legendären Helden im Stile Charrière-Papillon[3], deren außergewöhnliches Leben man zu Geschichten macht. Auf dieser Ebene ist *Le Deuxième Souffle* ein interessantes Buch, ein absolut stimmiges Dokument über das Unterweltmilieu in Marseille, aus dem die Gestapo in der Rue Villejust in Paris hervorging. Aber das gehört nicht zum Kino, wie ich es mache und verstehe. Ich mache nicht in Realismus, wie Sie wissen. Von dem Roman habe ich nur die melvilleschen Elemente bewahrt. Alles übrige habe ich rausgeschmissen. Falls morgen ein guter Regisseur *Le Deuxième Souffle* verfilmen würde, indem er meinen vergißt und sich eng an die Vorlage hält, so steht außer Frage, daß dabei ein typisch französischer Film herauskommen würde. Denken Sie daran, daß wir Orloff in Yvettes Bordell kennenlernen; daß Venture (im Film: Paul) Ricci eine völlig idiotische Frau namens Alice hat; daß Poupon, Blots rechte Hand, sich die Zeit damit vertreibt, hinter den Mädchen herzurennen, und so weiter. Der Roman endet mit dem Kuß, den Orloff und Manouche austauschen, kaum daß Gu tot ist. Verstehen Sie, was für einen Film man daraus machen könnte? Ich nehme deshalb für mich in Anspruch, eigentlich ein völlig neues Werk geschaffen zu haben.

Ein gefährliches Gewerbe

Worin unterschied sich die Gestapo der Rue Lauriston von der in der Rue Villejust?
Die sieben Pariser Gestapo-Quartiere waren alle auf die gleiche Weise organisiert. In der bekanntesten von allen, der in der Rue Lauriston, von der wir bereits gesprochen haben, gab es Abel Danos, der in *Classe tous risques (Der Panther wird gehetzt)*[4] Abel Davos heißt.

migem Film, den Melville so verehrt. Seit 1967 verfilmt Giovanni, der neben Melville als einer der wichtigsten Vertreter des französischen Kriminalfilms gilt, seine Romane selbst, meistens mit Melvilles bevorzugten Darstellern Jean-Paul Belmondo oder Alain Delon in den Hauptrollen. Melville, der Giovannis Namen nicht einmal erwähnt, teilt offenbar nicht die Meinung seines Freundes Jean Cocteau, der über Giovannis Roman *Le Deuxième Souffle* sagte: »Die Geschichte, die Sprache, die Würde – alles an diesem Buch ist äußerst bemerkenswert.«

[3] Henri Charrière verarbeitete in seinem Bestseller *Papillon*, der 1973 von Franklin J. Schaffner mit Steve McQueen und Dustin Hoffman verfilmt wurde,

seine eigenen Erfahrungen als Strafgefangener zu einer spannenden Ausbruchsgeschichte, ähnlich wie José Giovanni in *Le Trou*.

4 Claude Sautets *Classe tous risques* (1959) mit Lino Ventura und Jean-Paul Belmondo basiert ebenfalls auf einem Roman von José Giovanni.

Die Gestapo in der Rue Villejust war die Pariser Sektion der Korsika/Marseille-Gestapo und steckte hinter dem Streich, der während des Krieges sehr beliebt war: Es klopft an der Tür. Die verängstigten Leute im Haus fragen: »Wer ist da?« Und von draußen antwortet eine Stimme mit dickem korsischen Akzent: »Deutsche Polizei!«

In Ihren Kriminalfilmen betrügt meistens jeder jeden, und die Hauptfigur reagiert wie ein Schakal oder ein verwundeter Tiger. Weshalb ist das so?
Aus folgendem Grunde: Wenn man zu zweit ist, gibt es einen Verräter. Warum, glauben Sie, habe ich die Einsamkeit gewählt? *(Lachen)* Der Umgang mit den Menschen ist sehr gefährlich. Die einzige Lösung, die ich gefunden habe, um nicht verraten zu werden, ist, alleine zu leben. Kennen Sie zwei Menschen, die freundlich übereinander reden, nachdem sie einige Jahre als echte Freunde zusammen gelebt und gearbeitet haben? Ich nicht. Die Freundschaft ist eine heilige Sache, wie die Existenz Gottes für die Gläubigen. Von dem Augenblick an, da man merkt, daß »das nicht mehr so hält«, ist der Weg zu jeder Art von Verrat frei. Ich glaube, der Verrat ist, viel mehr als die Liebe, eine der fundamentalsten Antriebskräfte des Menschen. In *Carmen* heißt es, die Liebe sei die Antriebskraft des Menschen. Das stimmt nicht. Es ist der Verrat.
Gu ist ein Tiger. Jo Ricci ein Schakal.

Glauben Sie, daß Freundschaft eine Illusion ist, die man Stück für Stück verliert, je älter man wird?
Ja, aber ich glaube sehr stark an die Freundschaft – in meinen Filmen! Wenn man jung ist, hält man die Menschen für interessante Tiere. Ich mache mir keine Illusionen mehr. Was ist Freundschaft? Nachts einen Freund anrufen, um ihm zu sagen: »Sei so freundlich, nimm deinen Revolver und komm sofort!« und von ihm die Antwort zu hören: »Gut, ich komme.« Wer tut das? Wer tut das für wen?

Le Deuxième Souffle *(Coll. Rui Nogueira)*

Bis zum Alter von dreiunddreißig Jahren ist der Mensch davon überzeugt, für immer zwanzig zu sein. Dann betrachtet er sich eines Tages im Spiegel und stellt fest, daß die Jahre vergangen sind. Sich bewußt zu werden, daß man alt wird, ist niederschmetternd. Man begreift plötzlich, daß man allein ist. Das Alter ist die Krönung der Einsamkeit.

Die Mentalität eines Bulldozers

Ihre Figuren sind wesentlich »normaler« als die aus dem wirklichen »Milieu«.
Absolut. Die echten Gangster interessieren mich nicht. Im wirklichen Leben ist die Unterwelt genauso korrupt wie die bürgerliche Welt. Warum sollte sie auch besser sein?

Sind Tricks für Sie ein Mittel der Selbstverteidigung oder eine bestimmte Form von Intelligenz, die Sie besonders bewundern?
In meinen Filmen oder im Leben? Im Kino sind alle Mittel erlaubt, um die Zuschauer zu interessieren. Soweit List als Motor dient, um interessante Situationen und Bilder auszudrücken, bin ich dafür. Dagegen mag ich das im wirklichen Leben überhaupt nicht. Ich sage nicht, daß ich kategorisch alle schlechten Seiten des Menschen verdamme, schließlich bin auch ich ein Mensch wie alle anderen, nicht besser, nicht schlechter. Ich akzeptiere die Beschaffenheit des Menschen mit allem, was dazugehört. Folglich habe auch ich sicher schon mit Tricks gearbeitet, auch wenn ich Ihnen nicht sagen könnte, wann. Aber ich werde Ihnen einen Satz zitieren, den ich vor einem Jahr von Pierre Braunberger gehört habe, der die Welt des Films kennt wie kaum ein anderer: »Im Grunde«, sagte er zu mir, »bist du der einzige Fall von Erfolg durch Unnachgiebigkeit, den ich kenne. Du hast immer nein gesagt, du hast nie betrogen. Du hast dich benommen wie ein Rohling und trotzdem Erfolg gehabt!« Also darf ich gar nicht mit Tricks arbeiten, denn ein alter Profi wie Braunberger würde sie durchschauen. Ich besitze eher die Mentalität eines Bulldozers, und ich glaube an die gerade Linie als kürzeste Verbindung zwischen zwei Punkten!

In der Welt der Gangster, die Sie so gut zu zeichnen verstehen, geht es darum, zu töten oder getötet zu werden. Sehen Sie generell die Welt in diesem Licht?
Oje, da sind Sie schon wieder auf dem falschen Dampfer! Sie irren sich, wenn Sie das, was ich in meinen Filmen tue, mit dem in Einklang bringen wollen, was ich im Leben bin. Was ich im Leben bin, wissen Sie sehr wohl: ein Einsiedler zu fünft – mit meiner Frau und meinen drei Katzen –, der es sich zur unumstößlichen Regel gemacht hat, nicht mit seinen Zeitgenossen zu verkehren. Ich habe einen Freund, Jan de Hertog[5], den ich als Bruder betrachte, den ich aber niemals sehe: Er ist auf seiner

5 Jan de Hertog (geb. 1914), niederländischer Schriftsteller, Autor von Romanen wie *Jan Wandelaar*, *Stella*, *Das wilde Paradies* und *Thalassa*.

Insel, in Florida, und ich bin hier in Tilly. Ausgeschlossen, daß ich jemanden töte oder daß ich Gefahr laufe, getötet zu werden. Niemand will mich und ich will niemand umbringen. Ich wünsche nur eins im Leben: daß man mich in Ruhe läßt. Ich selbst tue nichts anderes, als die Leute in Ruhe zu lassen. Glauben Sie nicht, daß es eine Verbindung zwischen meinen Figuren und mir gibt, selbst wenn ich bisweilen Dinge erzähle, die mir am Herzen liegen. Ich erzähle Geschichten, die mich interessieren und die in verschlüsselter Form einen Abschnitt meines Lebens zurückrufen. Aber das sind nie persönliche Geschichten, niemals! Es stimmt, daß es in *L'Armée des ombres* eine Szene gibt, die sich auf mein Privatleben bezieht. Aber das ist die einzige, und sie dauert nur zwei Minuten.

Zwischen Ihren Kommissaren und Ihren Gangstern gibt es einen gegenseitigen Respekt, der sehr deutlich herüberkommt.
Der existiert wirklich, dieser gegenseitige Respekt. Im Radio hat Kommissar Letaillanter, Chef der Kriminalpolizei, von mir zu diesem Thema befragt, die Sache so formuliert: »Wenn ein intelligenter Krimineller ein Geständnis ablegt, frei redet und einem kein Theater vorspielt, kommt es zwischen ihm und dem zuständigen Kriminalbeamten oft zu einer Art Verbrüderung.«

Während des Vorspanns, der über die Flucht durch den Wald abläuft, gibt es eine sehr suggestive Tonüberblendung: Das Geräusch, das Gu und Bernard beim Laufen machen, wird, ohne daß es einem auffällt, abgelöst durch das Geräusch des fahrenden Zuges...
Da habe ich mit einem *overlap* gearbeitet. Die beiden Geräusche gehen im gleichen Rhythmus ineinander über. Die Geräuschspur ist oft die Musik meiner Filme.

Die Methode

Nach der Schießerei, bei der Jacques le Notaire stirbt, hält Blot im

Lino Ventura und Raymond Pellegrin in Le Deuxième Souffle *(Filmbild Fundus Robert Fischer)*

Restaurant seine überraschende Rede, die Sie in einer einzigen Einstellung aufnehmen. Wie haben Sie diese Szene gedreht?
Bei der Probe habe ich gemerkt, daß Paul Meurisse ziemliche Angst davor hatte, eine solche Szene an einem Stück zu drehen. Deshalb habe ich ihn in seine Garderobe geschickt und bin erst einmal selbst für ihn eingesprungen. Ich habe also diese Szene, die Blots ersten Auftritt im Film markiert, vorgespielt und habe dabei meinem Schwenker Jean Charvein die Stelle gezeigt, an der sich die Kamera jeweils befinden sollte, während ein Bühnenarbeiter auf dem Fußboden ebendiesen Weg der Kamera mit Kreide markierte. Erst nachdem die Szene bis ins letzte Detail definiert war, habe ich den Chefkameramann kommen lassen, um ihn das Licht setzen zu lassen. Zum Schluß, sobald alles bereit war, habe ich Paul Meurisse

rufen lassen und ihm gesagt, er solle einfach machen, was er wolle. »Wie bitte? Was ich will?« Seine Verblüffung war grenzenlos, denn er wußte ja, wie kompliziert die Szene war. »Ja, machen Sie vor allem das, was Ihnen logisch erscheint.« Und ich versichere Ihnen, daß er sich exakt so bewegte, wie ich es vor ihm getan hatte! Das war zwingend, denn nicht nur hatte ich alles genau vorbereitet, sondern ich kannte den Schauspieler einfach auch sehr gut.

Ihre Darsteller liefern Ihnen nicht nur ein sehr zurückgenommenes Spiel, sondern auch eine ganz besondere Diktion und Intonation...
Das hängt mit der Tatsache zusammen, daß ich meine Dialoge selber schreibe und sie für das gleiche Tempo konzipiere, mit dem auch ich spreche. Meine Schauspieler sollten also weder ein schnelleres noch ein langsameres Sprechtempo haben als ich.

Ich glaube sehr stark an die Führung der Schauspieler. Die Führung in zwei Etappen, die sehr gemein ist, bietet mir sichere Gewähr, egal welchen Schauspieler zum richtigen Spielen und Sprechen zu bringen.

Am Set drehe ich mit Direktton. Dann nehme ich jeden Schauspieler für sich und lasse ihn im Studio vor einer Schlaufe, die endlos sein Bild spielt, so lange sich selbst synchronisieren, bis er eine Art Ekel verspürt. Es ist schwer zu erreichen, daß ein Schauspieler sich nicht mehr ausstehen kann, aber wenn er sich dieselbe Grimasse zehn-, fünfzehn- oder zwanzigmal hintereinander schneiden sieht, leistet er nur noch wenig Widerstand, und ich kann ihn an die Hand nehmen. Dann lasse ich ihn endlich den Text so sprechen, wie ich ihn verstehe.

Glauben Sie an den Sinn von Schauspielschulen?
Eigentlich immer weniger. Man lernt nicht, richtig zu »sprechen«. Die Schauspielkurse, das Actors' Studio und andere Schulen, sind für mich nur eine Methode, jungen Leuten, die sich langweilen, das Geld aus der Tasche zu ziehen. Der Mensch muß spielen, das steht fest. Diese Kurse sind also nur in dem Maße

nützlich, als sich die jungen Leute ein paar Stunden am Tag die Illusion machen können, sie seien dabei zu spielen. Sonst sehe ich keinen Nutzen.

Zwei wahre Künstler

Haben Sie die Begegnung auf der Straße zwischen Alban und Blot mit versteckter Kamera gedreht?
Für diese Fahrt mit Zoom war die Kamera in einem kleinen Lieferwagen versteckt. Alban und Blot waren mit Sendemikros ausgerüstet, und niemand hat gemerkt, daß ich drehe. Sogar François Reichenbach nicht, der uns gerade in diesem Moment entgegenkam.

Im Roman gehen Gu und Manouche miteinander ins Bett. Im Film ist ihr Verhältnis zueinander unklar. Einmal wird von Manouche sogar so geredet, als sei sie Gus Schwester. Aber heißt »Schwester« in der Sprache des Milieus nicht »Geliebte«?
Die »Schwestern«, das sind im Milieu die Frauen. Wenn ich zugelassen habe, daß manche glauben können, Manouche sei Gus Schwester, dann wegen des Teils in mir, das an *Les Enfants terribles* hängt – oder eher noch an *Pierre, or The Ambiguities*[6] meines großen Namensvetters.

Ist Blot in Manouche verliebt?
Er ist nicht in Manouche verliebt, aber es sollte vorstellbar sein, daß es einmal eine Affäre zwischen ihnen gegeben hat. Aus diesem Grund habe ich sie sich duzen lassen, wenn sie allein im Büro sind. Sobald Godefroy (Jean-Claude Bercq) eintritt, gehen sie wieder auf Distanz und siezen sich.

Planung und Ausführung des Raubüberfalls sind absolut brillant dargestellt.
Im Roman wird der Raubüberfall nur in einigen wenigen Sätzen

[6] Roman von Herman Melville, dt. *Pierre oder Im Kampf mit der Sphinx*, in dem sich der Titelheld zunächst unwissentlich in seine Halbschwester verliebt. Léos Carax verfilmte Melvilles Roman 1999 unter dem Titel *Pola X*.

Le Deuxième Souffle *(Coll. Rui Nogueira)*

angekündigt, aber für mich war dieser ganze Teil von fundamentaler Bedeutung. Am Anfang der Sequenz gibt es leider einen Aktwechsel genau an der Stelle, wo es bei der Verfolgung des Geldtransports durch den Mercedes ein paar sehr wichtige Einstellungen gibt, die man nie sieht, weil die Vorführer aus lauter Angst, den Aktwechsel zu vermasseln, meistens zu früh überblenden. Aber im Grunde ist es meine Schuld, denn ich habe eine schlechte Stelle gewählt. Ich habe den gleichen Fehler gemacht wie John Ford in *The Long Voyage Home (Der lange Weg nach Cardiff),* wenn Thomas Mitchell Ward Bonds entschwindendem Leichnam nachblickt. Es gibt Effekte, die werden durch Aktwechsel kaputt gemacht.

Die Szenen mit den stürzenden Motorradfahrern waren sehr

Lino Ventura und Paul Frankeur in Le Deuxième Souffle *(Coll. Rui Nogueira)*

schwer zu drehen, denn in letzter Minute mußte ich auf die Stuntmen verzichten, die ich angefordert hatte. Ich hatte zwei gute Motorradfahrer, aber das waren keine Kaskadeure. Ich konnte ja schlecht ihr Leben aufs Spiel setzen, und so mußte ich bei der Szene mit Tricks arbeiten. Das Ergebnis kann sich trotzdem sehen lassen. Die Szene, in der der Panzerwagen in den Abgrund stürzt, habe ich mit vier Kameras gedreht, denn es kam nicht in Frage, die Einstellung mehrmals zu drehen. Zwei Kameras standen auf einem kleinen Felsvorsprung – in der Hoffnung, daß der Transporter sich überschlagen würde, was er dann auch tat –, eine weitere war auf einem Boot auf dem Meer.

Nach dem Überfall hegt Antoine eine grenzenlose Bewunderung für Gu...

Nachdem er Gu bei der Arbeit gesehen hat, steht er vollkommen in seinem Bann, und er wäre bereit, ihm überallhin zu folgen. Diese Szene feiert ein von zwei wahren Künstlern ausgeführtes Meisterwerk. Sie taten, was sie tun mußten. Aber Antoine, ein Berufskiller, ist nicht intelligent. Als man ihm sagt, Gu sei ein Verräter, glaubt er das. Antoine, das ist die *beat generation*. Ein bißchen wie ein Nouvelle-Vague-Gangster, auch wenn es seine Sorte schon zu allen Zeiten gegeben hat. Ich habe ihn dazu noch mit einem Charakteristikum ausgestattet: Er sagt von sich, er sei Zigeuner, und bekreuzigt sich, bevor er den Motorradfahrer tötet.

Aber obwohl Gu und Antoine Profis sind, gehen sie unnötige Risiken ein...
Ja, Antoine aus Stolz: Um seine Geschicklichkeit zu beweisen, entfernt er das Zielfernrohr von seinem Gewehr. Gu aus Trotz: Er benutzt denselben Revolver, mit dem er schon vorher getötet hat. Gu ist sich jedoch bewußt, daß er bereits verloren hat. Aber durch seine Geste opfert er überflüssigerweise Paul, Antoine und Pascal.

Antoine hat ein schönes Gewehr, oder nicht? Schauen Sie sich dieses hier an, das habe ich mir gerade gekauft: Das ist das schönste Gewehr der Welt. Ich bin kein guter Schütze, aber ich versichere Ihnen, mit einer solchen Waffe könnte ich Kennedy aus der gleichen Distanz töten, von der aus Oswald geschossen hat.

Ein aufgeschobener Tod

Gu verrät die Namen seiner Kameraden, weil er meint, er sei unter Gangstern. Als ihm klar wird, daß er auf einen Trick der Polizei hereingefallen ist, weiß er, daß alles verloren ist und daß er seine Ehre ab jetzt nur noch im Tod finden kann.
Als Manouche zu Beginn des Films von Gus Flucht aus dem Gefängnis erfährt, sagt sie: »Vor zehn Jahren wollte ich ihm helfen. Ich hatte sogar Angst, er bringt sich um!« Gu war also schon

Raymond Pellegrin in Le Deuxième Souffle *(Filmbild Fundus Robert Fischer)*

verloren, bevor der Film beginnt. Im Grunde hat er nur zehn Jahre Aufschub erhalten.

Im Roman ist es Blot, der sich als Gangster ausgibt, um Gu zum Reden zu bringen. Ich habe die Figur genommen, die von Jean Negroni gespielt wird, denn er ähnelt ein bißchen diesem italoamerikanischen Gangstertypus, Marke George Raft. Ich habe ihn im Stil der Neapolitaner schminken und pudern lassen, damit er wie ein Gangster aus einer vergangenen Epoche wirkt, denn vor dem Krieg hatten bestimmte Gauner die Angewohnheit, sich zu schminken, was aber nicht etwa hieß, daß sie homosexuell waren.

Wenn Negroni Lino Ventura nach den Namen seiner Komplizen fragt, lag mir daran, daß Ventura seine Antwort in zwei Etappen gibt – daß er erst den Kopf schüttelt und dann erst sagt:

»Nein!« Ich fand, daß die Geste, gefolgt von diesem einfachen Wort, der Szene größere Kraft verleihen würde. Ventura teilte meine Auffassung nicht (er fand, so würde im wirklichen Leben niemand reagieren) und wollte das »Nein« unbedingt mit dem Kopfschütteln unterstreichen. Ich habe ihn gezwungen, meine Anweisungen zu befolgen, indem ich ihm sagte, daß die Menschen in meinen Filmen nicht wie im wirklichen Leben reagieren. Wenn Sie an der Stelle, wenn der Zoom Venturas Gesicht nah heranholt, genau hinsehen, wird Ihnen auffallen, wie seine Halsschlagader pulsiert – so wütend war er. Aber noch am selben Abend rief er mich an, um mir zu sagen, daß ich recht hatte. Vor dem Anruf hatte er die Szene sicher noch vor dem Spiegel ein paarmal durchgespielt.

Wegen der Folterszenen hatten Sie Schwierigkeiten mit der Zensurbehörde...
Als ich den Film in der vollständigen Fassung vorführte, konnten die Leute einfach nicht auf die Leinwand schauen. Die Szene, in der ein Polizist Paul Ricci einen Trichter in den Mund steckt und aus einer Korbflasche Wasser hineingießt, war wirklich unerträglich. Auch wenn der Schnitt an dieser Stelle dem Film keinen großen Schaden zufügt, weil der Rest der Sequenz der Phantasie des Zuschauers jede Freiheit läßt, finde ich es doch schade, daß ich hier geschnitten habe. Allerdings möchte ich betonen, daß die Zensur mir keinerlei Auflagen gemacht hat. Der Vorsitzende der Kommission hat mir nur gesagt, er rate mir davon ab, diese Szene drin zu lassen, denn sie könne mir Probleme verursachen.

Wenn Gu sich seinen Schnurrbart abrasiert und wenn Blot Gus Notizbuch mit Fardianos Geständnis fallen läßt, begehen sie beide Selbstmord.
Absolut, sie geben alles auf. Gu will sich nicht länger verstecken. Blot scheidet freiwillig aus dem Polizeidienst aus, vielleicht aus Respekt vor Gu. Im übrigen vollführen Gu und Blot sehr oft die gleichen Gesten.

Lino Ventura in Le Deuxième Souffle *(Filmbild Fundus Robert Fischer)*

Sie sind beispielsweise die einzigen, die sich eine Zigarette in den Mund stecken, ohne sie anzuzünden.
Im Grunde ist es dieselbe Zigarette.

Weshalb haben Sie Stiche von Napoleon an die Wände von Paul Riccis Büro gehängt?
Weil Raymond Pellegrin, der Paul Ricci spielt, in dem Film von Sacha Guitry[7] Napoleon verkörpert hatte. Ich hatte eine ganze Photoserie von Pellegrin im Napoleonkostüm gemacht, weil ich vorgehabt hatte, mit ihm als Bonaparte *La Mort du duc d'Enghien*[8] zu verfilmen. Dann kam Sacha mit seinem Projekt, und dank meiner Photos erhielt Pellegrin die Rolle ...

[7] *Napoléon (Napoleon*, 1955).

[8] Drama von Léon Hennique.

LE SAMOURAÏ (DER EISKALTE ENGEL, 1967)

Portrait eines Schizophrenen

Was war für Sie der Ausgangspunkt beim Schreiben des Drehbuchs zu Le Samouraï?
Die Idee für ein Alibi.

Ein Mann begeht in Anwesenheit von Augenzeugen ein Verbrechen, ohne sich darüber zu beunruhigen. Nun ist aber das einzige Alibi, auf das du im Leben zählen kannst, das der Frau, die dich liebt. Sie würde sich eher umbringen lassen, als deine Aussage zu bestreiten.

Ich fand es wunderbar, meine Geschichte mit einer haarkleinen, fast möchte ich sagen: medizinischen Beschreibung des Verhaltens eines Auftragskillers zu beginnen, der per Definition ein Schizophrener ist. Bevor ich mein Drehbuch schrieb, las ich über Schizophrenie und solitäres, schweigsames, introvertiertes Verhalten so viel, wie ich konnte. Erinnern Sie sich an Lacenaire? Delon in *Le Samouraï* ist ein bißchen wie Marcel Herrand in *Les Enfants du Paradis,* mit dem Unterschied, daß letzterer in seinem eigenen Interesse tötet.

Für einen Schizophrenen gehört Diebstahl unabdingbar zum Mord. Jeff Costello stiehlt das Auto, um damit seinen Akt erst richtig zu vollenden. Bei einem Verbrechen in zwei Etappen gibt es immer eine Ebene der Reflexion zwischen der ersten und der zweiten Phase. Jeff Costello ist weder ein Gauner noch ein Gangster. Er ist »rein« in dem Sinne, daß ein Schizophrener nicht weiß, daß er ein Krimineller ist, obwohl er durch seine Logik und seine Art zu denken zweifellos kriminell ist.

Ich habe bewußt davon Abstand genommen, ihn zu einem traumatisierten Fallschirmjäger mit Kampferfahrung in Indochina oder Algerien zu machen, der gelernt hat, im Auftrag der Regierung zu töten. Jean Cau[1] mochte *Le Samouraï* sehr. Er kannte mich vorher nicht, war aber so sehr davon überzeugt, daß ich

[1] Jean Cau (1925–1993), französischer Romanautor *(Das Erbarmen Gottes)* und Dramatiker *(Die Fallschirmjäger).*

in dem Film mich selbst beschreibe, daß er begann, mich einer Psychoanalyse zu unterziehen, obwohl er zugab, gar kein Analytiker zu sein. Er brachte alle meine unbewußten Absichten ans Tageslicht, und ich muß sagen, daß es ihm gelang, ein absolut treffendes Bild von mir zu zeichnen.

Le Samouraï ist die Analyse eines Schizophrenen durch einen Paranoiker, denn alle schöpferisch Tätigen sind Paranoiker.

Vor langer Zeit habe ich einen sehr schönen Roman von Graham Greene gelesen, *A Gun for Sale (Das Attentat)*, aus dem Frank Tuttle den Film *This Gun for Hire (Die Narbenhand)* mit Alan Ladd und Veronica Lake gemacht hat, aber die Studie eines Schizophrenen wies große Lücken auf. Auch *Pickpocket*, ein Film, den ich sehr bewundere, ist nicht ganz gelungen. Ob es an den Dialogen lag? Ich glaube es fast, denn sie klangen falsch.

Aber dieser Mangel an Naturalismus in den Dialogen ist bei Bresson völlig beabsichtigt ...
Ja, das stimmt, und genau in diesem Punkt bin ich kein Bressoniker, pardon: Bressonist. Bressons Figuren drücken sich nie auf eine Art und Weise aus, die mich überzeugt. Die gestische Attitüde dagegen und die Motivation der Figuren gefallen mir bei Bresson immer. *Pickpocket* ist ein wundervoller Film mit Fehlern.

Weshalb haben Sie sich nach dem Erfolg von Le Deuxième Souffle *auf ein so neuartiges und sogar riskantes Unternehmen wie* Le Samouraï *eingelassen?*
Als ich mit Delon Verbindung aufnahm, um ihm *Main pleine* von Lesou anzubieten – damals hatte Deville das Buch noch nicht verfilmt –, antwortete er mit einem völlig idiotischen Brief, getippt auf einer IBM President, in dem er mir mitteilte, daß er kein Interesse an meinem Vorschlag habe, da in unmittelbarer Zukunft eine Reihe wesentlich interessanterer Projekte in den USA auf ihn warteten.

Dann aber, nach dem Erfolg von *Le Deuxième Souffle,* war er es, der mich wissen ließ, wie glücklich er wäre, mit mir einen Film zu drehen. Also schickte ich ihm Lesous Roman, ohne ihn darüber zu informieren, daß er unter dem Titel *Lucky Jo* inzwischen verfilmt worden war, und sagte: »Lassen Sie uns das machen, was Sie vor drei Jahren abgelehnt haben.«

Er las das Buch und war einverstanden. Aber da es unmöglich war, sich die Filmrechte noch einmal zu sichern, schlug ich Delon die Rolle des Gerbier in *L'Armée des ombres* vor, die er jedoch ablehnte, und er wollte wissen, ob mir nicht noch ein anderes Drehbuch am Herzen läge.

1963 hatte ich, bevor ich wußte, daß er sich einer internationalen Karriere widmen wollte, eigens für ihn ein Originaldrehbuch geschrieben. Davon erzählte ich ihm, und sofort drängte er mich, es ihm vorzulesen, und lud mich zu diesem Zweck in seine Wohnung ein.

Mit den Ellbogen auf den Knien und das Gesicht in den Händen hörte Alain mir regungslos zu, bis er plötzlich den Kopf hob, einen Blick auf seine Armbanduhr warf und mich unterbrach: »Sie lesen jetzt seit siebeneinhalb Minuten aus Ihrem Drehbuch, und es gibt noch immer nicht die Spur eines Dialogs. Das genügt mir. Ich will diesen Film machen. Wie lautet der Titel?« Ich antwortete: »*Le Samouraï.*« Ohne ein Wort zu sagen, bedeutete er mir, ihm zu folgen. Er führte mich in sein Schlafzimmer: Es enthielt nichts anderes als ein Lederbett sowie die Lanze, das Schwert und den Dolch eines Samurai!

Eloge auf den Wahnsinn

Sie eröffnen Ihren Film mit einem Zitat aus dem Bushido, *dem Buch der Samurai:* »*Es gibt keine größere Einsamkeit als die des Samurai, es sei denn, die eines Tigers im Dschungel.*« *Das könnte sich auch auf Ihre Situation als unabhängiger Filmemacher abseits der französischen Filmindustrie beziehen lassen ...*

Alain Delon in Le Samouraï *(Filmbild Fundus Robert Fischer)*

Absolut!
Wissen Sie, daß der Film auch in Japan mit diesem Zitat beginnt, von dem ich behaupte, es stamme aus dem *Bushido?* Keiner hat gemerkt, daß ich mir den Satz selbst ausgedacht habe!
In Japan hat der Film seinen Titel behalten, wohingegen man ihn in Italien als *Frank Costello, faccia d'angelo* herausbrachte – weil es der Name eines amerikanischen Gangsters ist. Diese Hunde!

In Le Samouraï *gehen Sie ganz anders mit der Farbe um als in* L'Aîné des Ferchaux.
Während die Farben in *L'Aîné des Ferchaux* sehr warm sind, wollte ich für *Le Samouraï* sehr kalte Farben. Um dieses Ergebnis zu

erzielen, habe ich vorher ein paar aufschlußreiche Tests durchgeführt. Diese Experimente haben sich im übrigen bei *L'Armée des ombres* fortgesetzt und werden in *Le Cercle rouge* noch extremer werden. Mein Traum wäre es, einen Farbfilm in Schwarzweiß zu drehen, in dem nur eine kleine Nuance uns wissen ließe, daß es sich um einen Farbfilm handelt. Ich glaube, wir haben einen kleinen Schritt vorwärts in eine Ausdrucksform getan, die nun gefährlich wird – den Farbfilm. Man kann fast nicht mehr in Schwarzweiß arbeiten. Kein Produzent riskiert es, in einem solchen Unternehmen 300.000 oder 400.000 Dollar zu verlieren, denn das Fernsehen ist nur an Farbfilmen interessiert. Das Fernsehen hat ein ganzes Produktionssystem umgekrempelt.

Bereits die erste Einstellung von Delon, wie er unter den Vorspanntiteln auf seinem Bett liegt, vermittelt uns einen Eindruck von der Einsamkeit des »Samurai«.
Meine Absicht war, die geistige Verwirrung eines Mannes zu zeigen, der zweifellos eine Tendenz zur Schizophrenie entwickelt hatte. Anstatt nun auf die fast schon klassische Methode der Kamerafahrt zurück, kombiniert mit einem Zoom vorwärts, zurückzugreifen, habe ich zwar die gleichen Bewegungen verwendet, aber mit Stops. Indem ich also die Fahrt angehalten, den Zoom fortgesetzt, dann die Fahrt wieder aufgenommen habe etc., wollte ich das Gefühl einer elastischen statt einer klassischen Dehnung erzeugen, um dadurch jenes Gefühl der Verwirrung besser auszudrücken. Alles bewegt sich, und gleichzeitig bleibt doch alles an seinem Platz ...

Wenn Delon sich dann erhebt, glauben Sie, daß es in jenem Moment der Tod ist, der sich in Bewegung setzt?
Natürlich, denn der Mensch trägt seinen eigenen Tod in sich, aber in meinem Film ist Cathy Rosier, in die Delon sich verlieben wird, die eigentliche Verkörperung des Todes.

Um in Jeffs Zimmer einzudringen und dort das Abhörgerät zu installieren, benutzt die Polizei die gleiche Methode, die er anwendet, wenn er Autos knackt: ein Schlüsselsortiment, zusammengehalten durch einen Metalldraht.
Ich wollte in einem dramatischen Film jenes von Chaplin geschätzte Prinzip anwenden, das darin besteht, dreimal dasselbe zu zeigen, damit das Publikum darauf reagiert. Wenn man den Schlüsselbund zum dritten Mal sieht, in der Szene also, wenn Jeff hinter dem Châtelet sein zweites Auto stiehlt, reagieren die Leute im Saal.

Als Delon das erste Auto knackt, fühlt man sich seltsam berührt. Wenn wir durch die nasse Windschutzscheibe seinen verlorenen Blick sehen, sind wir augenblicklich auf seiner Seite.
Ich denke, daß er uns schon früher nahekommt, von dem Moment an, als er mit den Geldscheinen am Vogelkäfig entlang streicht. Aber es stimmt, ab der Einstellung, die Sie beschreiben, dringen wir vollständig in die Figur ein.

Weshalb reagiert Jeff, als er dem Blick des Mädchens in dem Auto neben sich begegnet, nicht einmal mit einem Lächeln? Und warum wendet er sich so brüsk ab?
Die beiden Blicke, die sich kreuzen, helfen zu verdeutlichen, in welchem Maße Jeff schizophren ist. Ein normaler Mann wäre diesem Mädchen gefolgt oder hätte zumindest sein Lächeln erwidert. Jeff dagegen bleibt undurchdringlich, denn nichts kann ihn von der Mission, die er zu erfüllen hat, ablenken. Der rituelle Autodiebstahl ist der erste Akt seines Verbrechens.

Wieso sprechen Sie von einem »rituellen« Diebstahl?
Weil bei einem Schizophrenen jeder Akt ein Ritual ist. Und machen wir uns nichts vor: Jedes Ritual ist schizophren. Ich spreche von der bekannten Theorie, der zufolge alle Tiere verrückt sind. Nehmen Sie meine drei Katzen: Ihren Bewegungen, ihrem Tun liegt immer ein Ritual zugrunde. Da der Mensch vom Tier

Alain Delon und Cathy Rosier in Le Samouraï *(Filmbild Fundus Robert Fischer)*

abstammt, weshalb sollte er nicht verrückt sein? Das Ritual ist ein animalischer Habitus, also ein menschlicher, vor allem in Verbindung mit Religion. Das Ritual ist Teil der Verrücktheit des Menschen, wie im übrigen auch der Glaube.

Der letzte Star

Um die Nummernschilder der gestohlenen Autos auszutauschen, fährt Jeff Costello ziemlich schnell durch das sehr enge Tor einer Garage in einer engen Vorstadtstraße. Wie haben Sie diese Szenen gedreht?
Weil Tor und Straße so schmal waren, sagte ich zu Delon, er brauche nur so zu tun, als fahre er mit dem Auto hinein, ich würde das mit einer Trickaufnahme ausbügeln. Ein paar Augenblicke

später kommt Delon am Steuer des ersten Wagens in vollem Tempo angesaust, reißt das Lenkrad herum und fährt im ersten Anlauf durch das Tor. Mit dem zweiten gestohlenen Auto wiederholt er die Operation mit der gleichen Lässigkeit, mit allenfalls einem Zentimeter Spielraum auf jeder Seite zwischen dem Auto und den beiden Torpfosten. Da kam der Teufelskerl durch, der in jedem Star steckt. Die Profis der feinsten Sorte haben es nicht nötig, daß man ihnen erklärt, wie man beispielsweise ein Glas hält oder eine Zigarette raucht; sie besitzen die Sicherheit und den nicht wegzudiskutierenden Instinkt fürs gestische Verhalten.

Ich liebe die amerikanische Definition von »Star«: ein ganz normaler Mensch mit »*something extra*«. Dieses »*something extra*« ist undefinierbar: Es liegt in der Kraft des direkten Eindrucks, den man aufs Publikum macht. Der Beruf des Schauspielers ist nicht erlernbar, man ist begabt oder man ist es nicht. Lino Ventura zum Beispiel hat nie gelernt, wie man einen Text spricht, aber er spricht ihn besser als jeder andere.

Ist Delon für Sie das typische Beispiel eines Stars?
Er ist der letzte Star, den ich kenne. Für Frankreich versteht sich das von selbst, aber ich beziehe mich auf die ganze Welt. Er ist ein Hollywoodstar der dreißiger Jahre. Er hat sich sogar einer Verpflichtung unterworfen, die zu den Stars der dreißiger Jahre gehörte, nämlich jener, einen Skandal auszuhalten: »Hollywood Babylon«!

In der Rolle des Automechanikers begegnen wir André Garret wieder, der in Bob le Flambeur *den Safeknacker Roger gespielt hat.*
Ja, das war ein alter Freund. Obwohl er schon sehr krank war, hat er sich einverstanden erklärt, mir zuliebe diese kleine Rolle in *Le Samouraï* zu spielen. Als der Film fertig war, hatte er gerade noch Zeit, sich zu synchronisieren; kurze Zeit später starb er im Krankenhaus. Wenn er sagt: »Ich warne dich, Jeff, das ist das letzte Mal«, da weiß er schon, daß er nicht mehr lange lebt. Delon, der

Nathalie und Alain Delon in Le Samouraï *(Filmbild Fundus Robert Fischer)*

an jenem Tag von seinem Tod erfuhr, als er im Synchronstudio auf diesen Satz zu reagieren hatte, läßt sein »Schon gut!« wie ein Adieu klingen. Und es war ein Abschied!

Die Beziehung zwischen Jeff Costello und Jeanne Lagrange ist recht obskur, ähnlich wie die zwischen Gu und Manouche. Weshalb haben Sie diese Rolle ausgerechnet mit Nathalie Delon besetzt, die damals mit Alain Delon verheiratet war?
Nathalie und Alain könnten Geschwister sein *(Pierre, or The Ambiguities)*. Aus einer Art Instinkt heraus habe ich Nathalie diese Rolle gegeben, denn ursprünglich sollte sie die Pianistin spielen. Ich sagte mir, auf eine Frau ihres Temperaments müßte sich ein Mann verlassen können, und wenn sie jemals als Alains Entla-

Jean-Pierre Melville und Nathalie Delon bei den Dreharbeiten zu Le Samouraï *(Filmbild Fundus Robert Fischer)*

stungszeugin aufzutreten hätte, würde sie das auf sehr überzeugende Weise tun. Die Zukunft hat gezeigt, daß ich mich nicht getäuscht habe. Ich mag Nathalie sehr: Sie ist eine wunderbare Frau, eine Frau von völliger Offenheit und außergewöhnlicher moralischer Kraft. Sie ist unangreifbar, ein Felsen. Alles prallt von ihr ab, ohne ihr zu schaden.

Wenn Delon in Le Samouraï *bei ihrer letzten Begegnung ihr Haar küßt, schließt er die Augen. Hatten Sie Alain darum gebeten, die Szene so zu spielen?*
Ja. Und jedesmal, wenn ich die Szene heute wiedersehe, habe ich den Eindruck, daß sie sich für immer verabschieden. In der Tat haben sie sich am selben Abend endgültig getrennt.

An einer bestimmten Stelle in Le Samouraï *sagt Jeff den Satz: »Ich verliere niemals – niemals wirklich.«*
Dieser Satz zeigt die Klarheit, mit der die Figur ihr Schicksal sieht. Jeff weiß, daß er gewinnen wird, solange er lebt. Allein der Tod kann ihn zum Verlierer machen, aber das ist ein unweigerlicher Schritt, und Jeff verliebt sich in seinen Tod. Cathy Rosier, der in weiß gekleidete schwarze Tod, besitzt den Charme, ihn einzufangen, zu erobern.

Jeff begegnet Cathy Rosier zum ersten Mal, als er seinen ersten Auftrag ausführt: den Mord an Martey. Als sich ihre Blicke begegnen, bleibt sie ganz ruhig.
Jeff besitzt in diesem Moment die hypnotische Macht, die Schlangen eigen ist. Die Schlangen bannen ihr Opfer mit ihrem Blick. Jeff ist sich seiner Anziehungskraft sicher, er hält Cathy Rosier mit seinem Blick davon ab zu schreien. Er hat Gewalt über den Tod, weil er noch nicht von ihr/ihm beherrscht wird.

Während Gu zweimal dieselbe Waffe benutzt, wirft Jeff seinen Revolver nach dem Mord an Martey in die Seine.
Aufgepaßt, Gu ist kein Profikiller! Unter den gegebenen Umständen ist er gezwungen zu töten, aber er ist kein Killer. Er ist ein Gangster, der weiß, daß er verspielt hat. Jeff ist ein »*pro*«, wie die Amerikaner sagen.

Ein Prinz, der nie lacht

Bei der Razzia in dem Hotelzimmer, in dem Karten gespielt wird, kann man den Satz hören: »Ich lebe von meiner Invalidenrente, ich bin hundert Prozent kriegsbeschädigt ...«
Ja, ich lasse diesen Satz einen Ausländer sagen, einen Mann mit sehr starkem Akzent. Das muß zu den Dingen gehören, die tief in meinem Gedächtnis vergraben sind. Bei Razzien in den Hotels rund um Barbès hören die Kartenspieler solche Sätze öfter. Mei-

stens kommen sie von den Marcantonis – Typen mit unglaublichen Dienstjahren auf dem Buckel. Ich kannte einen Gestapo-Killer, der die Médaille du Combatant am Knopfloch trug!

Die Polizei ruft bei Jeanne Lagrange an, um Jeffs Aussage zu überprüfen. Das Rufzeichen geht über in die Musik ...
Mit einem Viertelton Unterschied! Im Tonstudio hatte ich am Mischpult ein Läuten und ein amerikanisches Rufzeichen. Dann habe ich das Rufzeichen entweder langsamer oder schneller laufen lassen, um den Viertelton Unterschied zu erreichen. Und ausgehend davon hat François de Roubaix, dem ich keine präzisen Anweisungen gegeben hatte, völlig frei in die Musik geblendet, mit dem bekannten Ergebnis. Ich bin sehr zufrieden mit seiner Arbeit. Wenn man bedenkt, daß François de Roubaix nie Musik studiert hat und Autodidakt ist!

Es ist ein schwieriges Problem, daß wir in Frankreich keine richtigen Filmkomponisten haben. Wir haben gute Komponisten, die ab und zu fürs Kino arbeiten, das ist alles.

Was die Drehbuchautoren angeht – sie üben einen Nebenberuf aus, wenn sie für den Film schreiben. Es sind immer Romanautoren, Journalisten, die sich über kurz oder lang für die Regie entscheiden.

Monsieur Wiener, die Figur, die von Michel Boisrond gespielt wird, erklärt, er besitze nicht die geringste Beobachtungsgabe. Dennoch kann er Jeff ohne Schwierigkeiten identifizieren ...
Wiener ist der Herr für die Miete. Er weiß seit langem, daß seine Geliebte einen Freund hat, und kennt dessen Namen und Aussehen ganz genau. Trotz ihrer Rivalität gibt es einen *modus vivendi* zwischen den Herren für die Miete und den Herren fürs Herz. Jeff, der die Psychologie der Männer vom Schlage Wieners genau kennt, sichert sein Alibi doppelt ab und zählt auf Wieners Vergnügen, ihm eins auszuwischen. Wiener glaubt, ihn zu belasten, entlastet ihn aber.

Während in Le Deuxième Souffle *Blot zu Joe Ricci sagt:* »*Ich denke immer; ich werde sogar dafür bezahlt*«*, antwortet der Kommissar in* Le Samouraï *seinem Assistenten:* »*Ich denke niemals.*«

Périers Figur ist viel raffinierter und intelligenter als die von Meurisse. Périer ist ein Kommissar mit einem großen »S«: Er ist »das Schicksal«.

Nach außen ein Durchschnittsfranzose, verfügt er über einen kartesianischen Geist und eine nahezu hellseherische Intuition. Er akzeptiert Jeff Costellos wasserdichtes Alibi einfach nicht. Er läßt ihn laufen, beschattet ihn aber.

Ich gehe davon aus, daß der Kriminalist, der behauptet, er denke nie, der ist, der am meisten denkt. Ein Polizist ist ein Mensch, also ein Lügner.

Gibt es nicht auch eine an Talleyrand erinnernde Seite bei dem Kommissar aus Le Samouraï*?*

Doch, doch, da liegen Sie absolut richtig. Er gehört zur selben Sorte eiskalter, distanzierter Männer. Ich mag Talleyrand sehr. Der von Périer gespielte Kommissar ist eine sehr subtile, sehr abgebrühte Figur.

Einmal sagt einer seiner Assistenten zu ihm: »*Man könnte meinen, daß bei den Spitzeln ein Generalstreik ausgebrochen ist.*« *Der Kommissar kreuzt schnell die Finger und sagt:* »*Malen Sie den Teufel nicht an die Wand!*« *Sind Polizisten besonders abergläubisch?*

Nein. Die Polizei ist ohne Spitzel aufgeschmissen, ohne Spitzel gibt es keine Polizei.

Die Polizei klopft bei Jeanne Lagrange an die Tür. Sie fragt: »*Bist du das, Jeff?*« *–* »*Ja*«*, antwortet eine Stimme, die sich genauso anhört wie die von Jeff Costello.*

Natürlich, denn zu diesem Zweck habe ich hier Delons Stimme verwendet. Das gehört zur notwendigen Unehrlichkeit eines Künstlers: Die schöpferische Kunst basiert auf der Lüge. Aller-

Alain Delon Le Samouraï *(Filmbild Fundus Robert Fischer)*

dings bin ich der Meinung, daß man sich ihr nur dann angemessen bedienen kann, wenn man im wirklichen Leben kein Lügner ist.

Sie würden also Jean-Marie Straub zustimmen, wenn er sagt, niemand könne behaupten, die Kunst der Kinematographie zu beherrschen, dessen Leben und Moral nicht über jeden Zweifel erhaben sind?
Absolut. Die künstlerische Arbeit, vor allem für den Film, fordert ein beispielhaftes Leben, zum Ausgleich für die Unordnung und Verrücktheit, die sie mit sich bringt. Ich bin kein Heiliger und kein Tugendheld, aber ich glaube, ein Übermaß an Unordnung im Privatleben hebt jede Möglichkeit zur schöpferischen Arbeit auf. Es gibt treffende Beispiele als Beleg für diese Theorie.

Ein verwundeter Wolf

Jeff und sein Vogel verstehen sich offenbar sehr gut ...
Jeff und der Vogel lieben sich. Sie liegen auf der gleichen Wellenlänge.

Da ich die ersten Einstellungen des Films ganz in Grau halten wollte, habe ich ein Dompfaff-Weibchen genommen, denn im Gegensatz zum Männchen hat es keine rote Brust und ist nur schwarz und weiß. Der Vogel ist zusammen mit meinem Studio verbrannt.

Als Olivier Rey und seine Leute über Jeff Costello diskutieren, sagt einer: »Er ist ein einsamer Wolf.« Ein anderer darauf: »Ein verwundeter Wolf.«
Der einsame Wolf ist das Tier, das sich am besten gegen die Gefahren der »Wildnis des Nordens«, um mit Jack London zu sprechen, verteidigen kann. Wenn aus dem einsamen Wolf ein verwundeter Wolf wird, gilt er als noch gefährlicher, aber er ist dem Tode geweiht. Ein Beispiel dafür ist Dix Hanley (Sterling Hayden) in *The Asphalt Jungle*.

Weshalb kehrt Jeff Costello, der doch sehr klar denkt, an den Ort des Verbrechens zurück?
Er weiß, daß er damit nichts riskiert, ebenso übrigens, wenn er das Päckchen mit dem schmutzigen Verband in den Rinnstein wirft. Er will der Pianistin durch seinen Schlangenblick nur mitteilen, daß er sie sehen möchte. Als der Barmann zu ihm sagt: »Wenn Sie der Mann wären, den die Polizei sucht, dann könnte man sagen, der Mörder kehrt an den Ort des Verbrechens zurück«, mißfällt ihm diese Bemerkung, und er geht hinaus, um draußen auf die Pianistin zu warten.

Wenn man Jeff das Lokal betreten sieht, ahnt das Publikum bereits, was Sie den Barmann sagen lassen werden ...

Alain Delon in Le Samouraï *(Filmbild Fundus Robert Fischer)*

Dessen war ich mir bewußt. Man soll diese Art von Reaktion immer unterminieren.

Ich werde Ihnen ein Beispiel nennen. Eines Abends sah ich mir mit meiner Frau ein wunderbares Stück von Jean Anouilh an: *Die Grotte*. Zwei Minuten nach Beginn der Vorstellung flüstere ich Florence leise zu: »Pirandello!« Genau in diesem Augenblick ruft der Schauspieler auf der Bühne: »Hat da jemand im Saal ›Pirandello‹ gesagt?«

So gut kennt Jean Anouilh das Theater. Er weiß ganz genau, daß das Publikum an dieser Stelle denkt: »Oje! Jetzt macht er auf Pirandello!«

Die Polizisten, die das Abhörgerät in Jeff Costellos Zimmer verstecken, verhalten sich wie richtige Verbrecher ...

Das sind die Routiniers, die die schmutzige Arbeit machen müssen. Nie würde die Polizei zugeben, daß es Spezialabteilungen für diese Art Arbeit gibt. Ich zeige diese Männer wie Beamte, die mit der Selbstsicherheit derjenigen, die das Gesetz auf ihrer Seite wissen, ihre Pflicht tun. Außer durch ihre Selbstsicherheit deute ich nur durch ein kleines Detail an, daß diese Typen von der Polizei sind: Wenn sie mit ihrem Auto wieder abfahren, lasse ich sie die Einbahnstraße in falscher Richtung benutzen. Die Szene ist aber schlecht ausgeleuchtet, und leider fällt niemandem das Einbahnstraßenschild auf.

Im Prinzip weiß niemand, wer Olivier Rey eigentlich ist...
Ursprünglich war er der Chef des französischen Geheimdienstes. Wegen einiger Spionagefilme habe ich mein Drehbuch dann verändert, und aus Olivier Rey wurde eine Art Funktionär einer anonymen Organisation. Letztendlich weiß ich selber nicht, wer Olivier Rey ist, ich will es auch nicht wissen, und ich will nicht, daß man es weiß. Er ist der »MacGuffin«, von dem Hitchcock Truffaut erzählt.

The show is over

Die Verfolgungssequenz in der Metro wirkt durch das Überwachungssystem der Polizei wie eine regelrechte Menschenjagd.
Kommissar Letaillanter, Chef der Pariser Kriminalpolizei, das heißt der Mann, der Périers Posten im wirklichen Leben innehat, sagte mir, nachdem er sich den Film angeschaut hatte: »Ziemlich raffiniert, Ihre Sache da. Wenn man uns die nötigen Mittel zur Verfügung stellen würde, solche Überwachungsgeräte anzuschaffen, wäre unsere Arbeit um ein Vielfaches leichter.«

Je weiter die Handlung fortschreitet, um so schwieriger wird die Beschattung. Der Rhythmus wird durch den Schnitt vorgegeben. Die Montage ist der Atem des Films.

2 Kenji Mizoguchi (1898–1956), japanischer Filmregisseur.

Mit Jeff Costellos Tod, einem der schönsten Harakiris des Kinos, endet dieses filmische Gedicht, das Sie dem Land Mizoguchis² gewidmet haben. Jeff bricht ohne ein Lächeln zusammen; ich kenne aber Standphotos, auf denen man ihn lächeln sieht.
Tatsächlich habe ich die Szene mit und ohne Lächeln gedreht. Ich habe mich für die zweite Version entschieden, obwohl in meinem Drehbuch die erste beschrieben war.

Weshalb zieht Jeff weiße Handschuhe an, bevor er tötet?
Die weißen Handschuhe haben bei mir Tradition: Alle meine Killer tragen sie. Es sind jene weißen Handschuhe, wie sie die Cutterinnen am Schneidetisch benutzen.

In der letzten Einstellung des Films verlassen alle den Nachtclub, und die Lichter gehen aus. »The show is over«, nicht wahr?
Ja, und deshalb lasse ich meinen Schlagzeuger auch »pam, pom, pim« schlagen. Wenn ein Schlagzeuger einen Abend beendet, nimmt er seine Stöcke und schlägt auf die Seitentrommel (pam), die Charleston-Trommel (pom) und das Becken (pim).

L'ARMÉE DES OMBRES
(ARMEE IM SCHATTEN, 1969)

Böse Erinnerungen, seid dennoch willkommen

Wann haben Sie das erste Mal Joseph Kessels Roman gelesen?
Ich habe *L'Armée des ombres* 1943 in London entdeckt, und seitdem hatte ich auch den Wunsch, ihn auf die Leinwand zu bringen. Als ich Kessel 1968 sagte, daß ich mir diesen alten Traum endlich erfüllen würde, mochte er kaum glauben, daß es möglich ist, eine Idee fünfundzwanzig Jahre lang mit solcher Hartnäckigkeit zu verfolgen.

Obwohl Sie dem Geist von Kessels Werk sehr treu geblieben sind, haben Sie doch einen sehr persönlichen Film gemacht.
In diesem Film habe ich zum ersten Mal Dinge gezeigt, die ich gesehen habe, die ich erlebt habe. Trotzdem ist meine Wahrheit natürlich subjektiv und entspricht sicher nicht der realen Wahrheit. Je älter wir werden, um so mehr erinnern wir uns an die Dinge, wie sie uns passen statt wie sie passiert sind.

Kessels Buch, 1943 noch unter den Eindrücken des Erlebten geschrieben, ist natürlich ganz anders als mein Film, der 1969 aus solcher Distanz entstand. Es gibt viele Dinge im Buch, die zwar außergewöhnlich schön sind, die man aber heute nicht mehr drehen kann. Aus einem wunderbaren Dokument über die Résistance habe ich eine nostalgische Pilgerfahrt gemacht, ein retrospektives Nachsinnen über eine Zeit, die meine Generation tief geprägt hat.

Am 20. Oktober 1942 war ich fünfundzwanzig Jahre alt. Ich war seit Ende Oktober 1937 Soldat. Ich hatte drei Jahre Militärzeit (davon ein Jahr im Krieg) hinter mir und zwei Jahre in der Résistance. Das prägt einen Menschen, das können Sie glauben.

Die Kriegszeit war abscheulich, schrecklich und – wunderbar.

[1] Georges Courteline (1858-1929), französischer Romanautor und Dramatiker. 1986 erschien sein erster Roman, *Les Gaîtés de l'escadron,* der sehr heiter den Ablauf eines Tages in einer Kavalleriekaserne schildert. Verfilmungen durch Maurice Tourneur (1932) und Paolo Moffa (1954, deutscher Titel: *Husarenstreiche*).

»Böse Erinnerungen, seid dennoch willkommen ... Ihr seid meine ferne Jugend – dieses Zitat von Georges Courteline[1], das am Anfang von L'Armée des ombres *steht, reflektiert also Ihre eigenen Gedanken?*
Exakt. Ich mag diesen Satz sehr, für mich enthält er eine himmelschreiende Wahrheit. Ich habe während der ersten Monate meines Militärdienstes sehr gelitten, und ich fragte mich, wie es möglich war, daß ein so intelligenter und sensibler Mensch wie Courteline *Les Gaîtés de l'escadron* schreiben konnte, obwohl doch auch er sehr unglücklich während seines Militärdienstes gewesen war. Und dann merkte ich eines Tages, als ich meine Vergangenheit durchleuchtete, welchen Charme die »bösen Erinnerungen« doch durchaus besitzen können. Je älter ich werde, um so wehmütiger denke ich an die Zeit zwischen 1940 und 1944 zurück, denn sie ist Teil meiner Jugend.

Ich glaube, L'Armée des ombres *ist für alle Widerstandskämpfer ein sehr wichtiges Buch.*
L'Armée des ombres ist *das* Buch über die Résistance: Es ist das schönste und vollständigste Dokument über diese tragische Epoche in der Menschheitsgeschichte.

Dennoch lag es nicht in meiner Absicht, einen Film über die Résistance zu machen. Ich habe also jeden Realismus vermieden, mit einer Ausnahme: die deutsche Besatzung. Jedesmal, wenn ich Deutsche sah, dachte ich mir: »Aber wo sind sie denn nun, die arischen germanischen Götter?« Das waren keine blonden, blauäugigen Hünen, wie es der Mythos will, sondern sie sahen eigentlich wie Franzosen aus. In meinem Film habe ich mich auch nicht an den Mythos gehalten.

Hatten Sie einen Berater für die deutschen Uniformen?
Das wurde alles von mir und meiner Kostümbildnerin Colette Baudot geregelt, die über dieses Thema sehr gut Bescheid wußte. Eines Tages, als wir gerade die Szene am Schießstand drehten,

wies mich der französische Hauptmann, der für den technischen Ablauf verantwortlich war, darauf hin, daß mit den SS-Uniformen etwas nicht stimmte. Ich ließ also meine Kostümbildnerin kommen, und der Hauptmann sagte ihr: »Madame, ich bin Elsässer, und während des Krieges wurde ich in die SS zwangsverpflichtet. Ich kann Ihnen also versichern, daß ein SS-Mann am linken Arm immer den Namen der Division trägt, zu der er gehört.« Colette Baudot erwiderte: »Nein, Monsieur, Sie gehörten sicher zu einer Einsatzdivision, wohingegen die SS, die man hier sieht, zur Stammtruppe gehört.« Und der Hauptmann mußte zugeben, daß sie recht hatte.

In Frankreich hat die Kritik Ihnen vorgeworfen, Sie hätten einen Gangsterfilm im Gewande der Résistance gemacht.
So ein Unsinn! Man hat mir sogar vorgeworfen, einen gaullistischen Film gemacht zu haben. Es ist absurd, daß die Leute immer versuchen, ein Werk, das zwar nicht abstrakt sein will, trotz allem aber ein wenig abstrakt ist, auf seinen kleinsten Nenner zu reduzieren. Himmel noch mal, ich hatte seit fünfundzwanzig Jahren Lust, diesen Film zu machen! Und ich habe allen Grund, mit dem Ergebnis zufrieden zu sein.

Die Baraka

Die Widerstandskämpfer selbst haben den Film sehr gemocht, oder?
Ja, ich habe wunderbare Briefe erhalten. Außerdem habe ich eine Sondervorführung für die zweiundzwanzig wichtigsten Résistance-Mitglieder Frankreichs organisiert, und dabei konnte ich beobachten, wie emotional berührt diese waren. Sie alle erkannten sich in Gerbier, Jardie oder Félix wieder.

Henri Frenay sagte zu mir: »Als Chef der Bewegung ›Combat‹ war ich im Dezember 1941 gezwungen, nach Paris zurückzukehren, obwohl ich nicht die geringste Lust verspürte, die Stadt unter der Besatzung zu sehen. Als ich in der Metrostation Étoile ausstieg und mich auf den Ausgang zu bewegte, hörte ich über mir das Geräusch von Schritten. Es war ein komisches Gefühl, wie ein Echo meiner eigenen Schritte. Ich kam auf den Champs-Élysées ans Tageslicht und sah die deutsche Armee vorbeimarschieren – erst stumm, und dann setzte plötzlich Marschmusik ein. Und genau diesen Anblick haben Sie in der ersten Einstellung Ihres Films rekonstruiert!«

Wissen Sie, daß ich das Geräusch von echten deutschen Marschtritten verwendet habe, um diese Szene zu vertonen? Dieses Geräusch ist unnachahmlich.

Daß ich den deutschen Aufmarsch auf den Champs-Élysées drehen wollte, war eine verrückte Idee. Noch heute kann ich kaum glauben, daß ich diese Einstellung wirklich gedreht habe. Das gelang vor mir niemandem, nicht einmal Vincente Minnelli für *The Four Horsemen of the Apocalypse (Die vier apokalyptischen Reiter, 1962)*, denn die Anwesenheit von Schauspielern in deutschen Uniformen auf den Champs-Élysées war seit dem Ersten Weltkrieg untersagt. Ein Deutscher wollte mir diese Einstellung abkaufen, denn in Deutschland besitzen sie so einen Aufmarsch nur in Schwarzweiß.

Für die Dreharbeiten zu dieser Einstellung, die vielleicht die teuerste des französischen Films ist – sie kostete fünfundzwanzig Millionen [alte Franc]! –, hat man mir zunächst die Avenue d'Iéna zur Verfügung gestellt, damit ich proben konnte. Nachts um drei, als der ganze Verkehr gesperrt und die Straße nur von Gaslaternen beleuchtet war, begannen die uniformierten Männer zu defilieren. Das war ein phantastisches Schauspiel. Wagnerisch. Unfilmbar. Ich schwöre Ihnen, ich war erschüttert. Dann hatte ich Angst. Ich habe mich gefragt, wie die Dinge um sechs Uhr morgens beim Drehen auf den Champs-Élysées laufen würden.

Wissen Sie, von allen Einstellungen, die ich in meinem Leben gedreht habe, bin ich auf zwei wirklich stolz. Auf diese und auf die Neun-Minuten-achtunddreißig-Sekunden-Einstellung in *Le Doulos*.

Lino Ventura in L'Armée des ombres *(Filmbild Fundus Robert Fischer)*

Es gibt nicht viele Produzenten in Frankreich, die akzeptiert hätten, für eine einzige Einstellung fünfundzwanzig Millionen auszugeben ...
Aber Robert Dorfmann[2] ist auch das letzte Exemplar einer aussterbenden Rasse! Es gibt in Frankreich keine Produzenten mehr. Früher gab es die Brüder Hakim, aber die sind tot, auch wenn sie es selbst noch nicht wissen ...

Wo haben Sie die Anfangsszenen gedreht, die in einem KZ spielen?
In den Ruinen eines ehemaligen Konzentrationslagers, das ich für unsere Zwecke teilweise wieder aufbauen ließ. Neben diesem Lager gab es ein anderes, ganz neues, schönes, sauberes, quasi bezugsfertiges. Man hatte es zwei Jahre zuvor errichtet. Alle Länder der Welt verfügen über solche Lager. Es ist unglaublich. Erschreckend.

2 Robert Dorfmann (1912–1999), französischer Filmproduzent, der in den sechziger und frühen siebziger Jahren im Rahmen eines Koproduktionsvertrags zwischen seiner Firma Les Films Corona und Columbia Pictures etliche

internationale Erfolge für sich verbuchen konnte, darunter Komödien mit Louis de Funès, Werke von Costa-Gavras, Luis Buñuel, Jacques Tati und Terence Young sowie die letzten drei Filme von Melville.

Der Lagerkommandant unterscheidet sich äußerlich sehr stark von dem, den Kessel in seinem Buch beschreibt ...
Ja, ich wollte nicht, daß er gleich auf Anhieb unsympathisch wirkt. Ich habe eine recht trockene Figur aus ihm gemacht, die das Pétain-Abzeichen – La Francisque – trägt, das die »Legion der französischen Freiwilligen« für die nationale Revolution auszeichnete. Das Abzeichen der faschistischen Partei also.

Anders als im Buch ahnen die Brüder Luc und Jean-François Jardie nichts von den Untergrundaktivitäten des anderen. Warum?
Ich wollte melodramatische Effekte vermeiden. Vermissen Sie die? Vielleicht haben Sie recht. Aber sehen Sie sich *L'Armée des ombres* einmal in einem großen Kino mit Publikum an. Wenn der große Chef im U-Boot die Leiter herabsteigt und man in ihm den Bruder von Jean-François erkennt, geht ein lautes »Aaaahhh!« durch den Saal. Das verhinderte Treffen der beiden Brüder ist um so bemerkenswerter, als das Schicksal ihre Karten unwiderruflich mischt: Jean-François wird unter falschem Namen von der Gestapo erschossen, ohne je zu erfahren, daß Saint-Luc der Chef der Résistance ist, und dieser wird nie wissen, was aus seinem Bruder wurde. Diese Umstände machen Jean-François' Tod noch tragischer.

Weshalb schickt Jean-François in Ihrem Film den anonymen Brief an die Gestapo, in dem er sich selbst denunziert?
Das gehört zu den Dingen, die ich nie erkläre oder zumindest nicht genug. Als Félix Jean-François in Marseille trifft, sagt er zu ihm: »Du hast also noch die Baraka ...« Wenn ein Mann die Baraka genießt, eine göttliche Gunst, die – nach Überzeugung der Araber – Glück bringt, fühlt er sich gefeit gegen jede Gefahr. Jean-François hat keine Angst, den Brief, der zu seiner Verhaftung führen wird, aufzugeben, denn er ist insgeheim davon überzeugt, genügend Baraka zu haben, um Félix retten und sich selbst aus der Affäre ziehen zu können. Doch er hat nur eine einzige Zyankalikapsel, und die gibt er Félix ...

Lino Ventura und Alain Mottet in L'Armée des ombres *(Coll. Rui Nogueira)*

Hindurch und weiter

Warum findet das Mahl, das Jean-François bei Saint-Luc einnimmt, in diesem Verschlag mit Fenstern statt, der mitten in der Bibliothek steht?
Während des Krieges gab es keine Kohle mehr, und Heizöl war in Paris noch unbekannt. Die Wohnungen waren also eiskalt, vor allem die in alten Gebäuden mit riesigen, hohen Zimmern. Also ließ man sich mitten im Wohnzimmer kleine Holzkabäuschen bauen, in denen gegessen, gelesen und geschützt gelebt wurde. Sie machen sich keine Vorstellung davon, wie das Leben in Frankreich zu jener Zeit war. Da man nichts gegen die Kälte vermochte, schliefen die Leute oft in ihrer gesamten Kleidung, Schuhe und Strümpfe eingeschlossen.

Was die Lebensmittel angeht, war es kaum besser. Nicht zu hungern wurde zur Obsession. Man dachte an nichts anderes. Ich erinnere mich noch an die unbeschreibliche Freude, die ich an dem Tag empfand, als ich mir ein Butterbrot mit Schmalz und Knoblauch schmieren konnte! Um sich morgens in Schwung zu bringen, trank man eine Art Saft aus dem Extrakt zerstampfter und gerösteter Erbsen. Wenn ich diese Themen nicht behandelt habe, dann deshalb, weil ich keinen pittoresken Film über den Krieg machen wollte.

Je weiter die Handlung fortschreitet, um so mehr vermischen sich meine eigenen Erinnerungen mit denen Kessels, denn unsere Kriegserfahrungen waren die gleichen.

Im Buch wie im Film steht Gerbier für sieben oder acht verschiedene reale Personen. Der Gerbier des Konzentrationslagers ist mein Freund Jean-Pierre Bloch, ehemaliger Minister in de Gaulles Kabinett. Der, der aus dem Gestapo-Sitz im Pariser Hotel Majestic entkommt, ist der gaullistische Abgeordnete Rivière. Von dieser Flucht hat mir Rivière übrigens persönlich in London erzählt.

Und wenn Gerbier und Jardie über den Leicester Square gehen und man im Hintergrund das Ritz-Kino sieht, wo gerade *Gone With the Wind* läuft, mußte ich daran denken, was Pierre Brossolette mir unter denselben Umständen sagte: »Für die Franzosen wird der Krieg zu Ende sein, wenn sie diesen Film sehen und wieder *Le Canard enchaîné* lesen können.«

Warum haben Sie alle Details entfernt, die erklären, weshalb der junge Dounat zum Verräter werden konnte?
Seine Motive zu erklären hätte jede Vorstellung von dem, was ein Verrat bedeutet, abgeschwächt. Dounat war zu zerbrechlich, zu schwach. Er erinnert mich ein wenig an den jungen Liaison-Offizier – er war nicht älter als fünfzehn! –, den wir in Castres für die Bewegung »Combat« hatten: Ich wurde eines Tages von Fontaine, dem politischen Kommissar der Vichy-Regierung, ge-

Jean-Pierre Cassell in L'Armée des ombres *(Filmbild Fundus Robert Fischer)*

warnt, daß die Gestapo eine Razzia vorbereite, und so schickte ich den Liaison-Offizier los, um die Widerstandskämpfer in Castres zu benachrichtigen. Obwohl er mir versichert hatte, keine kompromittierenden Dokumente am Leib zu tragen, folgte ich einer Art Instinkt, tastete ihn ab und fand ein Adreßbüchlein. Kurz darauf wurde er von den Deutschen verhaftet.

Kommissar Fontaine war trotz seiner Funktion ein wahrer Widerstandskämpfer. Später wurde auch er festgenommen. Er wurde deportiert und ist nie zurückgekommen.

Was haben Sie während des Krieges gemacht, bevor Sie nach London gegangen sind?
Ich war Unteragent des BCRA[3] und gleichzeitig militantes Mit-

3 BCRA: Bureau Central de Renseignements et d'Actions. Die Aufgabe dieses Büros bestand im Sammeln und Weiterleiten aus London kommender Informationen sowie im Vorbereiten der Artikel und Dokumente, die in den Presseorganen des nicht besetzten Frankreichs und der

Lino Ventura und Christian Barbier in L'Armée des ombres *(Filmbild Fundus Robert Fischer)*

Alliierten veröffentlicht werden sollten.	glied bei »Combat« und »Libération«. Danach bin ich nach London gegangen. Später, genau gesagt am 11. März 1944, habe ich vor Cassino den Garigliano überquert. Mit der ersten Welle. In San Appolinare hat uns ein Kameramann vom U.S. Army Cinematograph Service gefilmt, und ich weiß noch, wie ich Faxen gemacht habe, sobald ich sah, daß wir gefilmt wurden. Auf der anderen Seite des Dorfes standen noch die Deutschen, und Radio Neapel spielte Harry James' *Trumpet Rhapsody*.

Ich war auch unter den ersten Franzosen in Uniform, die in Lyon einmarschierten. Erinnern Sie sich an den Ort, wo die Szene zwischen Gerbier und Mathilde spielt, beim Taubenschlag? Genau da, auf diesem kleinen Plateau in Fourvière, der zum Bischofspalais gehört, bin ich mit Leutnant Gérard Faul in einem

Jeep angekommen. Unter uns lag die Stadt Lyon, die noch voller Deutscher war. Wir haben einen Beobachtungsposten auf dem kleinen Eiffelturm von Fourvière installiert und sind noch am selben Abend wieder zurückgefahren. Wenn ich an all die Dinge denke, die in jenen Jahren passiert sind, dann wundere ich mich, daß die Franzosen nicht mehr Filme über diese Epoche drehen.[4]

Wissen Sie, wann ich Faul wieder begegnet bin? Eines Sonntagmorgens im Februar 1969, an dem Tag, an dem ich die deutsche Armee unter dem Triumphbogen hindurchmarschieren ließ! Als die Szene im Kasten war, bin ich in den »Drugstore des Champs-Élysées« gegangen, und zwar in Begleitung von Hans Borgoff, der während der vier Besatzungsjahre Kapellmeister der deutschen Truppen in Paris gewesen war und den ich eigens aus Deutschland hatte kommen lassen, damit er mir beim Drehen dieser Einstellung half. Während ich also mit dem Mann, der Tag für Tag an der Spitze der Deutschen marschiert war, mein Frühstück nehme, erkenne ich in einem alten Mann am Nebentisch Leutnant Faul, den Mann, unter dessen Befehl ich die Feldzüge in Italien und Frankreich erlebt hatte. Nach fünfundzwanzig Jahren schloß sich der Kreis!

[4] Zwei neuere französische Filme über die Résistance, die Melvilles Einfluß verraten, sind *Un héros très discret* (1996) von Jacques Audiard und *Lucie Aubrac* (1997) von Claude Berri.

Warum haben Sie die Szene hinzugefügt, in der Luc Jardie in London von General de Gaulle dekoriert wird?
Weil es in den Memoiren von Colonel Passy[5] ein Kapitel über die Verleihung des Ordens »Compagnon de la Libération« an Jean Moulin gibt, und Luc Jardie basiert unter anderem auch auf Jean Moulin. Außerdem fand ich es interessant zu zeigen, daß de Gaulle die Widerstandskämpfer in seiner Londoner Privatwohnung dekorierte, um deren Rückkehr nach Frankreich nicht zu gefährden.

[5] Siehe Kapitel »Civilization! Civilization!«, Anmerkung 4.

Verbinden Sie mit dem Hotelzimmer in London konkrete Erinnerungen?
Es ist der exakte Nachbau des Hotelzimmers, das man jedem Franzosen gab, der nach London kam, um mit der Résistance

Kontakt aufzunehmen. Das erklärt, weshalb mich jeder Widerstandskämpfer, den ich treffe, fragt, wie ich es geschafft habe, *sein Zimmer zu finden!*

Stammen die von Luc Jardie geschriebenen Bücher, die man im Film sieht, von einem Widerstandskämpfer, den es wirklich gab?
Ja, von Cavaillès, einem Philosophie- und Mathematikprofessor.[6] Er wurde von den Deutschen hingerichtet. Auf dem Einband der Bücher steht jetzt zwar der Name Luc Jardie, aber die Titel – so wunderbare wie *Transfini et Continu* [Hindurch und weiter] – sind die der Werke von Cavaillès.

Sie beenden Ihren Film mit dem Hinweis, daß alle vier Hauptpersonen den Tod gefunden haben. Entspricht das der Realität?
Ja, sicher.
    Jean Moulin ist wie Luc Jardie zu Tode gefoltert worden, nachdem er einen einzigen Namen preisgegeben hatte: seinen eigenen! Da er nicht mehr in der Lage war zu sprechen, reichte Klaus Barbie, einer der Gestapo-Chefs, ihm ein Blatt Papier, auf das er geschrieben hatte: »Sind Sie Jean Moulins?« Anstelle einer Antwort nahm Jean Moulin Barbies Bleistift und strich nur das »s« durch.
    Um einen richtigen Film über die Résistance und Jean Moulin zu drehen, müßten erst noch einige Leute sterben. Vergessen Sie nicht, daß es mehr Menschen gibt, die nicht im Widerstand waren, als ehemalige Widerstandskämpfer!
    Wissen Sie, wie viele Menschen Ende 1940 der Résistance angehörten? Gerade einmal sechshundert. Die Situation besserte sich erst im Februar oder März 1943, denn die ersten offiziellen Gruppen entstanden im April 1943. Das Sauckel-Gesetz, das junge Männer verpflichtete, als Zwangsarbeiter nach Deutschland zu gehen, trieb viele in den Untergrund. Es ging also gar nicht so sehr um Patriotismus.

6 Jean Cavaillès (1903–1944), unterrichtete 1938/39 in Strasbourg und 1941–43 an der Sorbonne. Innerhalb der Résistance Gründer der »Libération Sud«. Er wurde im August 1943 verhaftet und in Fresnes inhaftiert. 1944 wurde er nach Arras verlegt und erschossen.

Wie hat Kessel reagiert, als er Ihren Film sah?
Kessels Ergriffenheit nach der Vorführung von *L'Armée des ombres* zählt zu den schönsten Erinnerungen meines Lebens. Als er die Sätze las, die am Schluß des Films vom Tod der vier Hauptpersonen berichten, konnte er seine Tränen nicht unterdrücken. Er war nicht vorbereitet auf diese Sätze, er hatte sie nicht geschrieben und sie tauchten auch in meinem Drehbuch noch nicht auf.

Das Leben, das Kino

Wenn Sie einen Film über den Krieg, wie Sie ihn erlebt haben, machen sollten, was würde darin vorkommen?
Ja, ich würde gern einen Kriegsfilm machen, aber ich könnte nicht zeigen, was ich im Krieg gesehen habe. Mein Film würde von der Zensur beschlagnahmt und nicht freigegeben werden. Ich müßte ihn nach einem Drehbuch, einem Roman, etwas »Ausgedachtem« drehen, denn ich könnte nie all die kleinen Geschichten erzählen, die ich erlebt habe. Ich habe *Le Silence de la mer* gedreht, weil ich mich für derartige Probleme interessiert habe, aber ich habe mich dabei wieder einmal weit von der Wahrheit entfernt. Der Krieg ist natürlich etwas, das man gegen einen Feind führt, aber man führt ihn auch in den eigenen Reihen. Diese Art des internen Krieges ist es, die ich gerne in einem Buch behandeln würde. Ich gebe Ihnen ein oder zwei Beispiele: Am 19. August 1944 kamen bei Toulon fünf Deutsche mit erhobenen Händen aus dem Wald und näherten sich unserem 13.3, einem leichten Panzer. Sie wollten sich ergeben, ich bin der einzige Augenzeuge, eine dumme Sache. Der Deckel des Panzers öffnet sich, ein Unteroffizier schaut heraus und winkt die deutschen Soldaten näher heran. Ich habe zu spät kapiert, was er vorhatte. Noch bevor ich die Deutschen hätte warnen können, setzt sich der Panzer in Bewegung und fährt über sie hinweg. Wie ein Idiot habe ich meinen Revolver aus dem Halfter geholt. Da zieht der Unteroffizier wieder seinen Kopf ein, wendet den Panzer und

Simone Signoret in L'Armée des ombres *(Filmbild Fundus Robert Fischer)*

zielt mit dem Maschinengewehr auf mich ... Eine hübsche Kriegsszene, nicht wahr? Ich könnte Ihnen auch noch die Geschichte von dem Unteroffizier erzählen, der zu seinem Vergnügen mit seinem schönen kleinen amerikanischen Gewehr italienische Bauern auf ihrem Feld abschoß. *So and so ...*

Auf der anderen Seite habe ich aber auch sehr schöne und sehr berührende Erinnerungen. Ich weiß noch, wie ich eines Tages in die Nähe eines Feldlazaretts kam. Der Chirurg war eine etwas maskulin wirkende Frau, die schwarzen Tabak rauchte. Nach jeder Operation wischte sie sich ihre Hände an ihrer vom Blut roten »Metzgerschürze« ab, qualmte eine Zigarette und widmete sich dann ihrer nächsten Aufgabe. Es war schon etwas Besonderes, in einer Einheit mit Feindberührung eine Frau die Arbeit eines Chirurgen verrichten zu sehen. Irgendwann wurde ein junger Bursche aus meiner Division herausgebracht und unter einen blühenden Apfelbaum gelegt. Es war Frühling. Als ich kapierte, daß er im Sterben lag, tat ich etwas, was ich einmal in einem Film gesehen haben muß – woran man sieht, wie einen das Kino verfolgt: Ich habe eine Zigarette angezündet und sie ihm zwischen die Lippen gesteckt. Er sah mich eine Sekunde lang an, tat zwei Züge, und dann ist er gestorben. Stellen Sie sich eine italienische Frühlingslandschaft nicht weit von Florenz vor, es ist strahlendes Wetter, und dann liegt da dieser Junge, der mit zwanzig Jahren stirbt. Die Realität hat, was Kriegsfilme angeht, das Kino schon immer überflügelt.

Der Mörder des General Juin

Es sind so viele Dinge passiert! Ich könnte Ihnen stundenlang Geschichten aus jenen Jahren erzählen. Jetzt gerade zum Beispiel erinnere ich mich an die Zeit, als ich in Gibraltar in Morocco Castle, einer kleinen Kaserne, stationiert war. Eines Abends, als ich mich mit betrunkenen Polen herumschlug, die damit begonnen hatten, die »Juden« zu beleidigen, schloß ich mit dem Burschen, der mir zu Hilfe kam, eine Freundschaft fürs Leben: Gaston Navaille. Ein toller Typ, eine Art bärenstarker Jesus. Er war französischer Amateur-Champion – Schwergewicht – im Ringkampf und im Boxen. Ein einzigartiger Fall in der Welt des Sports.

Ich nannte ihn immer den »Mörder des General Juin«, denn als Widerstandskämpfer war Gaston Navaille erst zum Tode und dann zu lebenslanger Haft verurteilt worden, und zwar von einem Tribunal in Algerien unter Vorsitz des General Juin, der damals – das darf man nicht vergessen – noch nicht der Résistance beigetreten war.

Navaille sagte immer, um Juin zu töten, hätte man ihm ein ganzes Magazin in den Bauch jagen müssen. Als er über der Bretagne absprang, versteckte er sich in einer Scheune, die von den

Deutschen angezündet und gleichzeitig von allen Seiten unter Beschuß genommen wurde.

Juin, der später die Schlacht am Monte Cassino gewann, war ein großer, vielleicht sogar der größte französische General. Man darf ihm seine strategischen Fähigkeiten nicht absprechen, auch wenn er auf politischer Ebene ...

Er war vom selben Saint-Cyr-Abschlußjahrgang wie de Gaulle, und eines Tages bat er diesen um ein signiertes Photo. De Gaulle, der über alles, was Juin betraf, Bescheid wußte, wartete ein Jahr, ehe er es ihm gab – solange brauchte er, um sich eine passende Widmung einfallen zu lassen. Und wissen Sie, was er auf das Photo schrieb? »Für General Juin, der es verstanden hat, den Sieg zu ergreifen, als dieser sich ihm anbot ...«

Glauben Sie, daß Ihr Film den Politikern gefallen hat?
Das kann ich nicht sagen. Ich war bei einer Vorführung im Informationsministerium dabei, in der das vornehmste, snobistischste Publikum von Paris saß. Unter diesen zweihundert Großkopferten saß nur ein einziger ehemaliger Widerstandskämpfer, und er war auch der einzige, der am Ende des Films nicht aufstehen konnte. Das war Friedman, der Mann, der eines Nachts im April 1944 im Informationsministerium Philippe Henriot getötet hatte!

Erinnern Sie sich an die Stelle in *Le Deuxième Souffle*, wenn Lino Ventura nach dem Raubüberfall die Gleise überquert? Als wir diese Szene drehten, sagte Lino zu mir: »Melville, jetzt ist es soweit, heute bin ich Gu!« Darauf ich: »Nein, heute sind Sie für mich Gerbier!« Ich habe neun Jahre gebraucht, um ihn davon zu überzeugen, diese Rolle anzunehmen. Als wir für *L'Armée des ombres* die Szene drehten, wo er im Morgengrauen die Gleise überquert, sprachen wir schon lange nicht mehr miteinander, aber ich bin davon überzeugt, daß er in diesem Moment an unser Gespräch am Bahnhof von Cassis dachte, am ersten Drehtag von *Le Deuxième Souffle*.

LE CERCLE ROUGE
(VIER IM ROTEN KREIS, 1970)

Die Qualle

Was bedeutet Ihr zwölfter Film Le Cercle rouge *für Sie?*[1]
Da nicht bewiesen ist, daß ich noch einen dreizehnten mache, muß ich mich also darauf einstellen, von *Le Cercle rouge* als meinem jüngsten Film zu sprechen – wie man üblicherweise sagt, wenn man gerade einen Film beendet hat –, zugleich aber auch als meinem letzten Film. Und das verpflichtet mich, von ihm zu sprechen, als sei er die Summe meines gesamten Lebens als Regisseur und meines gesamten Lebens als Zuschauer. Vielleicht habe ich ja gar keine Lust mehr, weiter Filme zu machen. Es könnte auch sein, daß ich – sofern der Zufall es will und ich meine Ateliers hier nicht wieder aufbauen kann – mich plötzlich dazu entschließe, in die USA zu gehen, nicht um dort Filme zu drehen, sondern um dort zu leben und zu schreiben. Also bin ich wirklich gezwungen, an dieser Stelle einen Strich unter fünfundzwanzig Jahre beruflicher Tätigkeit und, sagen wir, fünfundvierzig Jahre als Kinogänger zu ziehen. Nun, ich möchte damit beginnen, gegenüber mir selbst streng zu sein, ehe ich es gegenüber anderen sein werde. Ich werde später auch über den Film selbst sprechen, aber ich möchte Ihnen auch allgemein etwas über Dreharbeiten erzählen, wo man von Menschen umgeben ist, die zum Teil ganz andere Beweggründe haben als man selbst, für eine bestimmte Zeit für einen Film zu arbeiten und zu leben. Also, wenn ich mich ganz nüchtern betrachte, dann sehe ich, daß ich *unmöglich* geworden bin. Ich mache überhaupt nichts Egozentrisches (ich bin absolut nicht egozentrisch), aber ich bin – und nun erlaube ich mir, ein Wort zu erfinden – opozentrisch (opo-, von *opus*). Das heißt: Je älter ich werde, desto ausschließlicher zählen für mich mein Beruf und mein Werk, mein jeweiliges Opus, an das ich Tag und Nacht denke. Es gibt nichts, aber auch

[1] Rui Nogueira hatte zum Zeitpunkt dieses Gesprächs, also im Mai 1970, den Film *Le Cercle rouge* noch nicht gesehen, sondern nur das Drehbuch gelesen.

wirklich gar nichts, was in meinen Sorgen und Gedanken einen größeren Stellenwert hätte – wobei ich wohlgemerkt nicht von meinem Gefühlsleben rede. Wenn ich morgens aufwache, beginne ich, an den Film zu denken, den ich gerade mache – ich habe immer einen in Arbeit, auch wenn ich gerade nicht drehe –, und erst in der Nacht, wenn ich schlafe, höre ich auf, an ihn zu denken. Das kann sehr extreme Formen annehmen. Erst gestern Abend habe ich daran gedacht, als ich mit Léo Fortel[2] in einem Restaurant zu Abend gegessen habe. Am Nebentisch saßen zwei junge Frauen und zwei Burschen. Einer der beiden jungen Männer war offensichtlich indochinesischer Abstammung, und ihm gegenüber saß eine wunderschöne Asiatin mit pechschwarzen, kurzgeschnittenen Haaren à la Jeanne d'Arc – zweifellos eine Perücke – und atemberaubenden Gesichtszügen. Da ich sie während des Essens die ganze Zeit ansah, fragte Léo, ob ich ihren Namen und ihre Adresse haben möchte. Ich verneinte. »Ach so?« sagte er. »Und weshalb nicht?« Ich antwortete: »Weil ich nicht vorhabe, einen Film mit ihr zu machen.« Und mir wurde klar, daß mich hübsche Frauen nur interessieren, wenn ich mir vorstelle, sie für einen Film zu engagieren. Sehen Sie, wie extrem das ist? Ich habe Ihnen vorhin erzählt, daß ich mit zunehmendem Alter sehr schwierig geworden bin. In doppeltem Sinne: Ich bin schwierig, weil ich viel verlange, und ich bin schwierig, weil andere Probleme damit haben, mich zu ertragen, wie ich bin, meine Launen, meine Fehler, meinen Perfektionismus, jene Symptome, an denen ein gewissenhafter Filmemacher erkrankt, wenn er älter wird. Ich habe mich zum Perfektionisten entwickelt, und gleichzeitig werden die Leute, mit denen ich seit fünfundzwanzig Jahren zusammenarbeite, immer weniger perfektionistisch. Mit anderen Worten: Nach fünfundzwanzig Jahren Erfahrung habe ich den Eindruck, daß ich es vor fünfundzwanzig Jahren mit sehr fähigen französischen Filmhandwerkern zu tun hatte und daß der professionelle Anspruch dieser Leute heute erheblich niedriger ist. Ich sage »dieser Leute«, denn zweifellos gibt es heute junge

2 Léo Fortel war Melvilles Regieassistent bei *Bob le Flambeur.*

Menschen, die ich nicht kenne und nicht beurteilen kann; und ich denke genauso an Toningenieure wie an Kameraleute, Schwenker und so weiter.

All das läßt sich sehr gut am Beispiel von *Le Cercle rouge* verdeutlichen. Dieser Film ist mit Abstand der schwierigste, den ich je gedreht habe, denn ich habe mir beim Schreiben des Drehbuchs selbst nichts geschenkt. Ich sagte mir: »Das wird sicher schwierig zu drehen sein, und wenn schon, ich will das so machen!« Und ich habe tatsächlich alles so gedreht, wie ich es geschrieben hatte. Aber anstatt den Film in fünfzig Tagen zu beenden, was normal gewesen wäre, habe ich sechsundsechzig Drehtage gebraucht, und das, weil die Leute, mit denen ich am Set zusammengearbeitet habe, ihrer Aufgabe absolut nicht gewachsen waren. Es fällt mir um so schwerer, das zu sagen – in dem Wissen, daß dies einmal in Buchform veröffentlicht und dadurch in bestimmter Weise endgültig wird –, da ein Mann zu meinem Stab gehörte, den ich einmal sehr gemocht habe, den ich im übrigen immer noch sehr mag, und der mein erster Mitarbeiter war. Und das nicht nur in zeitlichem Sinne: Er stand für mich an erster Stelle, das heißt, er war der beste von allen und am intimsten mit mir verbunden, er war mein Komplize sowohl was die Einfälle als auch was Technik und Recherche betrifft.[3] Ich habe vorhin gesagt, daß ich alles so gedreht habe, wie ich es geschrieben hatte. Das stimmt auch, aber um welchen Preis! Der Preis war die Erschöpfung, die Strenge gegenüber dem Team, an dessen Spitze ich stand, die ständige Weigerung, mich einschüchtern oder zerstören zu lassen von jener Masse, die ein bißchen an eine Qualle am Strand erinnert, die sich nur dann bewegt, wenn man *sie* bewegt, nicht wahr? Eine Qualle ist ein Weichtier, sie besitzt keine sichtbaren Muskeln, und man weiß nicht genau, wie sie sich bewegt. Vielleicht bewegt sie sich im Meer, aber ist sie erst einmal an den Strand geschwemmt, bewegt sie sich nicht mehr. Vermutlich war ich nicht das richtige Element für dieses Team, ich war nicht das Meer, sondern der Sand, und ich habe diese Leute nur um den

[3] Melville kann nur Henri Decaë meinen, der schon bei *Le Silence de la mer* sein Kameramann war und mit dem er bei *Le Cercle rouge* zum siebten Mal zusammenarbeitete.

Preis absolut übermenschlicher Anstrengung veranlassen können, sich zu bewegen.

Aber gut, ich werde jetzt aufhören, mich darüber zu beklagen, wie schwer es war, ein Team von französischen Filmtechnikern zu animieren, fast möchte ich sagen: am Leben zu erhalten. Ich kann sogar sagen, daß *L'Armée des ombres,* der ebenfalls ein extrem schwer zu drehender Film war, mich nicht halb soviel Schmerz und Anstrengung gekostet hat wie dieser. Jener Verlust von Professionalismus und Gewissenhaftigkeit war auf jeder Ebene evident. Eine Ausnahme: der Innenausstatter. Der Mann, der dafür zuständig war, die Requisiten und Möbel auszusuchen – und sie im übrigen immer mit bewundernswertem Geschick ausgesucht hat –, heißt Pierre Charron. Ich kann seinen Namen nicht genug hervorheben. Er ist der beste Innenausstatter Frankreichs, und glauben Sie mir, seine Funktion ist sehr wichtig bei einem Film. Der zweite Mann, über den ich mich nicht zu beklagen hatte – Verzeihung, ich rede jetzt wie bei einer Preisverleihung –, war der Requisiteur: René Albouze. Es war unsere erste Zusammenarbeit, aber er war der beste Requisiteur, den ich jemals hatte. (Charron war bereits bei *Le Doulos* mein Innenausstatter gewesen, und ich hatte mehrfach versucht, ihn für meine anderen Filme zu engagieren, aber er war nie frei.) Hiermit bezeuge ich diesen beiden meinen Respekt. Sie waren perfekt. Es ist wunderbar, über jemanden sagen zu können, daß man ihm nichts vorzuwerfen hat. Und über Charron und Albouze kann ich mich wirklich nicht beklagen! Aber es sind die einzigen. Ich glaube, ich werde ab jetzt darauf achten, nur noch mit solchen Leuten zusammenzuarbeiten, die ihren Beruf über ihr Privatleben stellen.

Ein moderner Western

Was ist *Le Cercle rouge? Le Cercle rouge* ist in meinen Augen in erster Linie die Geschichte eines »Bruchs«, eines Einbruchdiebstahls also, der von zwei Profidieben (Delon und Volonté) und einem dritten Mann (Montand), der ihnen mehr oder weniger zufällig Hilfe leistet, begangenen wird.

Wie ich schon sagte, wollte ich ein Drehbuch über einen Einbruchdiebstahl schreiben, schon bevor ich *The Asphalt Jungle* gesehen oder auch nur davon gehört hatte und lange vor solchen Filmen wie *Du rififi chez les hommes*. Ich glaube, ich habe Ihnen auch schon erzählt, daß eigentlich ich *Du rififi chez les hommes* machen sollte. Nein? Nun, ich war derjenige, der den Produzenten davon überzeugte, die Filmrechte zu erwerben; er versprach mir, daß ich Regie führen würde, und dann hörte ich ein halbes Jahr nichts mehr von ihm. Schließlich wurde wurde der Film von Jules Dassin gemacht, der immerhin die Höflichkeit besaß, zu sagen, er werde nur dann Regie führen, wenn ich ihm schriftlich geben würde, daß ich mit dieser Regelung einverstanden sei. Was ich auch getan habe.

Ich hatte also ungefähr seit 1950, kurz nach *Les Enfants terribles*, Lust, einen »Bruch« auf die Leinwand zu bringen. Ich wünsche mir natürlich, daß er Aufsehen erregt, aber ich weiß noch nicht, ob ich das schaffe. Ich denke, ich habe Material, das ausreichend interessant ist, um eine spannende Sequenz daraus zu machen. Die Zukunft wird zeigen, ob der Kontext, in den ich diesen Bruch stelle, diesem zuträglich ist oder nicht. *Le Cercle rouge* ist gleichzeitig eine Art Essenz aus allen Kriminalfilmen, die ich vorher gemacht habe, wobei ich es mir allerdings alles andere als leicht gemacht habe. Ich werde Ihnen ein Beispiel geben: Es gibt keine Frau in meinem Film. Man macht es sich ganz bestimmt nicht leicht, wenn man einen Krimi mit fünf Hauptfiguren macht, von denen keine einzige eine Frau ist.

Vor einigen Jahren versuchte ich, eine Liste mit allen möglichen Situationen zwischen »Räuber und Gendarm« zusammenzustellen, und ich kam auf neunzehn. Nicht zwanzig, sondern genau neunzehn. Diese neunzehn Situationen habe ich alle schon in meinen fünf Kriminalfilmen verwendet – in *Bob le Flambeur, Le Doulos, Le Deuxième Souffle, Le Samouraï* und *Le Cercle rouge* –, aber nie alle zusammen in einem einzigen. Dagegen sind sie alle zusammen in *The Asphalt Jungle* enthalten, und dieser Film war es auch, der mir das Studium dieser neunzehn Situationen ermöglichte. Ich sage Ihnen das, weil ich gestern und vorgestern einen neuen Huston gesehen habe: *The Kremlin Letter (Der Brief an den Kreml, 1969)*. Ein Meisterwerk. Als wir aus dem Kino gingen, sagte ich zu meiner Frau das einzige Wort, das mir in den Sinn kam: meisterhaft. *The Kremlin Letter* ist der Film eines Meisters. Eine Lektion in Film. Ich bin glücklich, daß John Huston, der bereits ein ganzes Œuvre geschaffen und schon mehrere große Filme gedreht hat, wieder an vorderster Front steht, jünger als je zuvor.

Gehört Le Cercle rouge *zu den zweiundzwanzig Drehbüchern, die in der Rue Jenner verbrannt sind?*
Nein, überhaupt nicht. Dank meines guten Gedächtnisses hätte ich mir natürlich eines meiner Drehbücher vornehmen und es aufs Komma genau rekonstruieren können, aber es wäre trotzdem etwas anderes dabei herausgekommen. Ich will mich nicht selbst kopieren. Die Drehbücher, die verbrannt sind, würde ich auch dann nicht mehr drehen wollen, wenn ich sie noch im Schrank hätte. Das bedeutet aber nicht, daß ich nicht sehr oft bestimmte Ideen aus meinen zweiundzwanzig verbrannten Drehbüchern wieder aufgreife, wie ich es im übrigen bei *Le Cercle rouge* gemacht habe, und zwar was die Beziehung zwischen dem Polizeidirektor und Kommissar Matteï betrifft.

Le Cercle rouge ist ein Originaldrehbuch in dem Sinne, daß wirklich ich es geschrieben habe und ich allein, aber man wird schnell bemerken, daß es sich um einen Western handelt, dessen Handlung freilich in Paris spielt und nicht im Wilden Westen, in der heutigen Zeit und nicht nach dem Sezessionskrieg, und in dem es keine Pferde gibt, sondern Autos. Ich habe ganz bewußt die konventionellste, traditionellste und irgendwie auch obligatorische Ausgangssituation benutzt: Ein Mann wird aus dem Gefängnis entlassen. Und dieser Mann entspricht ziemlich genau dem Cowboy auf seinem Pferd, der am Ende des Titelvorspanns die Schwingtüren des Saloons aufstößt.

Ich möchte Sie darauf hinweisen, daß die Tatsache, daß ich keine einzige Frauenrolle eingebaut habe, es mir erlaubte, meinen Figuren nur Familiennamen zu geben. Ich finde, in einem Männerfilm sollten sich die Männer mit dem Familiennamen anreden und nicht mit dem Vornamen. Es sind die Frauen, die die Männer beim Vornamen nennen.

Niemals nie, niemals immer

Anfangs hatten Sie geplant, den Film mit anderen Schauspielern zu besetzen ...
Ja, für die Rolle des Kommissars Matteï, die André Bourvil spielt – und zwar ganz hervorragend –, hatte ich ursprünglich Lino Ventura vorgesehen. Jansen, der ehemalige Polizist, der zum Gangster und Alkoholiker wurde, sollte von Paul Meurisse gespielt werden statt von Yves Montand. Was die Rolle Vogels betrifft, die letztlich mit Gian Maria Volonté besetzt wurde, so hatte ich dabei eigentlich an Jean-Paul Belmondo gedacht. Ich glaube, wenn Delon nicht unbedingt *Borsalino*[4] mit Belmondo hätte machen wollen, wäre es mir gelungen, die beiden Schauspieler in *Le Cercle rouge* zusammenzubringen. Ich sage das ohne Bedauern. Jeder Film ist, was er ist: Ob gelungen oder mißraten, er genügt sich selbst. Man muß berücksichtigen, daß ein Film einen Moment unseres eigenen Lebens darstellt. Jedenfalls ist das bei mir so. Vergessen Sie nicht, daß er vierzehn Monate ununterbrochener Arbeit darstellt – die man in zwölf Monate preßt. 1968 war für mich ein vollkommen verlorenes Jahr, denn ich hatte für *La Chienne*[5] einen Vertrag mit den Hakim-Brüdern, den diese nicht erfüllt haben. Durch sie habe ich unmittelbar nach dem Brand meiner Ateliers, der in vielerlei Hinsicht furchtbar war, ein ganzes Jahr verloren. Zwölf Monate lang durch einen

4 Jacques Derays *Borsalino*, ein »Kostüm-Gangsterfilm«, der im Marseille der dreißiger Jahre spielt, kam kurz vor *Le Cercle rouge* heraus und war ein Riesenerfolg, nicht zuletzt wegen der Tatsache, daß die beiden größten männlichen Filmstars Frankreichs, Jean-Paul Belmondo und Alain Delon, darin erstmals gemeinsam vor der Kamera standen.

5 Projekt nach dem Roman von Georges de La Fouchardière, von dem es bereits Verfilmungen von Jean Renoir *(La Chienne [Die Hündin]*, 1931 mit Michel Simon) und Fritz Lang (1945 unter dem Titel *Scarlet Street [Straße der Versuchung]* mit Edward G. Robinson) gibt.

Vertrag, der mich zur Exklusivität verpflichtete, zur Arbeitslosigkeit verdammt zu sein, und das, als ich gerade meine Ateliers verloren hatte – und alles, was diese an Geld und Möglichkeiten darstellten –, war ein sehr harter Schlag. Diese vierzehn Monate Arbeit, konzentriert auf zwölf – denn 1966 habe ich *Le Deuxième Souffle* gemacht (Drehbeginn war der 7. Februar), 1967 *Le Samouraï*, 1968 gar nichts, 1969 *L'Armée des ombres* und 1970 *Le Cercle rouge* –, sind also für jemanden in meinem Alter eine nicht unerhebliche Lebenszeit. Geht man davon aus, daß ein Film ein Jahr Arbeit darstellt und einen noch ein weiteres Jahr verfolgt, gehört man dem Film des Vorjahres und dem Film, den man gerade macht. Von daher kann man sagen, daß einen jeder Film zwei Jahre seines Lebens kostet. Ich wiederhole: Ein Film ist, was er ist, ob er gelungen oder mißraten ist, und ich bedaure es nicht – im Gegenteil –, daß ich die drei Hauptrollen nicht mit den Schauspielern besetzen konnte, die ich ursprünglich dafür vorgesehen hatte.

Es gibt alle möglichen Gründe, menschliche ebenso wie berufliche, um Besetzungsänderungen zu rechtfertigen. In der Welt des Films streitet man sich und versöhnt sich dann wieder, man liebt sich, haßt sich und liebt sich wieder. Henri Varna, der vor wenigen Monaten verstorbene Direktor des »Casino de Paris«, sagte, daß man im Showbusineß niemals nie und niemals immer sagen sollte. Seine Devise war: »Niemals nie und niemals immer.« In Wahrheit ist es doch so, daß es bei einem Streit immer nur um Bagatellen geht, die weder das Leben noch die Ehre bedrohen. Jedenfalls nie mein Leben oder meine Ehre. Manchmal geht es um die Ehre der anderen, aber das hat keine Bedeutung. Es ist allgemein bekannt, daß die Ehre der Leute aus dem Showbusiness eine sehr dehnbare Sache ist.

Im Drehbuch von Le Cercle rouge *sagt Kommissar Matteï, als er versucht, Vogel, den flüchtigen Verbrecher, wieder einzufangen: »Das ist nicht Claude Tenne. Hätte ich vielleicht den Innenminister bitten sol-*

Alain Delon in Le Cercle rouge *(Filmbild Fundus Robert Fischer)*

len, alle Straßen Frankreichs sperren zu lassen?« Wer ist dieser Claude Tenne, auf den Sie hier anspielen?
Claude Tenne war ein Mitglied der O.A.S. [Organisation de l'Armée Secrète]. Zum Zeitpunkt der Algerienkrise wurde er wegen regierungsfeindlichen Aktivitäten verurteilt und ins Gefängnis gesteckt. Es gelang ihm, von der Île de Ré, wo er eingesperrt gewesen war, zu entfliehen, indem er in eine Militärkiste schlüpfte, eine Art großen Metallkoffer, im übrigen gar nicht mal so groß, und sich da drin zusammenfaltete. Keine Ahnung, wie er das geschafft hat. Um ihn wieder einzufangen, errichtete man Straßensperren in ganz Frankreich.

Ebenfalls in Ihrem Drehbuch sprechen Sie von Jansen mit folgenden

Worten: »Jansen liegt auf seinem Bett, angezogen, dreckig, zerzaust, mit Dreitagebart. Wie Faulkner nach einem seiner alkoholischen Exzesse.«
Ja, so stelle ich mir Faulkner oder Hemingway nach einem ihrer Alkoholexzesse vor. Außerdem glaube ich, daß es viele Zeitzeugen gibt, die beschrieben haben, wie Faulkner sich manchmal acht Tage lang mit seinen Flaschen in seinem Zimmer einschloß und Anweisungen gegeben hatte, ihn nicht zu stören.

Aber Jansens Alpträume – Ratten und Spinnen, die langsam auf ihn zukommen –, sind eher die Alpträume eines Edgar Allan Poe ...
Natürlich. Sie wissen ja, daß es zwischen Poe und Melville sehr viele Gemeinsamkeiten gibt. Aber ich werfe da etwas durcheinander, ich vergesse, daß ich mit Melville nicht mich selbst meine, sondern den großen Melville ...

Sie hegen eine enorme Bewunderung für Herman Melville, und doch hat dieser große Schriftsteller nie den Gedanken akzeptiert, alt zu werden und zu sterben, wohingegen Sie diese Vorstellung mit großer Gelassenheit hinzunehmen scheinen.
Zunächst einmal verwundert mich, was Sie da sagen, denn ich bin nicht so ganz sicher, daß Melville Angst vorm Alter und vorm Sterben hatte. Ist das historisch verbürgt? Ich kann nicht sagen, daß das aus seinen Werken ersichtlich wäre. Ist es, weil seitdem ein Jahrhundert vergangen ist und wir diese Dinge heute eher akzeptieren? Ich finde, alt zu werden ist eine wunderbare, aufregende Sache; das einzige Problem ist, daß es plötzlich aufhört, so zu sein, und von dem Moment an, da es abscheulich wird, hat man keine Zeit mehr, sich auf den nahen Tod vorzubereiten. Lesen Sie zu diesem Thema das wunderbare Interview, das François Mauriac diese Woche dem *Express* [9. Mai 1970] gegeben hat. Ich glaube, es gibt viele Gemeinsamkeiten zwischen Melville und mir; das ist zweifellos der Grund dafür, daß ich seit meiner Jugend so von ihm beherrscht bin. Obwohl ich jetzt, wo ich älter werde, spüre, daß ich mich auch Jack London sehr nähere.

Ein rechter Anarchist

Der allerdings ein Mann der Linken war ...
Das sagen Sie sicher, weil Sie es als Widerspruch zu dem Bild empfinden, das Sie sich von mir machen. Zunächst einmal bin ich gar nicht einmal so sicher, ob Jack London wirklich links war. Ich glaube, er war ein Rechter mit sozialistischen Ideen: Das ist viel verbreiteter, als man glaubt. Und das glaube ich, weil er zum Beispiel von den Indianern spricht, als spräche er von Wölfen oder Hunden. Sollte er tatsächlich die Indianer als besondere Rasse betrachtet haben, denke ich, daß man nicht ganz schiefläge, ihm einen Anflug von Rassismus zu unterstellen, und Rassismus, das weiß man – oder zumindest wird versucht, einen das glauben zu machen –, kommt von rechts, nicht wahr, wie alle schlechten Empfindungen. Aber Jack London war ein Genie. Glauben Sie wirklich, daß es einem Genie möglich ist, nicht ständig voller neuer Widersprüche zu sein?

Sind Sie ein Mann der Rechten?
Nun, es macht mir Spaß zu behaupten, ich sei ein Mann der Rechten, da es mir auf die Nerven geht, daß alle Welt sich als links bezeichnet. Ich hasse es, mich der Masse anzuschließen. Im übrigen gibt es nichts Lächerlicheres, als sich als komplett rechts oder komplett links zu bezeichnen – ich halte das schlichtweg nicht für möglich. Philosophisch gesprochen ist meine Position im Leben komplett anarchistisch. Ich bin extrem individualistisch. Um die Wahrheit zu sagen, möchte ich weder rechts noch links sein. Ich bin ein rechter Anarchist – auch wenn ich glaube, daß das, was ich da gerade gesagt habe, ein Schnitzer war, denn so etwas kann es gar nicht geben. Sagen wir, ich bin ein Feudalanarchist. Und außerdem, selbst wenn ich manchmal rechts bin, muß ich es nicht mein ganzes Leben sein. Ich weiß sehr wohl, daß es nicht die Rechte sein wird, die jenen Menschen Erleichterung verschaffen wird, die hungern, frieren, leiden, unterdrückt oder ver-

sklavt werden. Deshalb sagt mir mein Gewissen, daß ich, auch wenn ich die Linke bekämpfe – zumindest das, was sich die Linke nennt –, doch nicht von Grund auf rechts sein kann. Ich glaube, wenn ich ein überzeugter Rechter wäre, würde ich nicht die Filme machen, die ich mache. Selbstverständlich ist es das sowjetische Rußland, das mich von dem Glauben kuriert hat, die Linke sei ein Synonym für Tugend. Vor dreißig Jahren war mein politisches Ideal natürlich der Sozialismus. Im übrigen war ich zu jener Zeit Kommunist. Und dann, ab dem 23. August 1939, hat mir der Kommunismus plötzlich Angst eingejagt. Es wurde mir klar, daß der Krieg, der am 3. September 1939 beginnen sollte ... – Ich glaube, ich habe Ihnen schon erzählt, daß ich mir am 3. September 1939 am liebsten das Leben genommen hätte, da mir klar wurde, daß dieser Krieg, der alles in die Luft jagen würde, von einem Kommunisten angezettelt worden war. Stalin war es, der am 23. August 1939 erklärt hatte, der Krieg werde stattfinden, denn an diesem Tag einigte er sich mit Deutschland, Polen zu zerstören. An jenem Tag ist mein Kommunismus – mein Sozialismus – in seinen Grundfesten erschüttert worden. Dann habe ich darüber nachgedacht, daß die sibirischen Arbeitslager, von deren Existenz man schon vor dem Krieg wußte – wohingegen man noch nichts von Vernichtungslagern wußte –, bereits zu Lenins Sozialismus gehört hatten. Also habe ich mich verändert. Aber ich wiederhole, was ich vorhin im Zusammenhang mit Jack London gesagt habe, nämlich daß man falschliegt, wenn man den Menschen zum Vorwurf macht, das Fähnchen nach dem Wind zu hängen und die Richtung zu ändern. Das Leben ist es, das einen verändert. Auch wenn man es selbst gar nicht merkt. Man nimmt sich nicht vor, ein anderer Mensch zu werden. Marguerite Duras bezeichnet die Revolution von 1917 als das größte gescheiterte Experiment dieses Jahrhunderts. Ich stimme ihr darin voll und ganz zu, mit dem Unterschied, daß sie zur Linken gehört und ich nicht. Wenn ich auch immer noch die Hoffnung hege, daß die Armen dieser Erde eines Tages durch den Kommunismus gerettet werden, so hoffe ich doch, daß der Kommunismus danach recht bald etwas anderem Platz macht. Das ist die Truman-Seite in mir: Ich glaube an die Vorzüge der freien Marktwirtschaft und nicht an die Verstaatlichung.

Allerdings hüte ich mich vor einem politischen Ideal. Ich besitze weder ein politisches noch ein religiöses Credo. Es bleibt mir also die Moral und – mein Gewissen. Der erste und einzige Artikel meines persönlichen Grundgesetzes ist sehr einfach: »Tue nichts, was deinem Nächsten schaden könnte.« Ich gebe mir Mühe, niemandem Ärger zu bereiten. Und ich glaube, daß ich das tatsächlich schaffe.

»Meine Freiheit hört auf, wo die meines Nachbarn beginnt ...«?
Nein, das sehen Sie nicht ganz richtig. Denn meine Freiheit beinhaltet bereits die Freiheit meines Nachbarn, die ich vollkommen respektiere. Ich würde nie etwas tun, was ihn stören könnte. Ich würde vielleicht sogar so weit gehen – das ist der Extremfall –, lieber gar keine Nachbarn zu haben. Das praktiziere ich, wenn Sie es noch nicht bemerkt haben, sowohl in diesem Haus, wo wir uns im Moment befinden, als auch in meinem Haus auf dem Lande. Ich störe niemanden, aber indem ich niemanden störe, stelle ich auch sicher, daß mich niemand stört.

Geheimes Sakrament

Sie zitieren häufig einen Satz von Samuel Goldwyn: »Um Filme zu machen, muß man nicht unbedingt verrückt sein, aber es hilft.«
Ja, Sam Goldwyn haben wir einige nette Aphorismen zu verdanken. Er sprach Englisch mit dickem, eigenartigem Akzent und hatte bei dem Versuch, seine Gedanken in Worte zu fassen, oft Formulierungsschwierigkeiten, ähnlich übrigens wie Michael Curtiz und viele andere Mitteleuropäer in Hollywood. Goldwyn sagte beispielsweise Sätze wie: »Lock yourself outside!« Was mich immer frappiert hat, ist, daß er sein Vermögen – so geht jeden-

falls die Legende – mit dem Verkauf von einzelnen Handschuhen gemacht hat. Das heißt, mit Handschuhen für die rechte oder für die linke Hand, aber nie im Paar. An wen hat er die verkauft? Wer hätte für solche Einzelstücke Verwendung? Unglaublich!

Le Cercle rouge kostet Sie zwölf Monate Ihres Lebens, und es kann passieren, daß ein Filmkritiker daherkommt und Ihren Film in zehn Minuten verreißt. Was denken Sie darüber?
Das gehört zum immerwährenden ungleichen Kampf zwischen dem Schöpfer, der seine gesamte Substanz in sein Werk steckt, und demjenigen, der über zwei oder drei Spalten in einer Zeitung verfügt und beschließt, dem Schöpfer allein aufgrund seines Films den Prozeß zu machen. Der Film wird zum *corpus delicti*.

Welches sind Ihre Projekte?
Mein nächster Film sollte mich begeistern, wenn ich ihn mache. Ich könnte gar nicht mehr sagen, ich möchte gern dies oder gern jenes machen. Ich glaube, so denkt ein junger Filmemacher, und ich bin kein junger Filmemacher mehr. In meinen Augen ist das Kino eine heilige Sache, und es ist das Ritual, die Messe, die bei den Dreharbeiten zelebriert wird, die alles andere bestimmt, obwohl ich – wie Sie wissen – die Idee, das Drehbuch und den Schnitt für wichtiger halte als das eigentliche Drehen. Aber es steht außer Frage, daß die Dreharbeiten der Altar sind und alles andere die Sakristei. Beim Drehen wird zwischen dem Regisseur und dem Star eine Art heilige Messe zelebriert, fast vergleichbar einer Hochzeit. Auch wenn es oft vorkommt, daß ich mich mit meinen Stars beim Drehen nicht besonders gut verstehe, existiert trotzdem das Sakrament unserer Beziehung, denn man kann sich heiraten und sich hassen und Komplizen bleiben und nicht aufhören, sich zu verstehen.

An dieser Stelle muß ich sagen, daß ich zwei Filme mit Alain Delon gemacht habe und darüber sehr froh bin, denn zwischen uns gibt es während der Dreharbeiten ein wunderbares Einverständnis. Aber das wird kompensiert – denn alles muß immer durch etwas anderes kompensiert werden – durch seinen außergewöhnlich komplizierten Charakter. Zugleich kann man sagen, daß jene Momente des Einverständnisses und der Kommunion bereichert werden durch die Tatsache, daß er ein extrem kompliziertes Leben führt und daß er nicht immer vollständig disponibel ist – jedenfalls war er nicht immer disponibel, als wir *Le Cercle rouge* gedreht haben, denn es gab diesen alten Skandal, den er mit sich herumschleppte, er war der Produzent von *Borsalino*, und er hatte Probleme mit Belmondo, weil der sich nicht besonders Mühe gab, die Werbetrommel für ihren Film zu rühren. Amüsant zu beobachten ist übrigens, wie sehr Alain ein Star sein kann, der sich wie ein Star benimmt, und wie sehr er ein Produzent sein kann, der sich wie ein Produzent benimmt, denn er hat ja jetzt einen Film produziert.

Linke Schauspieler

Sie haben vorhin mit Ihren technischen Mitarbeitern abgerechnet. Würden Sie das gleiche auch mit Ihren Schauspielern tun?
Sehr gern! Ich habe Ihnen gerade von meiner ausgezeichneten Beziehung zu Delon erzählt und von dem außergewöhnlichen Einverständnis zwischen uns während der Arbeit. Bei *Le Cercle rouge* habe ich zum ersten Mal mit Yves Montand zusammengearbeitet. Er ist ein großartiger Schauspieler, aber er hat auf der Varieté-Bühne angefangen, und das unterscheidet ihn von Delon. Delon, der unglaublich begabt ist, braucht nicht so viel Zeit und Vorbereitung wie Montand, der – das können Sie mir glauben – mindestens so ein Perfektionist ist wie ich. Yves ist jemand, der morgens am Set ankommt und alles schon im Kopf hat. Auch mit ihm hat alles wunderbar geklappt. Er hat einen enormen Willen. Man muß sich nur vor Augen halten, was er erst kürzlich in *L'Aveu (Das Geständnis)* geleistet hat. Dieser Schauspieler, von dem man weiß, daß er Kommunist war, besaß die Courage,

Yves Montand in Le Cercle rouge *(Filmbild Fundus Robert Fischer)*

die Rolle eines Mannes anzunehmen, der das kommunistische Regime beschuldigt, unvorstellbare Verbrechen begangen zu haben. Ich sage bewußt »unvorstellbar«, denn man bezichtigte ohne weiteres – und völlig zu Recht – das Naziregime und die Faschisten allgemein aller möglichen Schandtaten, aber vor dem Krieg hätten sich die Linken kaum vorstellen können, daß ähnliche Verbrechen auch in einem sozialistischen Land denkbar oder akzeptabel wären. Nun, es war jedenfalls wunderbar, mit Montand zu arbeiten. Ich bin davon überzeugt, daß ich noch viele Filme mit ihm machen werde. Schon allein deshalb, weil wir etwa gleich alt sind – er ist drei Jahre jünger als ich – und ich mich durch ihn viel leichter ausdrücken kann als durch zu junge Darsteller. Auch Alain und Jean-Paul eignen sich dafür, denn sie sind fünfunddreißig, und wenn ich Delon zum Beispiel einen

Alain Delon in Le Cercle rouge *(Filmbild Fundus Robert Fischer)*

Schnurrbart anklebe, dann wird aus dem hübschen Jungen ein Mann. Immer noch ein schöner Mann, aber was soll's? Das stört nicht. Außerdem finde ich, daß Montand ebenfalls sehr gut aussieht.

André Bourvil ist ein großer Schauspieler, einer der größten Schauspieler Frankreichs, aber er ist nicht *a priori* ein melvillescher Schauspieler. Ich finde, er hat in *Le Cercle rouge* eine ganz hervorragende schauspielerische Leistung abgeliefert, und ich sage das mit um so größerer Überzeugung, als ich mir den Film erst gerade wieder am Schneidetisch angesehen habe: Es gibt Momente darin, da ist André Bourvil einfach überwältigend. Er bringt eine menschliche Komponente in die Geschichte, die ich nicht erwartet hatte und die Lino Ventura nicht eingebracht hätte. Wenn Lino Ventura den Kommissar gespielt hätte, hätte es

André Bourvil in Le Cercle rouge *(Filmbild Fundus Robert Fischer)*

keine besonderen Überraschungen gegeben, wohingegen mit André Bourvil und dank André Bourvil eine ganze Reihe von Überraschungen auf den Zuschauer wartet.

Über François Périer muß man kein Wort mehr verlieren. Alle Welt weiß, daß er einer unserer besten Schauspieler ist. Ich weiß noch, wie Sie und ich uns eines Abends nach einer Vorführung von *Le Samouraï* im Kinofoyer trafen und gleichzeitig riefen: »Périer ist phantastisch!« *Le Cercle rouge* wird noch ein bißchen mehr zu seinem Ruhm beitragen. Das Erstaunliche ist – und das gehört zu den besorgniserregenden und unangenehmen Seiten dieses Berufs –, daß François Périer gegenwärtig kein Star ist, obwohl er eigentlich einer sein müßte. Und das stört mich, genauso wie es mich stört, daß Richard Boone[6] kein Star ist. Aber da ist immer noch der Verleih das Gesetz und nicht der Regisseur.

6 Richard Boone (1917– 1981), amerikanischer Schauspieler. Melville hatte ihn gerade in John Hustons *The Kremlin Letter* gesehen.

François Périer in Le Cercle rouge *(Coll. Rui Nogueira)*

Wenn Sie Filme machen wollen – nicht einmal ambitionierte, sondern ordentliche Filme, die viel Geld kosten –, dann können Sie die Hauptrollen nicht mit Leuten besetzen, die keine Stars sind, denn niemals würde ein Verleih solch ein Risiko eingehen. Er würde Ihnen immer sagen: »Nein, nein, knallen Sie etwas aufs Plakat, verpflichten Sie große Namen« und so weiter. Ich finde es ausgesprochen schade, daß es anscheinend nicht möglich ist, einen teuren Film – sagen wir einen, der eine Milliarde alte Franc kostet – mit Unbekannten zu machen. Ich könnte schon morgen mit Unbekannten einen Film für dreihundert Millionen alter Franc machen, aber nicht einen für eine Milliarde. Man würde dreihundert Millionen auf meinen Namen setzen, denn man weiß ungefähr, was für ein Produkt ich abliefere, aber mehr würde man mir nicht geben. Für *Le Cercle rouge* habe ich die Milliarde

Yves Montand, Gian Maria Volonté und Alain Delon in Le Cercle rouge *(Filmbild Fundus Robert Fischer)*

zusammengekriegt, denn ich hatte Alain Delon, André Bourvil und Yves Montand, und dank des Namens Gian Maria Volonté war auch der Anteil des italienischen Koproduzenten nicht zu verachten. In Frankreich kennt man Volonté wohlgemerkt noch gar nicht: Mir war er in *Banditi a Milano (Die Banditen von Mailand)* von Carlo Lizzani aufgefallen.

Wenn Sie möchten, daß ich Ihnen etwas über Gian Maria Volonté erzähle, dann ist das eine andere Geschichte. Gian Maria Volonté ist ein instinktiver Schauspieler. In Italien ist er zweifellos ein großer Bühnenschauspieler, und vermutlich ist er sogar ein großer Shakespeare-Interpret, aber in meinen Augen ist er eine ziemlich unmögliche Person, denn er hat mir nicht einen Augenblick lang das Gefühl gegeben, daß ich es mit einem Profi zu tun habe. Er wußte nicht, wie wichtig das Licht ist, und begriff nicht, daß es ganz und gar nicht egal ist, ob er sich einen Zentimeter nach rechts oder einen Zentimeter nach links bewegt. Ich konnte ihm ruhig sagen: »Sehen Sie sich Delon und Montand an, sehen Sie, wie tadellos sich die beiden im Verhältnis zum Licht positionieren!« Er schien überhaupt nichts zu kapieren. Ich glaube, seine politische Aktivität (er steht links und läßt es jeden wissen) war auch nicht gerade dazu angetan, uns einander näher zu bringen. Er war sehr stolz darauf, in den »glorreichen« Tagen im Mai/Juni 1968 an Sit-ins am Odéon teilgenommen zu haben; ich persönlich habe nicht am Odéon demonstriert. Jedes freie Wochenende hat er in Italien verbracht. Ich sage Ihnen, das ist der wahre Nationalismus! Eines Tages habe ich zu ihm gesagt: »Sie können Ihren Traum, ein internationaler Star zu werden, begraben, wenn Sie sich weiterhin so viel darauf einbilden, Italiener zu sein, was nicht mehr besagen will, als ob Sie Franzose wären.« Alles Italienische findet er toll und wunderbar, alles Französische lächerlich. Ich weiß noch, wie ich ihn lächeln sah, als wir gerade im Studio eine Rückprojektionsaufnahme einrichteten. »Warum lächeln Sie?« wollte ich wissen. »Na ja«, sagte er, »Sie haben doch *Banditi a Milano* gesehen, nicht? In *Banditi a Milano* gibt es keine Rückprojektionen. Alles wurde direkt auf der Straße im fahrenden Auto gedreht.« »Ach so? Waren das auch Nachtszenen, so wie unsere hier? Saßen Sie nachts im fahrenden Auto und wurden durch die Windschutzscheibe gefilmt?« »Nein, das nicht ...« Und er schien zu kapieren, daß wir nicht zu seinem Vergnügen mit Rückprojektion arbeiteten. Ein merkwürdiger Mensch. Sehr anstrengend. Ich versichere Ihnen, daß ich keinen Film mehr mit Gian Maria Volonté drehen werde.

Ehrgeiz und Anspruch

Wenn Sie auf die zwölf Filme zurückblicken, die Sie seit 1947 gemacht haben, wie würde Ihre Bilanz aussehen?

In diesen dreiundzwanzig Jahren – oder sagen wir fünfundzwanzig Jahren, denn meine Produktionsfirma habe ich am 5. November 1945 gegründet –, in den fünfundzwanzig Jahren, die ich in diesem Beruf tätig bin, habe ich eine Menge Dinge gemacht. Zunächst einmal hatte ich 1947 die Idee, meine eigenen Ateliers zu gründen, was ich auch tat. Eine Zeitlang war ich der einzige Filmemacher auf der Welt, der seine eigenen Ateliers besaß. Diese Periode dauerte grob gesagt von 1949, als ich *Les Enfants terribles* drehte, bis 1967, also achtzehn Jahre, abzüglich jener Phase, in der ich die Ateliers nicht benutzt habe, um sie danach exakt nach meinen Vorstellungen zu renovieren und wieder zu beziehen. 1967 sind die Ateliers abgebrannt. Es ist nicht viel davon übriggeblieben, aber ich bin dabei, sie wieder aufzubauen, übrigens ohne bis jetzt die Genehmigung der Pariser Baubehörde dafür erhalten zu haben. Parallel zu den Filmen, die ich gemacht habe … nun, in einem Artikel des Literaturkritikers Ahmazid Deboukalfa, den ich vorgestern erhielt und der in der algerischen Zeitung *El Moudjahid* erschien, kann man lesen: »… dieser Roman mit dem Titel *Le Silence de la mer* wurde übrigens von Jean-Pierre Melville, dem Vater des modernen französischen Films, auf die Leinwand gebracht.« Nun, es freut mich zu sehen, daß von Zeit zu Zeit ein nicht auf Film spezialisierter Intellektueller sich erinnert und schreibt, ich sei »der Vater des modernen französischen Kinos«. Ich kenne diesen Autor nur vom Namen, ich bin ihm nie begegnet, aber ich bin froh, wenn außerhalb Frankreichs einmal jemand feststellt, daß es Melville war, der 1947 alles ins Rollen brachte.

Als nächstes habe ich 1957 in der Rue Washington einen Vorführsaal und Schneideräume eingerichtet. Aber da es nicht mein Beruf ist, Vorführungen und Schneideräume zu vermieten, habe ich meine Anteile wieder verkauft. Aber ich habe immer das Bedürfnis nach einer alternativen, praktischen, kreativen Tätigkeit verspürt, denn Kino besteht nicht nur aus Ideen, sondern auch aus mechanischen Dingen, und die Projektionsmöglichkeit ist da sehr wichtig. Während jener drei Jahre, in denen ich meine Ateliers an Pathé-Marconi vermietet hatte, konnte ich es nicht ertragen, über keinen eigenen Vorführsaal zu verfügen, und habe deshalb einen neuen eingerichtet, den ich an Dritte vermietete, wo ich mir aber abends die Filme ansehen konnte, die ich wollte. Und so geht es mir heute noch: Momentan ruiniere ich mich, weil ich mir hier in der Rue Jenner einen neuen Vorführraum bauen lasse. Das wird toll werden, denn wenn mir beispielsweise morgen Vormittag Monsieur Cocteau von der Fox eine Kopie von *The Kremlin Letter* leihen würde, könnte ich mir diese mit größtem Vergnügen ansehen und würde sie um halb zwei pünktlich zur ersten Vorstellung wieder ins Balzac-Kino zurückbringen. Mit einem Schlag wäre ich überglücklich! Mir Filme hier ansehen zu können, unter den besten Bedingungen, bequem im Sessel sitzend, ohne jemanden vor mir zu haben oder durch Leute, die kommen und gehen, gestört zu werden, ohne das Geschwätz der Platzanweiserinnen ...

Ich weiß nicht, was in fünfzig Jahren noch von mir geblieben sein wird. Vermutlich werden alle meine Filme ziemlich altmodisch wirken, und sicher wird das Kino gar nicht mehr existieren. Ich schätze, das Kino wird etwa im Jahre 2020 verschwinden, und in ungefähr fünfzig Jahren wird es nur noch das Fernsehen geben. Nun, wenn ich einen Eintrag im »Großen internationalen Filmlexikon« bekäme, wäre ich glücklich, und ich denke, jeder Filmemacher sollte jedenfalls ein bißchen darauf hoffen. Wir üben einen Beruf aus, in dem man nicht karrieresüchtig sein sollte – bitte bloß das nicht! – und nicht einmal ehrgeizig – ich bin es nicht –, aber in dem man doch bestimmte Ansprüche erfüllen sollte mit dem, was man macht, und das ist ganz und gar nicht das gleiche. Ich bin nicht ehrgeizig, ich habe keine Lust, irgendwas zu *sein*; ich war immer der, der ich bin, ich bin nie etwas *geworden*; aber ich hatte immer das Gefühl und hoffe, mir dieses Gefühl so lange wie möglich zu bewahren, daß der Versuch eines Schöpfers, seinem Werk einen Anspruch zu verleihen, etwas absolut Vernünftiges und absolut Positives ist. Man sollte nicht Filme drehen, nur um zu drehen. Aber ich bin sehr froh, diesen Beruf gewählt und ihn ausgeübt zu haben. Im übrigen werde ich, wenn es das Schicksal will – ich kann nicht sagen: wenn Gott will, denn ich glaube nicht an Gott –, noch ein paar Filme machen, und ich werde versuchen, diesem Ideal treu zu bleiben, anspruchsvoll zu sein, wenn ich einen Film beginne. Nicht anspruchsvoll zwischen zwei Filmen, sondern anspruchsvoll in dem Moment, da die erste Klappe fällt und ich mir sage: »Auf daß es gefalle!« Denn das ist mein Anspruch: die Kinosäle zu füllen. Was mir an Costa-Gavras so gefällt, ist, daß er denselben Anspruch hat. Einen Film wie *L'Aveu* auf die Beine zu stellen und zu drehen, das ist ein gesunder Anspruch. Wirklich, Hut ab! *Z* war weniger pur, mehr ein Kriminalfilm, während *L'Aveu* niemanden schont und perfekt definiert, was ich zu erklären versuche. Der reine Anspruch eines Werkes ist von entscheidender Bedeutung. Ich bin sicher, daß John Huston – es ist mir eine besondere Freude, mit ihm zu schließen – diesen gleichen Anspruch hatte, als er beschloß, *The Kremlin Letter* zu drehen.

Philippe Labro
NACHWORT

Für Max
»... es ist mir eine besondere Freude, mit ihm zu schließen ...«

Wie beredt er auch von seinem eigenen Werk spricht (da man ihn denn darum bat), nimmt sich Jean-Pierre Melville doch die Zeit, anderen Regisseuren großherzig seinen Respekt zu zollen, all jenen, die in ihm diese unbeschreibliche Freude auslösten, die er beim Sehen eines guten Films stets empfand. Am Ende seiner langen und mit Leidenschaft geführten Unterhaltung mit sich selbst – gesteuert vom getreuen Rui Nogueira – erwähnt Jean-Pierre Melville *The Kremlin Letter,* den er sich insgesamt zweiunddreißigmal in seinem privaten Vorführraum mit den großen grünen Empire-Sesseln ansehen wird. Ohne Frage weiß er in diesem Moment schon, daß dieser meisterliche Spionagefilm kein Publikumserfolg ist und von der Kritik völlig ignoriert wird. Überall, in New York ebenso wie in Paris, verschwand der Film kurz nach dem Start schon wieder aus den Kinos, überall stieß er auf Gleichgültigkeit, auf jenes Schweigen, jenes schwarze Loch, das die Schöpfer, die sich mit ihren Werken splitternackt der Öffentlichkeit präsentieren, am meisten fürchten: Egal ob man sie nun steinigt oder mit Lorbeeren kränzt, solange man ihrem Tun nur Beachtung schenkt ...

Wir sind im Mai 1970, und Jean-Pierre Melville arbeitet ganz allein – Tag für Tag, Nacht für Nacht – an den beiden Interciné-Maschinen in den beiden Schneideräumen im rechten hinteren Flur seiner Zitadelle in der Rue Jenner am Schnitt von *Le Cercle rouge.* Der Mißerfolg des Huston-Films jagt ihm keine Angst ein. Aber als *Le Cercle rouge* wenige Monate später zu einem beispiellosen Triumph wird, spricht Melville mit großer Klarsicht von der Ungerechtigkeit und dem Zufall als den Faktoren, die das Schicksal der *»film makers«* bestimmen.

Ende Oktober 1970 löst der zwölfte Spielfilm von Jean-Pierre Melville beim Publikum wie bei der Kritik einhellige Begeisterung aus – nicht zum ersten Mal in der Karriere des »*patron*«. (So nennt ihn die Wochenzeitschrift *L'Express,* die ihm, was noch nie da war, ihr Titelblatt widmet. So wird ihn ab sofort auch einer der größten Stars Frankreichs besonders liebevoll nennen.) Nein, es ist nicht das erste Mal, aber noch nie zuvor war der Triumph so global, so »kosmisch«, wie es Melville selber nennt, der eine Vorliebe für kräftige Adjektive hat, auch wenn er sie nicht immer sehr ernst nimmt. *Le Cercle rouge* ist Anlaß dafür, daß allen das Adjektiv »*melvillien*« wie selbstverständlich aus der Feder fließt. Wer von »melvillescher Qualität« spricht, der meint Erzählungen im Blau der Nacht zwischen Hütern des Gesetzes und Gesetzesbrechern, in denen Blicke ebenso viel zählen wie Gesten, Geschichten um wortlosen Verrat und ebensolche Freundschaft, die sich im kalten Luxus abspielen, der sogar Zärtlichkeit zuläßt, oder im anonymen Grau, das nicht einmal Poesie ausschließt.

Melvillesche Qualitäten, das sind Einsamkeit, Gewalt, Geheimnis, die Leidenschaft fürs Risiko und der herbe Geschmack des Unvorhersehbaren und Unvermeidlichen. Melvillesche Figuren, das sind Männer, die zu Opfern ihrer Manien werden, zu Gefangenen ihrer Obsessionen und zu Sklaven ihrer Codes. Melvillesche Stimmung, das ist etwas, was durch die Stille der Place Vendôme um vier Uhr morgens entsteht, durch das Rattern eines Zuges, der den Südosten Frankreichs durchquert, durch eine rote Rose, die jemandem als Ankündigung seines Todes gereicht wird, oder durch einen schwarzgekleideten Mann, der in einer in kalten Farben gehaltenen Wohnung drei Katzen zu fressen gibt. Hinter der scheinbar konventionellen Fassade einer sogenannten Kriminalgeschichte tritt der Autor in seiner Gänze hervor, mit seinen Gespenstern und seinen Träumen, seinen Geschmäckern und seinen Sehnsüchten, seinem Schamgefühl und seiner Verzweiflung.

Sicher, ebenso wie die Jurys bestimmter Literaturpreise ihre Auszeichnungen nie dem besten oder wichtigsten Werk eines Autors zuerkennen, krönen Publikum und Kritik Melville für *Le Cercle rouge,* wohingegen sie ein Jahr vorher dem überwältigenden *L'Armée des ombres* eher mit Zurückhaltung begegneten. Aber das fällt kaum ins Gewicht. Wichtig ist, daß etwas bleibt. Wichtig ist das Werk. Indem er sich ohne Illusionen den provisorischen Freuden des Erfolgs hingibt, wird Melville nicht müde, an diesen Satz Goethes zu denken, den er in seiner Güte auch gegenüber einem jungen Filmemacher zitiert, der in den Genuß seiner Ratschläge kommt. (Es gibt unzählige Filmautoren, die Melville mindestens ein bereicherndes und zuweilen entscheidendes Gespräch verdanken. Melville hat immer ein offenes Ohr, steht immer zur Verfügung und geizt nicht mit Ratschlägen von geradezu flaubertschem Niveau. Der Einzelgänger des XIII. Arrondissements wird nicht müde, jene zu unterstützen und zu lieben, die sich dem Abenteuer Film verschreiben. Als wolle er noch im nachhinein all jenen eine Lektion erteilen, die ihn davon abbringen wollten, Risiken einzugehen und standhaft zu bleiben.) Auf jeden Fall wird der Autor nun überall und von allen anerkannt. Anstatt es sich aber nun im »Establishment« bequem zu machen, beginnt er mutig die Gelegenheit zu nutzen, um zu attackieren, zu polemisieren, zu kontestieren und zu demaskieren. Er spricht laut und deutlich und nur in seinem Namen. Er gehört keiner Sekte an, keinem Clan, keiner Partei. Die Vielfalt und Diversität seiner Gedanken bewirken, daß man ihm zuhört, ihn respektiert, ihn haßt oder ihn bewundert. Wie ein Athlet im Vollbesitz seiner Kräfte ist Jean-Pierre Melville glücklich.

Aber da er ein Künstler ist, bleibt Jean-Pierre Melville in der Tiefe seiner Seele auch weiterhin beherrscht von Unruhe. Diesem Menschen, der schon vor langer Zeit seine eigenen Maximen aufgestellt hat, diktiert der überraschende Erfolg von *Le Cercle rouge* ein paar neue Regeln. An erster Stelle: nie wieder zu enttäuschen. Aber auch: »Wissen, wann man sich zurückziehen muß.«

Richard Crenna, Catherine Deneuve und Jean-Pierre Melville bei den Dreharbeiten zu Un flic
(Filmbild Fundus Robert Fischer)

Die großen Siege, so vertraut er einem Freund an, soll man im Verborgenen genießen. Wie in den düstersten Tagen seiner Karriere zieht sich Melville nach einigen Monaten im Lichte der Öffentlichkeit wieder ins wattierte Schweigen seines riesigen Büros zurück, in jene Art Festung, die er sich für sehr viel Geld mitten in jener eigenartigen Provinz errichtet hat, die das XIII. Arrondissement von Paris darstellt. Seine Frau Florence, seine Katzen, ein paar Freunde, seine Jazzplatten, seine Bücher, seine Photos, all die Gegenstände, hinter denen sich eine lange Geschichte verbirgt, bilden und umschließen das Universum, in dem er seinen nächsten Film plant. Dessen Titel: *Un flic.*

Noch mehr »*melvillien*« als sein Vorgänger, geheimnisvoll und glitzernd wie ein schwarzer, seltener Diamant, besitzt *Un flic* alle Qualitäten von *Le Samouraï* und läßt gleichzeitig die publikums-

Alain Delon und Jean-Pierre Melville bei den Dreharbeiten zu Un flic *(Coll. Rui Nogueira)*

freundliche Einfachheit von *Le Cercle rouge* auf entschiedene Weise hinter sich. Die Struktur überrascht durch Ellipsen und doppelte Wendungen. Das Licht ist hier noch poetischer als gewohnt. (Es ist hilfreich zu wissen, daß Melville seinen Film eigentlich *Nuit sur la cité* nennen wollte, der im Englischen aber zu sehr an Jules Dassins *Night and the City* erinnert hätte.) Mehrdeutigkeit und Hohn, die einzige Empfindung, die ein Mensch in einem Polizeibeamten wachruft (wie Melville sagt, obwohl er selbst den Satz aus Bescheidenheit oder Schlauheit Vidocq zuschreibt), werden vor dem Hintergrund nostalgischer Pianomusik ausgebreitet, zusammen mit einer Galerie gehetzter, mißbrauchter Menschen, die am Ende sind und alle mehr oder weniger verschlüsselt die universelle Maske des Todes tragen. (Man sollte sich beispielsweise, um ihnen endlich gerecht zu wer-

Riccardo Cucciolla, André Pousse und Michael Conrad in Un flic *(Coll. Rui Nogueira)*

den, noch einmal die wunderbaren Szenen ansehen, in denen Riccardo Cucciola oder Jean Desailly ihre Schwäche und ihren Verzicht eingestehen.) Mit *Un flic* dringt Melville noch weiter ein – obwohl man dies kaum noch für möglich gehalten hätte – in jene verborgene und geheime, lyrische und (das hat er immer eingeräumt) irreale Welt, die er aus allen seinen Filmen seit zwanzig Jahren formt.

Der Einzigartigkeit dieses Künstlers – der in Japan ebenso verehrt wird wie in Brasilien, an den amerikanischen Universitäten ebenso wie in den Pariser Kunstkinos – dienen eine Kamera, die sich auf magische Art und Weise bewegt, und eine faszinierende Tonspur. Den eingefleischten Melville-Kenner enttäuscht sein dreizehnter Film nicht, ganz im Gegenteil. Er scheint das Ende eines langen Kapitels darzustellen, das der chaotischen Welt der

Richard Crenna in Un flic *(Coll. Rui Nogueira)*

Nacht gewidmet war, und eine neue Ausrichtung auf andere Ausdrucksmittel und andere Gefühle anzukündigen. Aber er erreicht nicht die Zuschauerzahlen des Vorgängers, und die Kritik ist diesmal ganz besonders streng.

Wir befinden uns nun am Ende des Jahres 1972, und der halbherzige Erfolg von *Un flic* stellt den Künstler ebensosehr auf die Probe wie der unerwartet große Erfolg von *Le Cercle rouge*. In Wahrheit ist jeder Film eine Prüfung: Man gibt alles, man entleert sich, man schlägt sich, man wächst über sich hinaus, man übertrifft sich selbst, man opfert seine Nerven und seinen Schlaf auf der Suche nach der Lösung der Frage, wie man die Arbeit, die nie vollendet sein wird, perfektionieren kann. Der Maler kann an seine Leinwand zurückkehren, der Komponist an sein Notenblatt und der Schriftsteller an seine Seiten. Der Filmemacher jedoch

Catherine Deneuve in Un flic *(Filmbild Fundus Robert Fischer)*

verfügt nach Abschluß der Dreharbeiten nur über das, was er in den Händen hält: das belichtete Filmmaterial. Schließlich ist »eine Nullkopie immer nur ein Provisorium«. Die Prüfung hört damit nicht auf. Es gibt den »Start« der besagten Kopie, das Urteil der Kollegen, der Freunde, der Feinde, der Unbekannten, das deprimierende Loch, das dieser Geburt unweigerlich folgt, völlig unabhängig übrigens vom materiellen Resultat, also dem finanziellen Erfolg oder Mißerfolg. Jean-Pierre Melville ist nicht besser vor Erschöpfung gefeit als ein anderer Künstler. Im Gegenteil: Unter dem Panzer des am Set so strengen »*patron*« verbirgt sich eine erstaunliche, fast blankliegende Sensibilität. Zum x-ten Male fragt er sich, ob er nicht »alles fallenlassen« und mit Flo und den Katzen nach Virginia auswandern solle, um dort Bücher zu schreiben. Und dann siegt doch wieder die Weisheit, die Erfahrung, die innere Ruhe und Reife, und Jean-Pierre Melville geht das Jahr 1973 ohne Bitterkeit und Schwäche an. Er räumt zwar ein, daß mit *Un flic* »etwas nicht stimmte«, aber er mag sich darüber nicht näher auslassen, und außerdem ist das Vergangenheit, vielleicht wird er sich diesen Film später noch einmal anschauen, denn er sieht sich seine eigenen Filme nie an, bevor er sie nicht dem Test der Zeit unterworfen hat – und wenn er ihn sich wieder anschaut, dann ist der Film vielleicht gut oder vielleicht schlecht gealtert. Wie auch immer: Das Kino war noch nie so lebendig, so herausfordernd.

Die amerikanischen Filme, die er sich Abend für Abend vorführen läßt – *Deliverance (Beim Sterben ist jeder der Erste)* von John Boorman, *Vanishing Point (Fluchtpunkt San Francisco)* von Richard Sarafian, *Jeremiah Johnson* von Sydney Pollack und *They Shoot Horses, Don't They (Nur Pferden gibt man den Gnadenschuß)* desselben Regisseurs –, lassen ihn vor den wenigen Privilegierten, die er zu diesen Vorführungen einlädt, immer wieder ausrufen: »Kennen Sie etwas Aufregenderes als das Kino?«

Diese Begeisterung, das ständige Wuchern seiner Ideen oder Gedanken angesichts unserer Zeit und aktueller Geschehnisse, zu dem sich der geheimnisvolle Prozeß der Entwicklung einer Geschichte gesellt, bewirkt, daß Jean-Pierre Melville gegen Ende des Frühjahrs 1973 langsam aber sicher seinen dicken Füllfederhalter mit der schwarzen Tinte und seine Packen gelben Papiers wieder in die Hand nimmt. Das Schreiben des vierzehnten Films wird angegangen. Er erfindet rasch einen provisorischen Titel: *Contre-Enquête* [Kreuzverhör]. In Wahrheit nicht sehr treffend, denn die Geschichte und die Hauptfigur sprengen eindeutig den Rahmen eines »Kriminalfilms«. Seinem Produzenten, der wissen will, zu welchem Genre dieser Film gehören wird (Action, Suspense, Mystery, Polizeifilm, Psychothriller), antwortet er mit gewohnter Arroganz und Klarsichtigkeit: »Sagen wir, es wird ein Melville, das sollte genügen.«

Perfektionist, der er ist, entschlossen, nichts dem Zufall zu überlassen, besessen von der Überzeugung, daß alles aufs Drehbuch ankommt – und nicht aufs Drehen –, arbeitet Melville mit größerer Konzentration und Selbstdisziplin als üblich an seinem Originaldrehbuch. Er zerreißt seine Blätter, nachdem er sie geschrieben und neu geschrieben hat, diktiert, diktiert noch einmal, zerreißt erneut seine Blätter. Jede Einstellung, jede Überblendung, jede Figur muß auf dem Papier exakt definiert und visualisiert werden. Die größtmögliche Klarheit im Schreiben verlangt die kleinstmögliche Menge an Effekten. Tagelang wird durchgearbeitet, nächtelang vor allem. Die Arbeit ist nicht schwierig, sondern aufregend. Stückchen für Stückchen, mit der Gewißheit eines Zeichners, der radiert, radiert und nochmals radiert, um den perfekten Linienschwung zu erreichen, kommt Melville voran. Von Szene 1 (»Außen, Nacht. Eine junge Frau am Steuer eines Autos, das mit großer Geschwindigkeit durch eine öde, unwirtliche Landschaft fährt«) bis Szene 37 gibt es keinen einzigen Dialogsatz. Melville liebt das. Einmal, ein paar Jahre früher, hat er einmal einem Journalisten anvertraut: »Wenn ich ein neues Drehbuch schreibe, sage ich mir insgeheim immer: Wenn ich morgen sterben sollte, könnte dann jemand anderer als ich diesen Film drehen? Und die Antwort darauf darf nur heißen: Nein! Natürlich kann jeder ein gut geschriebenes, gut strukturiertes Drehbuch verfilmen, aber wäre das dann derselbe Film wie der, den ich daraus gemacht hätte? Wenn die Antwort negativ ist, bin ich beruhigt.«

Es ist Sommer in Paris. Die Stadt ist wie ausgestorben. Jean-Pierre Melville, der sich inzwischen im Innern seiner Geschichte sehr wohl fühlt, kann beruhigt sein: Niemand könnte die ersten zweihundert Szenen, die er geschrieben hat und mit denen er so zufrieden ist, daß er sie nicht mehr zerreißen und neu schreiben muß, so drehen wie er. Er gesteht, selten zuvor ein Drehbuch mit solcher Sorgfalt und folglich mit solcher Mühe geschrieben zu haben. Er läßt für einen Moment seine laufende Arbeit liegen, um die internationale politische Lage zu analysieren und seine Ansicht zu formulieren über diverse Leben, diverse Frauen, diverse Bücher, diverse Männer, er hält sich auf mit dem zu breiten Revers seiner Sportjacke, er lächelt, er lacht, und plötzlich – man hält es nicht für möglich, aber das Unerhörte passiert –, plötzlich rafft es ihn hin, ist er tot. Er hätte noch so viel zu sagen gehabt, er wollte noch so viel tun.

Über das Werk Jean-Pierre Melvilles ist in dem wunderbaren Buch, das Sie soeben gelesen haben, alles oder so gut wie alles gesagt. Bewußt hat sich dieses Nachwort darauf beschränkt, die Lücke zwischen dem letzten Gespräch mit Rui Nogueira Mitte 1970 und dem unerwarteten Tod des Regisseurs Mitte 1973 zu schließen. Dem, der ihn geliebt und gekannt hat, bleibt die Aufgabe, später einmal in einem anderen Buch all das aufzuschreiben, was in diesen Unterhaltungen zwar nicht zur Sprache kam, aber dennoch leicht zwischen den Zeilen zu erkennen war: die seltene Größe und besondere Qualität des Menschen Jean-Pierre Melville.

Es gälte dann vielleicht zu beschreiben, neben tausend anderen Szenen, Worten oder Gesten, wie Jean-Pierre Melville am Ende einer langen Unterhaltung (wie dieses Buch eine darstellt) seinen Freund und Gesprächspartner zu verabschieden pflegte.

Es ist vier Uhr morgens, und die beiden haben die ganze Nacht geredet. Draußen ist die Rue Jenner menschenleer, woran sich auch über Tag nicht viel ändert. Der Besucher steigt in sein Auto, nachdem er lange die kräftige Hand seines Gastgebers geschüttelt hat. Dieser bleibt am Bordstein stehen. Das Auto setzt sich die Rue Jenner hinauf in Bewegung. Der Besucher blickt in den Rückspiegel. Er kann Jean-Pierre Melville sehen, der regungslos und ohne Hut im Schein der Lampen seiner blaugrauen Straße verharrt und dem sich entfernenden Fahrzeug nachblickt. Das ist die letzte Einstellung eines nie gedrehten Films: Ein Freund, aufrecht in der Nacht, der, um den Kontakt nicht zu verlieren, den er mit seinem Charme und seiner Intelligenz aufzubauen verstand, dir nachblickt, bis du am Horizont der Pariser Straße verschwunden bist. Man denkt an Guillaume Apollinaire: »Wie ein schwermütiger Späher beobachte ich das Leben und den Tod ...« Aber der Späher war nicht schwermütig, und nichts und niemand kann seine Lebensfreude und seinen Glanz ersetzen. Man tröstet sich, so gut es geht, mit dem, was bleibt: dreizehn Filme – und dieses Buch, für das Rui Nogueira zu danken ist. Man tröstet sich, so gut es geht ... Jean-Pierre ...

Philippe Labro, Jahrgang 1936, französischer Schriftsteller und Radiojournalist, hat zwischen 1969 und 1984 auch bei sieben Filmen Regie geführt, darunter *L'Héritier (Der Erbe,* 1972) und *L'Alpagueur (Der Greifer,* 1975) mit Jean-Paul Belmondo. Sein gelungenster Film ist aber der Krimi *Sans mobile apparent (Neun im Fadenkreuz,* 1971) mit Jean-Louis Trintignant, nach dem Roman *Ten Plus One* von Ed McBain.

Volker Schlöndorff
MEIN ERSTER MEISTER

Kennengelernt habe ich Melville 1959, eines Abends bei einer Vorführung von *Johnny Guitar* im Filmclub Cinequanon. Mein Klassenkamerad Bertrand Tavernier stellte uns vor. Melville fand Nick Rays Film grauenhaft. Er stand in Hut und Mantel unter den Platanen des Boulevard des Gobelins und beschwor uns, von dieser Geschmacksverirrung abzulassen und im amerikanischen Film klassischer Art unsere Vorbilder zu suchen. Parteiisch wie er war, ließ er nur zwei – damals verachtete – Regisseure gelten: William Wyler und Robert Wise. Er lud uns ein, in seinen amerikanischen Wagen, einen Ford Galaxy, zu steigen. Vorne saß stumm und zigarettenrauchend Flo, seine Frau. Wir ließen uns in den Fond sinken. Wie später noch oft fuhr er uns durch die Stadt. Schnell verließ er das Zentrum Richtung *boulevards extérieurs* und in die Barackenvororte im Norden. Er fuhr an Plätze, wo er schon gedreht hatte oder wo er drehen wollte. Er hielt an Straßenecken und unter Eisenbahnbrücken, suchte Kamerawinkel, von wo Paris wie Manhattan wirken würde. Dabei zitierte er Filme, in denen solche Einstellungen vorkamen, wobei er den Regisseuren Noten erteilte, feststellte, was sie »richtig« und »falsch« gemacht hatten, keinen Widerspruch duldend.

Fast jede Nacht fuhr er so durch die Stadt, immer dieselben Stadtviertel aufsuchend, erst mal auf die Champs-Élysées, um zu sehen, vor welchem Film die längste Schlange stand, dann vorbei an der Madeleine, nicht ohne einen Blick auf die Nutten zu werfen – wobei er oft erzählte, wie er hier Isabelle Corey für *Bob le Flambeur* entdeckt, das heißt gesehen, angesprochen und engagiert hatte –, dann über die Buttes Chaumont nach Norden auf die Schnellstraßen, in sein Brooklyn. Niemals hielt er an, um in eine Kneipe zu gehen. Langsam wie ein Kamerawagen fuhr er durch die Straßen und sprach von Filmen. Er fuhr auch oft allein. Wie gesagt, ohne je anzuhalten, um in eine Kneipe zu gehen. Dazu war er zu scheu. Er ging nur dorthin, wo man ihn kannte, in einige bessere Restaurants, wo er sich sehr als Herr bedienen ließ, immer darauf bedacht, daß er den besten Tisch bekam, sonst ging er, fuhr nach Hause, aß ein Steak und ein paar Blätter Salat. Eine Diät, die er damals schon wegen seines schwachen Herzens streng einhielt, außer Sonntag nachmittags: Da fuhren wir in eine Konditorei und kauften viel mitteleuropäischen Kuchen mit Sahne und Creme. Jean-Pierre hieß eigentlich Grumbach und war aus dem Elsaß, daher seine Vorliebe für Kuchen, sein Interesse für das Deutsche und sein starker Familiensinn.

Melville ist wahrscheinlich der einzige Regisseur, der in seinem eigenen Filmatelier lebte. Es war zwar nicht sehr groß – nach dem Krieg hatte er es mehr oder weniger in Handarbeit in eine alte Fabrikhalle an der Place d'Italie gebaut –, verfügte aber doch über zwei Aufnahmestudios, einen kleinen Fundus, zwei Schneideräume und vor allem eine Vorführung. In schlechten Zeiten lebte er davon, sein Atelier ans Fernsehen zu vermieten. Über den Büroräumen war seine Wohnung, wo er mit Flo, seiner Mutter und drei Angorakatzen lebte. Die Einrichtung war wie das Dekor amerikanischer Filme in den vierziger Jahren: breites Sofa, flankiert von schweren, niedrigen Lampen, die einen scharf begrenzten Lichtkreis auf den Teppichboden warfen, Kamin mit einem Gemälde darüber, dunkle Wandbespannung, runde Tür- und Fensterbeschläge, aus New York importiert, Jalousien und vertikale Schiebefenster wie in Amerika. Eine unwirkliche, lähmende Umgebung, meist nur künstlich beleuchtet. Irgendwie erinnerte auch die neuenglische Bibliothek an das Hinterzimmer in einem Chicagoer Spielsalon.

Er verließ die Wohnung nur gegen Abend, um ins Kino zu gehen oder seine nächtlichen Autofahrten zu unternehmen. Oft blieb er tagelang im Bett, umgeben von den neuesten Zeitungen, Radio, Fernsehen und dem Telefon. Das waren die Zeiten, wo er versuchte, ein Projekt zu finanzieren beziehungsweise einen

Produzenten zu finden. Auf die zwei oder drei Filme, die in meiner Zeit tatsächlich zustande kamen, kommen mindestens fünf oder sechs, die wir in allen Einzelheiten vorbereiteten, die dann mangels Geld, oder weil er nicht die »richtigen« Schauspieler fand, scheiterten. Bevor er ein Drehbuch schrieb, machte er einen Drehplan, um zu sehen, wie lange er die einzelnen Darsteller benötigte und was das kosten würde. Und bevor wir den Drehplan machten, entwarf er die Dekorationen – nicht auf dem Papier, sondern vor Ort. Oft gingen wir mitten in der Nacht runter ins Atelier, stellten ein paar Wände auf, einen Hintersetzer von Manhattan oder von einem *terrain vague* im Pariser Norden, und er begann auszuprobieren, in wieviel Einstellungen er die Szene auflösen müßte. Es ging ihm dabei immer darum, mit möglichst wenigen, übrigens immer denselben Mitteln eine Geschichte zu erzählen. Außer Fenster, Türen und gemalten Perspektiven war eine alte Treppe an der Rückwand des Ateliers ein wichtiges Versatzstück. Um sie herum wurden viele Dekorationen gebaut, und sie fehlt in keinem seiner Filme.

Die meisten seiner Projekte wurden nie verwirklicht, denn Melville war damals weder beim Verleih noch bei den Produzenten gefragt. Auch die Gewerkschaften – und damit die meisten Filmtechniker – boykottierten ihn. Es ging um die Frage des Mindeststabes. Die gewerkschaftliche Forderung war mindestens 21 Techniker, darunter gab es keine Drehgenehmigung für einen Spielfilm. Melville zog sich ihren Zorn zu, als er erklärte, ihm genügten zwei Leute, um einen Film zu machen: der Kameramann und er selbst. *Deux hommes dans Manhattan*, seinen damals letzten Film, hatte er so gedreht. Es war ein Gangsterfilm in der amerikanischen Art, ein kleiner Schwarzweißfilm, in dem er selbst und Pierre Grasset die Hauptrollen spielten. Leider war der Film eine Pleite, und Melville stellte entmutigt fest, daß es eben »falsch« gewesen war, einen solchen Film überhaupt zu versuchen, daß es »richtig« sei, einen europäischen Film zu machen, einen Film in der Art seiner ersten, die Literaturverfilmungen waren. Also plante er *Léon Morin*. Er engagierte Belmondo, dessen Film *A bout de souffle* gerade anlief, und Emmanuelle Riva aus *Hiroshima mon amour*. Damit übernahm er zwar die Darsteller der Nouvelle Vague, konnte sich aber ansonsten nicht sarkastisch genug über deren Dilettantismus äußern: sie machten alles »falsch« – obwohl sie sich doch alle auf ihn als den Vater der Nouvelle Vague beriefen. Er ging auch sehr freundschaftlich mit ihnen um, Godard und Chabrol vor allem kamen oft zu ihm, aber er verzweifelte, wenn sie seine zahlreichen Ratschläge nicht befolgten. Denn er glaubte an Regeln und wandte sie auch an. Jede Einstellung konnte nur auf *eine* Weise gedreht werden. Alles andere war »falsch«. Peinlich, pedantisch maß er Blickrichtungen und -winkel beim Schuß-Gegenschuß aus, verdammte Achsensprünge und unkonventionelle Schnittfolgen. Handkamera, Unter- oder Überbelichtungen, Lichteinfall oder Zoom galten als Sichgehenlassen, Unfähigkeit und Schlimmeres: »Er hat nichts vom Kino begriffen, nichts!« hieß es bald von dem einen, bald von dem anderen, auch wenn sie Erfolg hatten. Gerade Melville, der in seinen ersten Filmen aus Geldmangel die Arbeitsweise erfunden hatte, auf die sich die Nouvelle Vague berief, wollte nun nur noch »amerikanisch« drehen.

Durch und durch Lehrer war er auch, wenn er Team und Freunden in seinem eigenen Vorführraum Filme zeigte, übrigens immer wieder dieselben: *The Best Years of Our Life* von Wyler und vor allem Robert Wises *Odds Against Tomorrow*. Das einfache Handwerk war es, was er uns anhand dieses letzten Films beibringen wollte: das wehende Zeitungspapier in der Anfangstotale, den frontalen Schnitt auf den Lkw und viele andere Einstellungen, die er immer ein paar Schnitte im voraus ankündigte.

Ich habe damals diese willentliche Beschränkung auf die Zeichensprache des amerikanischen Films nicht so recht verstanden, um so weniger, als rundherum in Frankreich alles im Umbruch war, im Film – Nouvelle Vague – wie in der Gesellschaft überhaupt: Ende des Algerienkrieges.

Melville verfolgte diese Ereignisse zwar, aber wie einer, den es nicht mehr selbst angeht. Wie der Samurai schloß er sich in der Welt seiner Arbeit (die er wie einen Auftrag ausführte) und seiner Wohnung ein, als wolle er alle Spontaneität aus dem Leben wie aus den Filmen bannen. Entsetzt war er, als Godard ihn eines Abends, als Anna Karina ihn verlassen hatte, fragte: Aber, Jean-Pierre, ist das Leben nicht wichtiger als das Kino?! Hier hielt Melville sich an den Codex seiner Gangster – Leidenschaft und Arbeit lassen sich nicht miteinander vereinbaren, denn: »Du hast deine Arbeit, die Frau hat nur dich – das ist auf die Dauer aufreibend.«

Mann-Frau-Beziehungen behandelte er in Gesprächen immer nach dem Muster Zuhälter-Nutte, anhand von zahlreichen Beispielen; ob sie alle selbst erlebt waren, weiß ich nicht. Godard bezog von ihm auf diese Weise die Story für *Vivre sa vie*, dessen Schlußszene vor Melvilles Atelier spielt, vor dem Café, wo er selbst *Bob le flambeur* gedreht hatte.

Anfang der sechziger Jahre, nachdem Godard ihn durch den Auftritt in *A bout de souffle* zum Übervater erkoren hatte, war Melvilles Wohnung im Studio Jenner Treffpunkt der Nouvelle Vague. Außer den wenigen Freunden, die er hatte, wie die Schauspieler Pierre Grasset, Daniel Cauchy und Howard Vernon, kam ja sonst niemand zu ihm. Den meisten war der Umgang mit ihm zu anstrengend – denn seine Freundschaft vereinnahmte einen völlig; versuchte man aber auf eine gewisse Distanz zu gehen, trieb er es zum Bruch, und man wurde zum »Feind« und »Verräter«. Zu den »Verrätern« zählten natürlich auch alle Kritiker, die ihn und die von ihm bevorzugten amerikanischen Filme nicht bedingungslos akzeptierten. Diesen Bann konnte man nur brechen, indem man ihm eine reuige Aufwartung machte, womöglich mit Selbstkritik. Dann vergab er alles und war nie nachtragend.

Die Résistance und die Zeit kurz nach dem Krieg, die »Libération«, waren die Augenblicke, in denen er gelebt hatte, von denen er in seinen Erzählungen schwärmte. Er war zwar nicht aktiv, aber immerhin in London in de Gaulles Umgebung gewesen. Daher auch sein Interesse, um nicht zu sagen seine schwärmerische Faszination für das Deutsche. Gleich nach dem Krieg begann er die Geschichte eines deutschen Offiziers (Howard Vernon), der eine Französin (Nicole Stephane) liebt, zu verfilmen: *Le Silence de la mer* nach einer Novelle von Vercors, sein vielleicht schönster Film. Henri Decaë, der damals Photolaborant war, machte die Kamera. Sie drehten auf Filmresten und ausgelaufenen Emulsionen, die sie sich auf dem Schwarzmarkt organisiert hatten.

Wohl auch weil ich Deutscher war, nahm er mich so begeistert auf. Meine ganz andere politische Einstellung (ich arbeitete damals mit Studentengruppen um Sartre an der Kampagne gegen die Folter und für die Unabhängigkeit in Algerien) nahm er einfach nicht zur Kenntnis, zwang mich, in dieser Beziehung ein Doppelleben zu führen. Morgens kam ich ins Atelier, wir bereiteten alles für den Dreh vor, bis Jean-Pierre gegen Mittag erschien. (Die französische Drehzeit geht von 12 Uhr mittags bis 19.30 Uhr, ohne Pause.) Oft rief er mich in sein Schlafzimmer, erklärte anhand von Skizzen die Einstellungen und vorgesehenen Kamerafahrten sowie die Bewegungen der Schauspieler. Das probten wir dann unten im Atelier, und erst wenn die Szene drehfertig war, kam Jean-Pierre, immer in Mantel und Hut, nahm in seinem Regiestuhl neben der Kamera P!atz und rührte sich bis zum Abend nicht mehr von der Stelle. Alle Anweisungen für die Schauspieler gab er aus dieser Zuschauerposition, blickte auch nie durch den Sucher, sondern gab im Sitzen haargenau die Bildgrenze an sowie die Brennweite des Objektivs, mit dem sie zu erreichen war. Alles nach festen, unumstößlichen Regeln, oft schien es mir fast ein Ritual wie die Messe. Die Anweisungen an die Schauspieler waren nie psychologisch, immer behavioristisch: Gesten, Tempi, Blickrichtungen.

Ins Extreme ritualisiert waren auch die *casting sessions*, wenn Schauspieler sich vorstellten: Melville ließ eine Atelierhalle leerräumen bis auf einen Tisch und Stuhl in der dem Eingang diagonal gegenüberliegenden Ecke. Dort nahm er Platz – in Hut und Mantel –, und die Darsteller mußten im Licht von zwei Scheinwerfern zunächst diese lange, leere Strecke von der Tür bis zu ihm, der im Schatten saß, zurücklegen. Hatte ein Schauspieler diese Gangsterinszenierung überstanden, löste Melville die Examenssituation mit viel Charme auf und begleitete die Kandidaten nicht selten bis auf die Straße zurück, manchmal fuhr er sie sogar nach Hause. Die wenigsten schafften allerdings die ersten dreißig Meter, und es blieb uns überlassen, sie schnell und schmerzlos zu verabschieden.

Als Freund und Meister wurde Melville immer besitzergreifender, so daß ich mich schließlich, wie von einem Vater, nur gewaltsam von ihm trennen konnte. Während *L'Aîné des Ferchaux* kam es zu einem großen Krach, und er erklärte mich zum »Verräter«. Jahrelang gingen wir uns aus dem Weg, wechselten sogar den Bürgersteig, wenn wir uns auf den Champs-Élysées begegneten, bis wir eines Tages im Dunkel eines Kinos in der ersten Reihe nebeneinander zu sitzen kamen. Vor uns auf der Leinwand Samantha Eggar und Terence Stamp in *The Collector*. Wir sagten beide kein Wort, bis das Licht anging – auch dann noch längeres Schweigen. Schließlich stand er auf und reichte mir die Hand: »Da es ein Film von William Wyler ist, verzeihe ich dir.« Wir stiegen in sein Auto und nahmen die unterbrochenen nächtlichen Fahrten wieder auf.

Er war sicher mein bester Freund und der, von dem ich am meisten gelernt habe.

Paris, 20. Oktober 1981

PS: Mein Bruch mit Melville bereitete sich schon während des Drehs von *Le Doulos* vor, weil ich seine Arbeit an dem Drehbuch schlampig fand. Er folgte einfach der Vorlage, in der auf den letzten Seiten alles das erklärt wird, was vorher nur deshalb so geheimnisvoll war, weil der Autor dem Leser einige wichtige Informationen vorenthalten hatte. Streng an Hitchcocks Regeln geschult, fand ich das unstatthaft. Der Zuschauer muß immer alle Fakten und Beziehungen kennen, mehr sogar als die handelnden Personen – und dann muß es noch spannend sein. Melville scheute davor zurück, Belmondos Verrat von Anfang an zu zeigen – aus Angst, das Publikum könne dem Hauptdarsteller seine Sympathie entziehen. Das Ergebnis wäre, daß der Film durchfällt. Ich wiederum befürchtete, daß das Publikum gerade dann sauer wäre, wenn es bemerkt, daß es reingelegt wurde ...

Wie dem auch sei, die Sache hatte fast dreißig Jahre später ein schönes Nachspiel. Sommer 1991 war ich als *resident director* in Sundance. Unter den Studenten fiel einer auf, der wahrlich ein »Getriebener« war: Quentin Tarantino. Wir probten mit ihm Szenen aus *Reservoir Dogs,* die er im gleichen Herbst noch drehen wollte. Er sprach mich auf einen seiner Lieblingsfilme an: *Le Doulos!* Warum denn das? Ich liebte ihn ja auch, mitsamt der Hommage an *Asphalt Jungle* am Ende, aber das Drehbuch usw., siehe oben. Was hatte Tarantino so gut gefallen? Daß es einer wenigen Filme der Filmgeschichte ist, wo man 70 Minuten lang beim besten Willen NICHTS begreift! Gerade das fand er das Geniale daran, etwas, was in Hollywood nie möglich gewesen wäre.

Da sieht man mal, wie man sich täuschen kann, hab' ich mir gedacht und ihm später eine Photokopie des Originaldrehbuchs mit unseren Arbeitsskizzen geschickt.

Berlin, Februar 2002

Robert Fischer
ZUR DEUTSCHEN AUSGABE
UND EIN GESPRÄCH MIT RUI NOGUEIRA

Rui Nogueiras Melville-Interview zählt zu jenen Filmbüchern, die für die Cinephilen meiner Generation einen ganz besonderen Stellenwert besitzen. Melville starb, als wir gerade anfingen, uns für seine Filme – für Film überhaupt – richtig zu begeistern, und wir liebten Nogueiras Buch, weil Melville und sein Werk in ihm weiterlebten. *Le Samouraï, Le Cercle Rouge* und *Un flic* – lange Zeit die einzigen Melville-Filme, die uns im Kino zugänglich waren – bildeten für uns eine mythische Trilogie, es waren die schönsten Spätvorstellungsfilme, die man sich vorstellen kann, die schönsten *polars* sowieso. Über *L'Armée des ombres* und die anderen Filme von Melville lasen wir die entsprechenden Kapitel im Nogueira-Buch, bevor wir sie endlich sehen konnten, entweder im Fernsehen oder bei Neuaufführungen oder verspäteten deutschen Erstaufführungen im Kino.

Man darf vermuten, daß Rui Nogueiras Buch *Melville on Melville* auf Praktiker wie Paul Schrader, Michael Mann und John Woo, die kurz nach Melvilles Tod ihre ersten Filme machten, eine ähnliche Wirkung hatte wie auf uns Theoretiker. Melvilles Einfluß auf Filme wie *Taxi Driver, American Gigolo (Ein Mann für gewisse Stunden)* und *Light Sleeper, Thief (Der Einzelgänger)* und *Heat, The Killer* und *Hard-Boiled* ist jedenfalls unbestritten. »*Le Samouraï* und *Le Cercle rouge* sind meine beiden Lieblingsfilme«, sagt John Woo. »Die beiden Eröffnungssequenzen in *The Killer* – der Auftragskiller erst im Nachtclub und dann in einer leeren Kirche – sind natürlich eine Art Hommage an Melville, ein direkter Verweis auf *Le Samouraï*. Melville ist der Größte.« Regisseure wie Jim Jarmusch, Aki Kaurismäki, Hal Hartley oder Quentin Tarantino beziehen sich auf alles zusammen: auf Melville, Godard und deren Epigonen.

Über Rui Nogueira, der Melville damals die Fragen gestellt

und das Buch gemacht hatte, wußten wir gar nichts, aber seinen Namen vergißt man nicht. Erst in den neunziger Jahren erfuhr ich, daß er in Genf lebt, dort ein Kino betreibt und eine respektable Sammlung von Filmkopien besitzt.

Im Februar 2001, während der Berliner Filmfestspiele, stand ich dann irgendwann neben einem freundlich lächelnden Mann mit dicker Hornbrille und Cowboyhut, und eine gute Freundin machte uns miteinander bekannt: »Das ist Rui Nogueira ...« Dreißig Jahre nachdem ich sein Melville-Buch ins Herz geschlossen hatte, drückte ich Rui Nogueira die Hand. Kino-Urgestein. *Bigger than life.* So hatte ich ihn mir vorgestellt.

Zwei Wochen später kommt die Anfrage, ob ich Nogueiras Melville-Buch übersetzen möchte. Erst denke ich, mein Treffen mit Rui habe etwas mit diesem Angebot zu tun, aber nichts dergleichen: Das zeitliche Zusammentreffen ist reiner Zufall. Und doch vollkommen zwingend und logisch.

Genau ein Jahr nach der ersten Begegnung treffen Rui und ich uns am selben Ort wieder: Berlinale 2002. Das Buch ist inzwischen übersetzt, aber es fehlt noch etwas: Ruis Geschichte.

*

Rui Nogueira: Ich wurde 1938 in Portugal geboren, in Porto. Meine Mutter ging mit mir 1940 nach Lissabon, während mein Vater als Offizier auf einem belgischen Schiff diente, das alliierte Truppen transportierte. 1943 folgte ich meinem Vater nach Mozambique, wo ich bis 1961 blieb. Dann kehrte ich nach Lissabon zurück, um dort zu studieren. Ich kam am 5. Oktober 1961 an, geriet in eine Demonstration gegen das Salazar-Regime, wurde von der politischen Polizei verhaftet und 36 Stunden festgehalten. Am 3. Dezember nahm ich an einer weiteren Demonstration teil, diesmal freiwillig. Die Anweisung, mich am nächsten Morgen bei der Polizei zu melden, war für mich der Anlaß, nach Paris zu fliehen, womit ich mir gleichzeitig einen Traum erfüllte.

In Paris schrieb ich für *Cinéma, Image et Son, Cahiers du cinéma, Écran, Le Quotidien de Paris* und *France Nouvelle*. Ich war Regieassistent beim Schulfernsehen und arbeitete dort mit Éric Rohmer, Nestor Almendros, Jean Eustache, Jean Douchet und anderen zusammen. Henri Langlois holte mich als Mitarbeiter an die Cinémathèque Française, und viele Jahre war ich Paris-Korrespondent der englischen Filmzeitschrift *Sight and Sound*.

Seit 1977 lebe ich in Genf, wo ich das *Centre d'Animation Cinématographique (C.A.C. Voltaire)* leite. Momentan bereitete ich eine neue Filmbuchreihe vor, mit der ich einigen Regisseuren, die von den Filmhistorikern und -kritikern meiner Ansicht nach zu Unrecht vernachlässigt wurden, ihren verdienten Platz einräumen möchte. Vincent Sherman zum Beispiel.

Die Gespräche mit Melville habe ich 1970 geführt, vor zweiunddreißig Jahren also. Eigentlich sollte es gar kein Buch über Melville werden. Tom Milne, der beim Londoner Verlag Secker and Warburg die Filmbuchreihe *Cinema One* betreute, hatte ein Buch über Truffaut bei mir in Auftrag gegeben, ein langes Werkinterview, nach dem Muster des Truffaut-Hitchcock-Buches, das gerade erschienen war.

Ich verabredete mich mit Truffaut, er lud mich zum Abendessen ein. Die Wohnung war leer, nur ein Photo von Jeanne Moreau aus *Jules et Jim (Jules und Jim)* hing an der Wand. Truffaut war sehr nett, gab sich Mühe, wollte die kalte Atmosphäre erklären und sagte, von Roberto Rossellini, dessen Assistent er in den fünfziger Jahren gewesen war, habe er gelernt, schlicht zu leben, aber im Gegensatz zu Rossellini, der dauernd Besuch bekam und das Haus voll hatte, reiche ihm, Truffaut, der Fernsehapparat, er brauche niemanden. Eine Aussage, die mich ziemlich entsetzte. Dann nahmen wir an einem fein gedeckten Tisch Platz, und ein livrierter Diener brachte das Essen. Ich konnte es kaum fassen. Truffaut, der als Kind praktisch auf der Straße aufgewachsen war, jedenfalls aus bescheidenen Verhältnissen stammte, hatte sich anscheinend an eine Lebensweise gewöhnt, die die Negation all dessen war, wofür er früher stand. Deshalb konnte ich nicht weitermachen, es war mir einfach unmöglich. Und so habe ich als Ersatz Melville vorgeschlagen. Ich hatte Melville einmal getroffen, wußte, daß er gut erzählen konnte und daß er den gleichen Filmgeschmack hatte wie ich. Der Verlag war sofort damit einverstanden, und das war der Startschuß.

Fand das Essen bei Truffaut zu Hause statt?
Ja, in seiner Pariser Privatwohnung. Er hatte gerade *Baisers volés (Geraubte Küsse)* abgedreht. Ich hatte vor den Dreharbeiten mit ihm Kontakt aufgenommen, mitten im Mai 68, und bin ihm zwischendurch immer wieder auf die Nerven gegangen, ohne daß er mir das verübelt hätte. Anfangs hatte er noch skeptisch reagiert und gesagt, ich solle es nicht persönlich nehmen, aber er könne sich einfach nicht vorstellen, das Buch mit einem Mann zu machen, es sei ihm lieber, eine Frau stelle die Fragen für so ein Buch, dann könne er viel offener und wahrhaftiger antworten als mit einem Mann als Gesprächspartner. Was ich übrigens absolut nachvollziehen kann. Melville war in der Hinsicht das genaue Gegenteil. Auch er verehrte die Frauen, ließ sich von ihnen aber lieber bedienen, als sich mit ihnen zu unterhalten. Meine Frau hielt in Melvilles Gesellschaft immer den Mund. Und Melville sagte: »Nogueira hat eine sehr kluge Frau.« Damit meinte er: Sie schweigt, also ist sie intelligent.

Wie hat Truffaut reagiert, als er erfuhr, daß du ein Buch über Melville statt über ihn machst?
Er war erleichtert, dieses Buch nicht mit mir machen zu müssen. Er hätte sich nicht geweigert, aber uns beiden war klar, daß das keine gute Ehe gewesen wäre.

Hat ihm das Melville-Buch gefallen?
Wir haben nie darüber gesprochen. Er las alles, was ich schrieb, meine Artikel und Interviews, und sagte mir seine Meinung da-

zu, aber das Melville-Buch hat er nie erwähnt. Vielleicht, weil er und Melville sich nicht besonders gut verstanden. Die *Cahiers du cinéma* dagegen sprachen sich ganz klar gegen das Buch aus, ebenso *Positif* und andere französische Zeitschriften. Der Tenor war: Das kann auch nur einem Portugiesen einfallen, sich für einen faschistischen Filmemacher zu interessieren. Wer damals Gaullist war, galt schon als Faschist. Völlig absurd. In England, wo das Buch 1971 unter dem Titel *Melville on Melville* herausgekommen war, hatte man das weniger verkniffen gesehen. In Frankreich erschien mein Buch erst im Januar 1974, und auch nur, weil Melville inzwischen gestorben war. Zu seinen Lebzeiten hätte sich kein französischer Verlag dafür interessiert. Seghers brachte es nach Melvilles Tod also in der Reihe *Cinéma 2000* unter dem Titel *Le cinéma selon Melville* heraus, und es wurde sogar mit dem wichtigsten französischen Filmbuchpreis ausgezeichnet, dem Prix Armand Tallier, den Truffaut sieben Jahre zuvor für sein Hitchcock-Interviewbuch bekommen hatte. Aber es kam noch besser: 1996 sollte das Buch in Frankreich neu herauskommen. Mir ging es nicht sehr gut, denn meine Frau war 1994 gestorben, und ich hatte mich von dem Verlust noch nicht erholt. Es gab ein sehr lukratives Angebot vom Verlag René Chateau und zugleich ein weniger aufregendes Angebot von den *Cahiers du cinéma*. Entschieden habe ich mich trotzdem für die *Cahiers* – um der Genugtuung willen, nach all den Jahren mein Buch dort erscheinen zu sehen, wo es bei seiner Erstveröffentlichung verrissen worden war! Die ersten Titel damals in der neuen Buchreihe *Petite Bibliothèque des Cahiers du cinéma* waren »Breaking the Waves« von Lars von Trier, »La Rampe« von Serge Daney, mein Melville-Buch und »Les Yeux verts« von Marguerite Duras. Da war ich in guter Gesellschaft. Melville hatte immer gesagt: »Dieses Büchlein« – so nannte er es immer – »dieses Büchlein wird Ihnen noch viel bringen!« Und er behielt recht, das Buch hat mir wirklich viel gebracht. Es hat mich zwar nicht reich gemacht, aber dafür hat es mir zu Freundschaften, zu beruflichen Chancen verholfen, Dingen also, die man mit Geld gar nicht kaufen kann.

Wie viele Sitzungen hat es denn zwischen Melville und dir gegeben? Eine einzige lange?
Nein, nein, eine pro Film. Wie im Buch sind wir Film für Film vorgegangen. Melville war das sehr recht. Es gab einen einzigen Film von ihm, den ich noch nie gesehen hatte: *Vingt-quatre heures de la vie d'un clown*. Sein erster Film also, sein einziger Kurzfilm, der Film, mit dem wir beginnen wollten. Er saß gerade am Schnitt von *Le Cercle Rouge* und hat mir den Film in seinem Vorführraum in der Rue Jenner gezeigt. Ich bereitete die Fragen vor, und zwei oder drei Tage später trafen wir uns, um über den jeweiligen Film zu reden. Das lief bei allen Filmen wunderbar, bis auf eine Ausnahme: *L'Aîné des Ferchaux*. Ich fing an, meine Fragen zu stellen, aber er unterbrach mich und sagte tadelnd: »Na, da haben Sie sich aber schlecht vorbereitet!« Er hatte gemerkt, daß ich die Romanvorlage von Simenon nicht gelesen hatte, und ich mußte gestehen, daß mir auch sein Film nur noch vage in Erinnerung war. Also drückte er mir den Roman in die Hand, versprach, mir wieder eine Vorführung zu organisieren, und sagte: »Kommen Sie wieder, wenn Sie richtig vorbereitet sind! Alles andere ist nicht professionell.« Der zweite Versuch lief dann ohne Probleme.

Hast du Melville bei Dreharbeiten erlebt?
Ja, das erste Mal 1969 bei *L'Armée des ombres*. Die Atmosphäre am Drehort war fürchterlich. Melville und Lino Ventura hatten sich verkracht und sprachen nicht mehr miteinander. Ich habe mich schnell wieder zurückgezogen, um einen besseren Moment abzuwarten. Bei *Le Cercle Rouge* war die Situation wesentlich entspannter, und das war die Gelegenheit, auf die ich gewartet hatte, um unsere Gespräche zu beginnen. Allerdings war es nicht einfach für mich, alles unter einen Hut zu bekommen. Zunächst einmal war ich völlig mittellos, wußte an manchen Tagen nicht, wo-

von ich mir etwas zu essen kaufen sollte. Melville schlug deshalb vor, mich für meine Interviews zu bezahlen, aber das wollte ich nicht, das hätte ich nie akzeptiert. Melville respektierte mich zwar, aber trotzdem war ich überzeugt davon, daß es folgendermaßen ablaufen würde: Wenn das Buch ein Erfolg würde, würde er sagen, er habe alles allein gemacht, und wenn es ein Mißerfolg würde, würde er mir die Schuld dafür geben. Um so größer war meine Freude, als ich sah, daß er das fertige Buch mit großem Stolz verschenkte – an William Wyler, an George Stevens, an alle Kollegen, die er kannte. Kein Zweifel, er liebte das Buch, und es lag ihm sehr viel daran. Zum Beispiel das Photo auf dem Umschlag, das meine Frau gemacht hatte: Er hörte, daß der Umschlag schon im Druck war, ohne daß er das Photo abgesegnet hatte, und drohte damit, alles zu stoppen, was natürlich eine Katastrophe gewesen wäre. Die Engländer haben ihm den Andruck per Expreß geschickt, er sah sich das Photo an und sagte ohne zu zögern: »Sehr gut, weiterdrucken.« Es ging ihm ums Prinzip, er wollte nicht übergangen werden, was aber zeigt, wie wichtig ihm das Buch war. So war er in allem.

Wo ist das Umschlagphoto entstanden?
Auf dem Studiogelände, Rue Jenner. Dort, wo auch die Gespräche geführt wurden. Mein erstes Interview mit Melville, zu *Le Samouraï,* war noch nicht für das Buch, sondern für *Sight and Sound.* Da war sein Studio gerade abgebrannt, und er wäre bei dem Brand fast ums Leben gekommen. Er war nicht versichert und hat alles verloren. Seine Frau hatte vergessen, die Versicherungspolice zu unterschreiben. Mit meiner Frage, ob die Versicherung denn wenigstens für den materiellen Schaden aufkäme, löste ich bei den Melvilles ungewollt einen heftigen Ehekrach aus!

Als das Buch nach Melvilles Tod in Frankreich herauskam, fehlte darin sein letzter Film, Un flic, *den er 1972 gedreht hatte.*

Der Anfang von *Un flic,* der Banküberfall in dem nebligen Ort am Meer, zählt zu den schönsten Sequenzen in seinem gesamten Werk. Das war ihm auch selber klar. Wenn Leute wie Joseph Losey ihn besuchten, zeigte er ihnen die erste Rolle von *Un flic,* genoß die Begeisterung der Gäste, brach dann ab und sagte: »Mit dem Rest will ich Sie nicht belästigen.« Bis auf den Anfang hat er den Film regelrecht verleugnet. Zu Unrecht, wie ich finde.

Warum hat er den Film verleugnet, wegen der schlechten Kritiken? Weil es kein Publikumserfolg war?
Ja, und damit hat er sich exakt so verhalten, wie es auch ein amerikanischer Regisseur getan hätte. Ich habe viele Hollywood-Regisseure kennengelernt, Hawks und andere, und wann immer die Rede auf einen Film kam, der kein Erfolg war, hieß es: Lohnt nicht, darüber zu reden, kommen wir zum nächsten.

Für die französische Ausgabe hast du den Autor und Regisseur Philippe Labro gebeten, ein Nachwort zu schreiben, um so auch Un flic *zu berücksichtigen ...*
Ja. Dazu muß man wissen, daß Philippe Labro derjenige war, mit dem sich Melville kurz vor seinem Tod am häufigsten traf. Melville starb in einem Restaurant im Quartier Saint-Jacques, nicht weit von der Rue Jenner, wo er sich mit Labro zum Essen getroffen hatte. Sie wollten gerade gehen, schlüpften in ihre Mäntel, und Melville wollte noch den Kragen von Labros Jacke zurechtrücken, als er wie vom Blitz getroffen zu Boden sank. Er starb an einem Gehirnschlag, genau wie vor ihm schon sein Vater und sein Großvater, und alle drei im selben Alter. Ein paar Tage vorher war er noch beim Arzt gewesen, aber der hatte vergessen, ihn richtig zu untersuchen, weil sie sich nur übers Kino unterhalten hatten. Seine Gesundheit, das gehörte zu den Themen, über die er nicht sprach. Alles Private hielt er unter Verschluß.

Welche Unterschiede gibt es zwischen der englischen und der französischen Fassung deines Melville-Buches?
Der englische Verlag hat im Manuskript etliche persönliche Bemerkungen Melvilles über Kollegen und Schauspieler gestrichen, um Rechtsstreite zu vermeiden. Das habe ich in die französische Ausgabe alles wieder eingefügt. Andererseits gibt es ein paar Anekdoten, die ich aus Respekt für Melville für die französische Ausgabe nicht übernommen habe, zum Beispiel die abgebrochenen Dreharbeiten des Spionagefilms mit Pierre Grasset (s. S. 84–86). Heute, dreißig Jahre später, gibt es nichts, was man aus irgendeinem Grund verschweigen oder kürzen müßte.

Wenn man das Buch liest, merkt man, daß Melville ein ziemlich schwieriger Mensch gewesen sein muß und daß du nicht immer seiner Meinung warst. Trotzdem läßt du nichts auf ihn kommen ...
Wir mochten uns. Wir respektierten uns. Wir hatten nicht den gleichen Filmgeschmack, aber den gleichen Respekt vor dem Kino. Wir respektierten die gleiche Art von Filmen. Wir respektierten die gleiche Art filmischen Professionalismus. Einer der Größten für ihn war Robert Wise, dessen Film *Odds Against Tomorrow (Wenig Chancen für morgen)* er Hunderte von Malen gesehen hatte. Für mich ist das ein gut gemachter Film, mehr nicht, in seinen Augen dagegen war es ein geniales Werk. Umgekehrt hatte Melville für Walsh nichts übrig, der für mich der größte Regisseur von allen ist und mit jedem Tag wichtiger wird. Heute wird einem langsam klar, daß Walsh einer der Giganten des Kinos ist. Melville mochte ihn nicht, und das war sein gutes Recht. Aber der Respekt war da, bei ihm wie bei mir, ein ungeheurer Respekt vor dem Kino. Auch wenn das Kino der Beruf ist, der mich ernährt, lebe ich nicht *vom* Kino, ich lebe *für* das Kino. Melville sah das ganz genau so. Und das ist der entscheidende Punkt.

*

Zum Schluß noch ein paar editorische Hinweise: Bis auf einige wenige aus der Originalausgabe übernommene Ausnahmen, die nicht eigens gekennzeichnet sind, stammen die Anmerkungen von mir. Volker Schlöndorffs Text »Mein erster Meister« stammt aus dem Buch *Jean-Pierre Melville,* Reihe Film 27, erschienen 1982 im Carl Hanser Verlag, München; der Abdruck erfolgt mit freundlicher Genehmigung von Volker Schlöndorff, der seinen Text für uns noch einmal durchgesehen und ergänzt hat.

Für weitere Hilfe bei der Arbeit an diesem Buch möchte ich mich bedanken bei Thomas Bronner (Silver Cine, Hamburg), Issa Clubb (Criterion, New York), Rainer Gansera (München), Herbert Klemens (Filmbild Fundus, Feldkirchen), Jürgen Labenski (ZDF, Mainz), Wilfried Reichart (WDR, Köln), Melanie Tebb (Hollywood Classics, London), Josef Nagel (ZDF, Mainz), Alexander Wewerka und ganz besonders natürlich bei Rui Nogueira.

Vaterstetten, 3. April 2002

Cover der englischen und der französischen Ausgabe (Archiv Robert Fischer)

FILMOGRAPHIE

Jean-Pierre Melville
Geboren am 20. Oktober 1917 in Paris. Besuch des Lycée Condorcet, des Lycée Michelet und des Lycée Charlemagne in Paris. Gestorben am 2. August 1973 in Paris.

Kurzfilm
1946
VINGT-QUATRE HEURES DE LA VIE D'UN CLOWN (VIERUNDZWANZIG STUNDEN IM LEBEN DES CLOWNS BEBY)
Regie und Drehbuch: Jean-Pierre Melville. *Kamera:* Gustave Raulet, André Villard. *Musik:* Maïs, Cassel. *Schnitt:* Monique Bonnot. *Regieassistenz:* Carlos Villardebo, Michel Clément. *Produzent:* Jean-Pierre Melville. *Produktion:* Melville Productions.
Mitwirkende: Beby, Maïs.
Länge: 22 Minuten.

Langfilme
1947/48
LE SILENCE DE LA MER (DAS SCHWEIGEN DES MEERES)
Regie: Jean-Pierre Melville. *Drehbuch:* Jean-Pierre Melville (nach dem Roman von Vercors [d.i. Jean Bruller]). *Kamera:* Henri Decaë. *Musik:* Edgar Bischoff. *Musikalische Leitung:* Paul Bonneau. *Schnitt:* Jean-Pierre Melville, Henri Decaë. *Ton:* Jacques Carrère. *Kostüme:* Tranouez. *Regieassistenz:* Jacques Guymont, Michel Drach. *Herstellungsleitung:* Marcel Cartier.
Produktionsleitung: Edmond Vaxelaire. *Produzent:* Jean-Pierre Melville.
Produktion: Organisation Générale Cinématographique.
Darsteller: Howard Vernon (Werner von Ebrennac), Nicole Stéphane (die Nichte), Jean-Marie Robain (der Onkel), Ami Aaroë (Werners Verlobte), Georges Patrix (Ordonnanz), Denis Sadier (SS-Offizier); Heim, Fromm, Rudelle, Schmiedel, Vernier, Max Hermann (deutsche Offiziere); Henri Cavalier, Dietrich Kandler.
Länge: 86 Minuten. *Drehzeit:* 27 Drehtage zwischen August und Dezember 1947. *Drehorte:* Paris und Umgebung; Vercors' Landhaus. *Uraufführung:* 11. November 1948 (Privatvorstellung). *Galavorführung:* 20. Januar 1949 (organisiert vom Comité d'Action de la Résistance). Kinostart: 22. April 1949.
Deutsche Erstaufführung: 7. Mai 1983 (DFF).

Ort der Handlung im besetzten Frankreich ist ein Landhaus inmitten eines Gartens. Hier wohnen der Erzähler, ein alter Mann, und seine junge Nichte. Im Winter 1940/41 wird ein junger deutscher Offizier bei ihnen einquartiert, Werner von Ebrennac, der einige Monate bei ihnen wohnen wird. Die unfreiwilligen Gastgeber reagieren darauf mit einer eigenwilligen Form des Widerstands. Sie verweigern ihm jedes Wort, setzen seiner Anwesenheit beharrliches Schweigen entgegen. Und Ebrennac, ein Feingeist und sensibler Charakter, respektiert dieses Schweigen. Nach einiger Zeit aber beläßt er es nicht mehr bei einigen Floskeln. Unter dem Vorwand, sich wärmen zu wollen, tritt er allabendlich in Zivilkleidung zu ihnen an den Kamin und spricht in fließendem Französisch in das Schweigen seiner Gastgeber hinein. Und so entspinnt sich im Laufe unzähliger Abende ein endloser Monolog, in dem er Onkel und Nichte von den Dingen erzählt, die ihm am Herzen liegen. Ebrennac ist Komponist. Er ist gebildet, verehrt die französische Literatur und ist von außergewöhnlicher Empfindsamkeit. Vor allem aber hat Ebrennac eine völkerverbindende Vision, die er Abend für Abend aufs neue entwickelt. Bei einem kurzen Besuch in Paris wird dem Offizier der Zynismus der Politik Hitlers offenbar. Er sieht ein, daß er die Ziele der deutschen Besatzung schöngeredet hat, und läßt sich an die Ostfront versetzen. Bei einer letzten Begegnung kommt es zum Austausch eines »Adieu«.

1949/50
LES ENFANTS TERRIBLES (DIE SCHRECKLICHEN KINDER)
Regie: Jean-Pierre Melville. *Drehbuch:* Jean-Pierre Melville, Jean Cocteau (nach dem Roman von Jean Cocteau). *Dialoge:* Jean Cocteau. *Auswahl und Redaktion der Off-Kommentare:* Jean-Pierre Melville. *Photographische Leitung:* Henri Decaë. *Kameraführung:* Jean Thibaudier. *Musik:* Johann Sebastian Bach (Arrangement in A-Moll für vier Pianos von Vivaldis Concerto in B-Dur für vier Violinen), Antonio Vivaldi (Concerto Grosso in A-Dur). *Musikalische Leitung:* Paul Bonneau. *Bauten:* Jean-Pierre Melville, Émile Mathys. *Schnitt:* Monique Bonnot. *Ton:* Jacques Gallois, Jacques Carrère. *Regieassistenz:* Claude Pinoteau, Jacques Guymont, Michel Drach, Serge Bourguignon. *Requisite:* Philippe Schwob. *Schnittassistenz:* C. Charbonneau, Claude Durand. *Aufnahmeleitung:* Philippe Schwob. *Herstellungsleitung:* Jean-Pierre Melville, Jacques Bralay. *Produzent:* Jean-Pierre Melville. *Produktion:* Organisation Générale Cinématographique.
Darsteller: Nicole Stéphane (Elisabeth), Edouard Dhermitte (Paul), Jacques Bernard (Gérard), Renée Cosima (Dargélos/Agathe), Adeline Aucoc (Mariette), Maurice Revel (der Arzt), Roger Gaillard (Gérards Onkel), Melvyn Martin (Michael), Jean-Marie Robain (Schulaufseher), Émile Mathys (stellvertretender Vorsteher), Annabel Buffet (das Mannequin), Maria Cyliakus (die Mutter), Rachel Devirys, Hélène Rémy und die Stimme von Jean Cocteau.

Länge: 107 Minuten. *Drehzeit:* November 1949 bis Januar 1950. *Drehorte:* Paris, Montmorency, Ermenonville; Innenaufnahmen: Théâtre Pigalle, Studios Jenner. *Uraufführung:* 22. März 1950, Nizza. Kinostart: 29. März 1950, Paris. *Deutsche Erstaufführung:* 1. Februar 1952.

Bei einer Schneeballschlacht vor dem Gymnasium wird der Schüler Paul von dem aufsässigen Dargélos so hart getroffen, daß sein Freund Gérard ihn in einem Taxi nach Hause bringen muß. Der Arzt verordnet Bettruhe, Elisabeth übernimmt die Pflege des Bruders.

Elisabeth betet Paul an, was sie allerdings nicht hindert, sich ständig mit ihm zu streiten. Auf ihre Weise beherrscht sie ihn auch. Die Geschwister leben zusammen in einem Zimmer; dort haben sie sich ihre eigene Wirklichkeit geschaffen. Als die Mutter stirbt, vergraben sie sich noch mehr in die geheimnisvolle kleine Welt ihres Zimmers, die zunächst nur Gérard mit ihnen teilen darf.

Eines Tages beginnt Elisabeth als Mannequin zu arbeiten und schließt Freundschaft mit Agathe. Das junge Mädchen sieht Dargélos, von dem Paul auf dem Gymnasium fasziniert war, erstaunlich ähnlich. Elisabeth setzt durch, daß Agathe zu ihnen zieht.

Kurz darauf heiratet Elisabeth den reichen jungen Amerikaner Michael. Nach der Hochzeitsfeier verunglückt er auf der Straße zwischen Nizza und Cannes tödlich und hinterläßt Elisabeth ein beträchtliches Vermögen.

Paul zieht zu der Schwester in das riesige Palais, das sie jetzt bewohnt; dort richtet er sich in einer Halle zwischen Wandschirmen so wie früher ein. Die abschirmenden Wände schützen ihn jedoch nicht vor den tödlichen Konsequenzen einer Intrige, die Elisabeth spinnt, als sie den geliebten Bruder an Agathe zu verlieren droht ...

1953
QUAND TU LIRAS CETTE LETTRE (UND KEINE BLIEB VERSCHONT)
Regie: Jean-Pierre Melville. *Drehbuch und Dialoge:* Jacques Deval. *Adaption:* Jean-Pierre Melville. *Photographische Leitung:* Henri Alekan. *Kameraführung:* Henri Tiquet. *Musik:* Bernard Pfeiffer. *Solo-Gitarre:* Sacha Distel. *Bauten:* Robert Gys, Raymond Gabutti, Daniel Guéret. *Schnitt:* Marinette Cadix. *Ton:* Julien Coutellier, Jacques Carrère. *Regieassistenz:* Pierre Blondy, Yannick Andréï. *Kameraassistenz:* Vladimir Ivanoff, Raymond Menvile.
Innenausstattung: Robert Christidès. *Schnittassistenz:* Yolande Maurette.
Herstellungsleitung: Paul Temps. *Produktionsleitung:* Louis Dubois. *Produktion:* Jad Films, S.G.C. (Paris), Titanus (Rom).
Darsteller: Juliette Gréco (Thérèse), Philippe Lemaire (Max), Daniel Cauchy (Biquet), Irène Galter (Denise), Yvonne Sanson (Irène), Jacques Deval (Untersuchungsrichter), Jean-Marie Robain (Notar), Suzanne Hédouin (Wirtin), Robert Dalban (Barmann), Hélène Dana (nacktes Mädchen),

Fernand Sardou (Automechaniker), Philippe Richard (Schlachter), Léon Larive (Schreiber), Roland Lesaffre (Roland), Marcel Delaître (Großvater), Jane Morlet (Großmutter), Suzy Willy (Mme. Gobert), Robert Hébert (Arzt), Louis Péraut (Portier), Colette Régis (Aufseherin), Yvonne de Bray (ältere Dame im Zug), Claude Borelli (Lola), Claude Hennessy, Colette Fleury, Melvyn Martin, Adeline Aucoc, Alain Nobis, Marcel Arnal, Louise Nowa, Françoise Alban, Paul Temps, Lucienne Juillet.
Länge: 104 Minuten. *Drehzeit:* Februar/März 1953. *Drehorte:* Cannes, Paris; Innenaufnahmen: Studios de Billancourt. *Uraufführung:* 11. November 1953, Paris. *Deutsche Erstaufführung:* 8. März 1957 (94 Minuten).

Thérèse Voise verläßt das Kloster, um in Cannes ihrer jungen Schwester Denise beizustehen, die seit dem Tode der Eltern allein ist.

Die Begegnung mit einem jungen Mechaniker, Max, wird beiden Schwestern zum Schicksal. Max, ein skrupelloser und haltloser Abenteurer, beherrscht alle Touren, sich Geld zu verschaffen und sich die Frauen gefügig zu machen: reiche, auf Riviera-Abenteuer ausgehende Damen der großen Gesellschaft zählen zu seinen Eroberungen, junge Ballettratten und unschuldige Mädchen wie Denise, die von Max vergewaltigt wird.

In ihrer Verzweiflung will sie sich töten. Da greift Thérèse ein und zwingt den jungen Mann, Denise zu heiraten. Er erklärt sich dazu bereit, aber nur zum Schein. Er denkt gar nicht daran, sich an Denise zu binden.

In Thérèse sieht er sein neues Opfer, und er versucht mit allen Mitteln, sie in sich verliebt zu machen. Beinahe gelingt es ihm auch. Thérèse ist verzweifelt und kämpft mit sich selbst. Max verspricht, an ihrer Seite ein neues Leben zu beginnen.

Max hat das Geld, das die Großeltern Denise für die Heirat gaben, an sich genommen und alles für die Flucht nach Tanger vorbereitet. Mit der Absicht, Max wieder zu Denise zurückzubringen, fährt Thérèse nach Marseille. Max gerät unter einen einfahrenden Zug und stirbt, Thérèse geht ins Kloster zurück.

1955
BOB LE FLAMBEUR (DREI UHR NACHTS)
Regie: Jean-Pierre Melville. *Drehbuch:* Jean-Pierre Melville. *Adaption:* Jean-Pierre Melville, Auguste Lebreton. *Dialoge:* Auguste Lebreton. *Off-Kommentar:* Jean-Pierre Melville. *Photographische Leitung:* Henri Decaë. *Kameraführung:* Maurice Blettery. *Musik:* Eddie Barclay, Jean Boyer. *Bauten:* Jean-Pierre Melville, Claude Bouxin. *Schnitt:* Monique Bonnot. *Ton:* Pierre Philippenko, Jacques Carrère. *Kostüme:* Ted Lapidus. *Regieassistenz:* François Gir, Guy Aurey, Yves-André Hubert, Léo Fortel. *Script:* Jacqueline Parey-Decaë. *Innenausstattung:* Philippe Schwob. *Aufnahmeleitung:* Philippe Schwob. *Herstellungsleitung:* Florence Melville. *Produktion:* Organisation Générale

Cinématographique, Productions Jenner, Play Art, La Cyme.
Darsteller: Roger Duchesne (Bob Montagné), Isabelle Corey (Anne), Daniel Cauchy (Paulo), Guy Decomble (Inspektor Ledru), André Garret (Roger), Claude Cerval (Jean), Colette Fleury (Jeans Frau), Gérard Buhr (Marc), Simone Paris (Yvonne), Howard Vernon (McKimmie), Germaine Licht (Concierge); Pierre Durieux, Jean-Marie Rivière, Chris Kersen, Henri Alleaume, Cichi, Emile Cuvelier (die Gangster); Roland Charbeaux, René Havard, Couty, François Gir, Jean-François Drach (die Polizisten); Annick Bertrand (1. Mädchen), Yannick Arvel (2. Mädchen), Yvette Amirante (Annes Freundin), André (André, Casino-Direktor), Tetelman (Schneider), Jean-Marie Robain, Germaine Amiel, Dominique Antoine, Duilio Carmine, Evelyne Rey und die Stimmen von Henri Decaë und Jean Rossignol.
Länge: 100 Minuten. *Drehzeit:* Mai bis September 1955. *Drehorte:* Paris, Deauville; Innenaufnahmen: Studios Jenner. *Uraufführung:* 24. August 1956, Paris. *Deutsche Erstaufführung:* 25. April 1958.

Bob, genannt »der Spieler«, ein Hasardeur, dessen einzige Leidenschaft Würfel und Karten sind, war einmal einer der begabtesten und routiniertesten Verbrecher von Paris, der intelligente Kopf einer Bande, die gewagte, aber perfekte Einbrüche machte, nach minutiösen Plänen, nach genauesten Kalkulationen, kalt, exakt errechnet und ohne blutige Zwischenfälle. Inspektor Ledru weiß noch heute ein Liedchen davon zu singen: Als ein brutaler Gangster Ledru beim berühmten Bankeinbruch in Lille umlegen wollte, rettete ihn Bob. Dadurch zeigte er sich zum erstenmal offiziell als Kopf der Bande. Ledru mußte seinen Lebensretter verhaften.

Angebote der Pariser Unterwelt, großangelegte Einbrüche vorzubereiten, lehnte Bob nach seiner Entlassung ab. Bob kann sich nun an fünf Fingern abzählen, wann er endgültig pleite ist. Trotzdem kennt seine Großzügigkeit keine Grenzen. Das Mädchen Anne und Bobs Freund und ständiger ehrfurchtsvoller Schatten Paulo sind dankbare Nutznießer seines schwindenden Reichtums. Bobs Kasse bedarf dringend einer Auffrischung. Roger, Ingenieur und gewiefter Einbruchsspezialist, hat einen ganz großen Tip für Bob: die Geldschränke der Casinos in Deauville.

Bob ist plötzlich wieder der Alte. In tagelanger Arbeit entwirft er einen Plan, der auch den kleinsten Zwischenfall einkalkuliert. Paulo will Anne imponieren und erzählt ihr von dem großen Ding, das er mit Bob drehen will. Als Anne später mit Marc, einem üblen Ganoven, zusammen ist, kann auch sie den Mund nicht halten. Aber bevor Marc die Sache Ledru verpfeifen kann, wird er von Paulo erschossen.

Drei Uhr nachts, das ist der Termin für den Einbruch. In genau sechs Minuten, so hat Bob ausgerechnet, muß alles erledigt sein. Bob geht in den Spielsaal von Deauville. Noch ist Zeit für ein Spielchen. Der Spielteufel packt ihn wieder – Bob gewinnt Millionen. Er vergißt den Einbruch. Als er die Bank fast gesprengt hat, ist es drei Uhr nachts. Noch wäre Zeit, die Komplizen zurückzurufen, zumal der Raub jetzt sinnlos geworden ist. Aber Bob kommt zu spät. Der Überfall ist von einem Mitwisser verraten worden. Paulo liegt tot auf der Straße. Inspektor Ledru verhaftet seinen Freund Bob zum zweiten Mal, während die Pagen des Casinos das gewonnene Vermögen in das Polizeiauto verladen, wo es, wie Bob ironisch bemerkt, hoffentlich sicher ist.

1958/59

DEUX HOMMES DANS MANHATTAN (ZWEI MÄNNER IN MANHATTAN)

Regie: Jean-Pierre Melville. *Drehbuch und Dialoge:* Jean-Pierre Melville. *Photographische Leitung:* Nicolas Hayer, Jean-Pierre Melville (New York). *Kameraführung:* Jacques Lang, Charles Bitsch, Mike Shrayer, François Reichenbach. *Musik:* Christian Chevallier, Martial Solal. *Bauten:* Daniel Guéret. *Schnitt:* Monique Bonnot. *Ton:* Jacques Gallois, Jacques Carrère. *Regieassistenz:* Yannick Andréï, Charles Bitsch. *Herstellungsleitung:* Florence Melville, Raymond Blondy. *Produktion:* Belfort Film, Alter Films. *Darsteller:* Pierre Grasset (Delmas), Jean-Pierre Melville (Moreau), Christiane Eudes (Anne), Ginger Hall (Judith), Monique Hennessy (Gloria), Jean Darcante (Rouvier), Jerry Mengo (McKimmie), Colette Fleury (Françoise), Glenda Leigh (Virginia), Jean Lara (Aubert), Michèle Bally (Bessie), Paula Dehelly (Mme. Fèvre-Berthier), Carl Studer (Polizist), Gloria Kayser (1. Mädchen), Darras (Betrunkener), Bernard Hulin (Trompeter), Yanovitz (Portier am Mercury-Theater), Billy Beck (Colonel Davidson), Tetelman (Barmann), Art Simmons (Pianist), Nancy Delorme, Maurice Pons.
Länge: 84 Minuten. *Drehzeit:* November 1958 bis April 1959. *Drehorte:* New York; Innenaufnahmen: Studios Jenner, Studios de Billancourt. *Uraufführung:* 16. Oktober 1959, Paris. *Deutsche Erstaufführung:* 30. Mai 1995 (WDR).

New York, kurz vor Weihnachten. Ein französischer Diplomat, Fèvre-Berthier, ist verschwunden. Moreau, Journalist der französischen Nachrichtenagentur AFP, erhält den Auftrag, den Fall zu recherchieren. Er tut sich mit dem Pressephotographen Delmas zusammen, der sich im New Yorker Nachtleben gut auskennt.

Ihre Untersuchungen, bei denen sie von einem Unbekannten beschattet werden, führen sie nacheinander zu der Schauspielerin Judith Nelson, dem Callgirl Gloria, der Sängerin Virginia, der Tänzerin Bessie Reed und zu Françoise, der Sekretärin des Verschwundenen. Sie erfahren, daß Judith sich kurz nach ihrem Besuch bei ihr umbringen wollte. Im Krankenhaus entreißt ihr Delmas mit Gewalt ihr Geheimnis: Fèvre-Berthier starb in ihrer Wohnung an einem Herzinfarkt.

Moreau und Delmas fahren hin und finden tatsächlich die Leiche. Der Photoreporter arrangiert den Toten, um ein noch besseres Bild zu bekommen, und gerät darüber mit Moreau in Streit. Delmas übergibt ihm den Film, aber es ist der falsche.

Zusammen mit Anne, der Tochter des Diplomaten, die die beiden verfolgt hatte, macht sich Moreau auf die Suche nach Delmas. Sie finden ihn betrunken in einer Bar. Am Ende wird Delmas den richtigen Film, der ihn zu einem reichen Mann gemacht hätte, wegwerfen.

1961
LÉON MORIN, PRÊTRE (EVA UND DER PRIESTER)
Regie: Jean-Pierre Melville. *Drehbuch, Adaption und Dialoge:* Jean-Pierre Melville (nach dem Roman von Beatrix Beck). *Photographische Leitung:* Henri Decaë. *Kameraführung:* Jean Rabier. *Musik:* Martial Solal. *Mundharmonika:* Albert Raisner. *Bauten:* Daniel Guéret. *Schnitt:* Jacqueline Meppiel, Nadine Marquand, Marie-Josèphe Yoyotte, Denise de Casabianca, Agnès Guillemot. *Ton:* Guy Villette. *Kostüme:* Paulette Breil. *Maske:* Christiane Fornelli. *Regieassistenz:* Volker Schlöndorff, Jacqueline Parey-Decaë, Luc Andrieux. *Kameraassistenz:* Jean-Paul Schwartz, Claude Amiot. *Innenausstattung:* Robert Christidès. *Requisite:* Jean Brunet, Robert Testard. *Ausstattungsassistenz:* Donald Cardwell. *Tonassistenz:* Robert Cambourakis, Jean Gaudelet. Mischung: Jacques Maumont. *Standphotos:* Raymond Cauchetier. *Aufnahmeleitung:* Marcel Georges, Edith Tertza. *Herstellungsleitung:* Bruna Drigo. *Produzenten:* Carlo Ponti, Georges de Beauregard. *Produktion:* Rome-Paris Films (Paris), C.C. Champion (Rom). *Darsteller:* Jean-Paul Belmondo (Léon Morin), Emmanuelle Riva (Barny), Irène Tunc (Christine Sangredin), Nicole Mirel (Sabine Lévy), Gisèle Grimm (Lucienne), Marco Béhar (Edelman), Monique Bertho (Marion), Marc Heyraud, Nina Grégoire, Monique Hennessy (Arlette), Edith Loria (Danielle Holdenberg), Micheline Scherrere, Renée Liques; Simone Vannier, Lucienne Marchand, Nelly Pittore (Sekretärinnen); Ernest Varial (Direktor), Chantal Gozzi; Cedric Grant, George Lambert (GIs); Howard Vernon (Oberst), Gérard Buhr (Günther, Feldwebel); Madeleine Ganne (Betty), Adeline Aucoc (ältere Dame in der Kirche), Saint-Eve (Priester), Volker Schlöndorff (deutscher Posten), Marielle und Patricia Gozzi (France).
Länge: 114 Minuten. *Format:* 1:1,66. *Drehzeit:* Januar bis März 1961. *Drehorte:* Grenoble; Innenaufnahmen: Studios Jenner. *Uraufführung:* 22. September 1961, Paris. *Deutsche Erstaufführung:* 28. Juni 1963 (91 Minuten); 29. März 1991 (ZDF, rekonstruierte vollständige Fassung).

Eine kleine Stadt in der französischen Provinz während der Besatzungszeit. Nachdem ihr jüdischer Mann im Krieg gefallen ist, ist die junge Barny mit ihrer Tochter France von Paris in diese Stadt am Rande der Berge geflüchtet. Als militante Kommunistin findet sie die Religion und das Bürgertum, die beiden Schuldigen für das Unheil der Menschen, lächerlich. So betritt sie eines Tages eine Kirche, um im Beichtstuhl den Abbé mit der Anklage »Religion ist Opium für das Volk« zu schockieren.

Doch den jungen Priester Léon Morin bringt dieses Bekenntnis keineswegs aus der Fassung. Bald schon folgt Barny der Aufforderung des Priesters, ihn im Pfarrhaus zu besuchen, wo sie offen und vorurteilsfrei Fragen des Glaubens und der Religion diskutieren. Unter dem Einfluß von Morin beginnt die Witwe, sich der Kirche wieder zuzuwenden. Schließlich konvertiert sie – fast gegen den Widerstand des Priesters, der von den Gefühlsverwirrungen der männerlosen jungen Frau während der Kriegszeit weiß.

Als auch einige ihrer Kolleginnen den modernen Kaplan zum »Seelenführer« erwählen, fühlt Barny heftige Eifersucht in sich aufsteigen. Da vermag die liebeshungrige junge Frau ihre Sehnsucht nicht länger zu zügeln. Bei einem Besuch Morins versucht sie diesen dazu zu bringen, seinen Gelübden untreu zu werden. Doch der Kaplan weist die Anfechtung gelassen und behutsam zurück.

Wenig später ist für Frankreich der Krieg zu Ende. Barny kehrt mit ihrer Dienststelle und der Tochter nach Paris zurück, Léon Morin versetzt man in eine kleine Gebirgsgemeinde, in die Diaspora. In einer letzten Begegnung verabschieden sich die beiden voneinander, um ihren Bestimmungen zu folgen.

1962

LE DOULOS (DER TEUFEL MIT DER WEISSEN WESTE)
Regie: Jean-Pierre Melville. *Drehbuch, Adaption und Dialoge:* Jean-Pierre Melville (nach dem Roman von Pierre Lesou). *Photographische Leitung:* Nicolas Hayer. *Kameraführung:* Henri Tiquet. *Musik:* Paul Misraki. *Musikalische Leitung:* Jacques Météhen. Piano: Jacques Loussier. *Bauten:* Daniel Guéret. *Schnitt:* Monique Bonnot. *Ton:* Julien Coutellier, Jean-Claude Marchetti. *Regieassistenz:* Charles Bitsch, Volker Schlöndorff. *Script:* Elisabeth Rappeneau. *Kameraassistenz:* André Dubreuil, Etienne Rosenfeld. *Innenausstattung:* Pierre Charron. *Requisite:* Davallan. *Ausstattungsassistenz:* Donald Cardwell. *Schnittassistenz:* Michèle Boehm. *Tonassistenz:* Revelli, Gaudelet. *Produktionspresse:* Bertrand Tavernier. *Standphotos:* Raymond Voinquel. *Produktionsassistenz:* Paul Mayersberg. *Aufnahmeleitung:* Jean Pieuchot, Roger Scipion. *Herstellungsleitung:* Jean-Pierre Melville, Georges de Beauregard. *Produzenten:* Carlo Ponti, Georges de Beauregard. *Produktion:* Rome-Paris Films (Paris), C.C. Champion (Rom).
Darsteller: Jean-Paul Belmondo (Silien), Serge Reggiani (Maurice Faugel), Jean Desailly (Kommissar Clain), Fabienne Dali (Fabienne), Michel Piccoli (Nuttheccio), René Lefèvre (Gilbert Varnove), Marcel Cuvelier (1. Inspektor), Jack Léonard (2. Inspektor), Aimé de March (Jean), Monique Hennessy (Thérèse), Carl Studer (Kern), Christian Lude (der Arzt), Jacques de Léon

(Armand), Paulette Breil (Anita), Philippe Nahon (Rémy), Charles Bayard (der Alte), Daniel Crohem (Inspektor Salignari), Charles Bouillaud (1. Barmann), Georges Sellier (2. Barmann), Andrès (Maître d'hôtel).
Länge: 108 Minuten. Format: 1:1,66. *Drehzeit:* April bis Juni 1962. *Drehorte:* Paris; Innenaufnahmen: Studios Jenner. *Uraufführung:* 8. Februar 1963, Paris. *Deutsche Erstaufführung:* 20. September 1963 (96 Minuten); 2. April 1993 (ZDF, rekonstruierte vollständige Fassung).

Maurice Faugel wird nach mehrjähriger Haft aus dem Zuchthaus entlassen. Er geht zunächst zu seinem alten Kumpel Gilbert, einem Hehler, läßt sich einen Revolver geben und erschießt ihn. Nachdem er so den Tod seiner Freundin gerächt hat, bereitet Maurice einen neuen Coup vor, um wieder flüssig zu werden.

Eine seltsame Freundschaft verbindet Maurice mit Silien, einem der meistgefürchteten Männer der Pariser Unterwelt, den viele für einen Polizeispitzel halten, denn er ist eng mit Inspektor Salignari befreundet. Maurice, der Silien vertraut, läßt sich von ihm das Werkzeug für seinen wohlgeplanten Einbruch besorgen.

Gemeinsam mit Rémy macht sich Maurice daran, den Safe einer Villa zu knacken, die seine Freundin Thérèse den ganzen Tag beobachtet hat. Doch die Sache geht schief. Inspektor Salignari taucht mit seinen Männern auf. Es kommt zu einer Schießerei, bei der Rémy Opfer der Polizei und der Inspektor Opfer von Maurice wird. Verletzt, unfähig zu flüchten, scheint Maurice' Lage aussichtslos. Doch er wird gerettet und findet sich wieder in der Wohnung seines Freundes Jean, versorgt von dessen Frau Anita.

Wer hat ihn verpfiffen? Für Maurice steht fest, daß es Silien war. Und auch der Zuschauer muß dies glauben. Denn Silien hatte aus Thérèse die Adresse der Villa herausgeprügelt und anschließend die Polizei angerufen. Zu allem Überfluß wird Maurice auch noch dank der Hilfe Siliens von Kommissar Clain gefunden und wegen Mordes an Gilbert verhaftet. Wieder im Gefängnis, engagiert Maurice einen Mithäftling, der bald entlassen wird, mit dem Auftrag, Silien zu ermorden.

Doch der tut inzwischen alles, um Maurice wieder freizubekommen, was ihm durch eine Zeugenbeeinflussung und einen Doppelmord gelingt, mit dem er den Verdacht, Gilbert getötet zu haben, auf den Ganoven und Nachtklubbesitzer Nuttheccio lenkt. Nach seiner Entlassung wird Maurice von Silien und Jean über die wahren Hintergründe aufgeklärt: Der Spitzel war Maurices Freundin Thérèse. Maurice, von der Unschuld und Treue seines Freundes Silien überzeugt, will verhindern, daß Kern, der von ihm engagierte Mörder, Silien tötet. Doch bei diesem Versuch wird Maurice versehentlich selbst erschossen. Sterbend kann er Silien noch auf die Gefahr hinweisen. Dann fallen Schüsse, und beide, Kern und Silien, sind tot.

1962

L'Aîné des Ferchaux (Die Millionen eines Gehetzten)
Regie: Jean-Pierre Melville. *Drehbuch, Adaption und Dialoge:* Jean-Pierre Melville (nach dem Roman von Georges Simenon). *Photographische Leitung:* Henri Decaë. *Kameraführung:* Alain Douarinou. *Musik:* Georges Delerue. *Mundharmonika:* Albert Raisner. *Bauten:* Daniel Guéret. *Schnitt:* Monique Bonnot, Claude Durand. *Ton:* Julien Coutellier, Jean-Claude Marchetti. *Regieassistenz:* Yves Boisset, Georges Pellegrin. *Script:* Elisabeth Rappeneau. *Innenausstattung:* G. Fontenelle, Seuret. *Requisite:* Charpeau. *Standphotos:* Raymond Voinquel. *Aufnahmeleitung:* Charles Auvergne. *Herstellungsleitung:* Jérôme Sutter, Jean Darvey. *Produktion:* Les Spectacles Lumbroso (Paris), Ultra Films (Rom).
Darsteller: Jean-Paul Belmondo (Michel Maudet), Charles Vanel (Dieudonné Ferchaux), Michèle Mercier (Lou), Malvina Silberberg (Lina), Stefania Sandrelli (Anhalterin), Todd Martin (Jeff), E.-F. Médard (Suska), Jerry Mengo (Bankier), Andrex (M. Andreï), André Certes (Emile Ferchaux), Barbara Sommers (Lous Freundin), Debra Kent (Prostituierte); Hugues Wanner, Paul Sorreze, Charles Bayard, Pierre Leproux, Zeller (Aufsichtsräte), Dominique Zardi (Ringrichter), Simone Darot, Ginger Hall, Louis Malle.
Länge: 102 Minuten. *Farbe:* Eastman Color. *Format:* Franscope. *Drehzeit:* August bis November 1962. *Drehorte:* Frankreich, USA; Innenaufnahmen: Studios Jenner. *Uraufführung:* 2. Oktober 1963, Paris. *Deutsche Erstaufführung:* 14. August 1964.

Michel Maudet gibt seine Laufbahn als Boxer auf, nachdem er zum dritten Mal im Ring besiegt worden ist. Auf eine Zeitungsanzeige bewirbt er sich mit Erfolg um eine Stelle als Sekretär und Reisebegleiter bei dem siebzigjährigen Milliardär Dieudonné Ferchaux, der in die USA fahren will, da gegen ihn ein Verfahren wegen einer alten und zwielichtigen Affäre in den Kolonien eingeleitet werden soll.

Der alte und der junge Mann schließen im Flugzeug nach New York schnell Freundschaft. Gleich nach der Ankunft in New York entnimmt Ferchaux seinem Safe in einer Bank 100.000 Dollar, die er in einer kleinen Aktentasche verstaut. Aber das Pflaster wird ihm auch in New York zu heiß, denn in Paris ist indessen die Bombe geplatzt. Sein Geschäft ist bankrott.

Die beiden Männer mieten ein Auto und fahren gen Süden in Richtung Florida. Aber auch auf der Fahrt folgen ihnen Polizisten. Eine Anhalterin, die Maudet sehr gegen den Willen des alten Ferchaux mitnimmt, versucht, mit der Geldtasche durchzubrennen, aber Maudet kann sie einholen.

Die Fahrt endet am Golf von Mexiko, wo sich die beiden Männer in einem Bungalow einrichten. Doch das tropische Klima bekommt dem alten Ferchaux nicht. Von

Michel wird er mehr und mehr vernachlässigt. Der verbringt seine Abende in einer Bar, wo er mit dem Wirt Jeff Karten spielt und über seine Zukunft diskutiert.

Bei einem Besuch des Vergnügungsviertels der nächstgelegenen Großstadt Mobile lernt Michel die Tänzerin Lou kennen, die wie er selbst von einem neuen, schöneren Dasein träumt. Als Michel am nächsten Vormittag zu Ferchaux zurückkehrt, kommt es zwar nach einer heftigen Auseinandersetzung noch einmal zu einer Versöhnung zwischen den beiden Männern. Aber der Drang, zusammen mit Lou aus dieser miserablen Umgebung fortzukommen, ist in Michel so übermächtig, daß er sich bei der nächsten Gelegenheit mit dem Geld von Ferchaux aus dem Staub macht, ohne auf dessen Herzanfall zu achten.

In der Bar haben Jeff und sein Komplize Suska Michels Fortgehen beobachtet und wollen nun ihrerseits den Alten berauben. Der leistet ihnen trotz seiner Schwäche erbitterten Widerstand. Als Michel, von Gewissensbissen geplagt, zurückkehrt, ist der Kampf rasch entschieden. Doch Ferchaux hat eine tödliche Stichwunde erhalten. Bevor er stirbt, sieht er noch, daß Michel das ganze Geld wieder zurückgebracht hat. Mit letzter Kraft will er Michel den Schlüssel zu den Millionen in seinem Banksafe in Caracas übergeben. Doch Michel wird vom Ekel über sich selbst gepackt.

1966
LE DEUXIÈME SOUFFLE (DER ZWEITE ATEM)
Regie: Jean-Pierre Melville. *Drehbuch und Adaption:* Jean-Pierre Melville (nach dem Roman *Un règlement des comptes* von José Giovanni). *Dialoge:* José Giovanni, Jean-Pierre Melville. *Photographische Leitung:* Marcel Combes. *Kameraführung:* Jean Charvein, Henri Tiquet. *Musik:* Bernard Gérard. *Bauten:* Jean-Jacques Fabre. *Schnitt:* Monique Bonnot. *Tongestaltung:* Alex Pront. *Direktion:* Jacques Gallois. *Kostüme:* Michel Tellin. *Regieassistenz:* Jean-François Adam, Georges Pellegrin, Ole Michelsen. *Script:* Suzanne Durrenberger. *Kameraassistenz:* Jacques Nibert, Jean-Claude Boussard. *Innenausstattung:* Guy Maugin. *Requisite:* Jean Dardeau, Daniel Villeroy. *Schnittassistenz:* Catherine Moulin, Ziva Postec. *Tonschnitt:* Michèle Boehm. *Standphotos:* Joseph Tavera. *Aufnahmeleitung:* Robert Porte, Marcel Correnson, R. Favre, François Peltier, Louis Seuret. *Herstellungsleitung:* Alain Queffélean. *Produzenten:* Charles Lumbroso, André Labay. *Produktion:* Les Productions Montaigne.
Darsteller: Lino Ventura (Gustave Minda), Paul Meurisse (Kommissar Blot), Raymond Pellegrin (Paul Ricci), Christine Fabrega (Manouche), Marcel Bozzuffi (Jo Ricci), Paul Frankeur (Inspektor Fardiano), Denis Manuel (Antoine), Jean Negroni (Polizeibeamter), Michel Constantin (Alban), Pierre Zimmer (Orloff), Pierre Grasset (Pascal Léonetti), Albert Dagnant (Jeannot Franchi), Raymond Loyer (Jacques-le-Notaire), Jack Léonard, Régis Outin,

Albert Michel, Jean-Claude Bercq, Louis Bugette, Sylvain, Roger Fradet, Roger Perrinoz, Jean de Beaumont, Marcel Bernier, J. Dubos, Pierre Gualdi, R. Pequignot, Betty Anglade, A. Layle, Nina Michaelsen.
Länge: 150 Minuten. *Drehzeit:* Februar/März und Juni bis August 1966. *Drehorte:* Paris, Marseille; Innenaufnahmen: Studios Jenner. *Uraufführung:* 2. November 1966, Paris. *Deutsche Erstaufführung:* 26. Januar 1968 (117 Minuten).

Gustave Minda, in der Unterwelt Gu genannt, ist nach achtjähriger Haft aus dem Gefängnis ausgebrochen. Er will noch einmal einen Coup landen, um sich dann endgültig zur Ruhe zu setzen. Kommissar Blot, sein alter Gegenspieler, stellt Gus Freundin Manouche, in deren Bar gerade ein Mord passiert ist, einige Fangfragen. Er weiß, daß Gu in seine alten Kreise zurückkehren wird.

Paul Ricci, ein bekannter Gangster, plant einen Überfall auf einen Platintransport der Französischen Staatsbank. Gu wäre für ihn der geeignete Mann, der ihm noch fehlt: skrupellos, kalt, professionell. Als Gu bei Manouche auftaucht, wird diese gerade von zwei Gangstern bedroht, die von Jo Ricci, Pauls Bruder, kommen. Gu schnappt sich die beiden und legt sie auf seine alte Art um: im fahrenden Auto. So wird Kommissar Blot auf seine Spur aufmerksam.

Gu reist nach Marseille, wo Manouche Vorbereitungen für die Flucht nach Italien trifft. Doch Gu trifft sich zuvor mit Paul Ricci und dessen Männern. Der Überfall klappt wie geplant. Gu erschießt die Polizisten, die den Transport begleiten. Fünfhundert Kilo Platin sind die Beute. Sobald sie zu Geld gemacht sind, winken jedem der Beteiligten mehrere Millionen.

Aber die Rechnung geht nicht auf. Bevor sich Gu nach Italien einschiffen kann, wird er von Kommissar Blot, der seinen Marseiller Kollegen Fardiano unterstützt, mit einem raffinierten Trick überlistet. Ehe er merkt, was gespielt wird, hat er den Namen seines Komplizen Paul Ricci preisgegeben. Er wird verhaftet und trifft im Gefängnis Ricci, dessen Bruder Jo dafür sorgt, daß Gu als ein Verräter gilt.

Noch einmal gelingt Gu der Ausbruch. Doch statt sich nach Italien in Sicherheit zu begeben, kennt er nur ein Ziel: den Beweis zu erbringen, daß er kein Verräter ist. Er schnappt sich Inspektor Fardiano und läßt ihn eine Erklärung schreiben, aus der hervorgeht, daß er niemanden verraten hat. Dann muß Fardiano sterben.

Doch für die alten Komplizen ist Gu ein zu großes Risiko. Sie hetzen ihn durch Paris und stellen ihm eine Falle. Ein letzter tödlicher Schußwechsel. Kommissar Blot findet den toten Gu und das Notizbuch mit der Erklärung Fardianos. Er läßt es fallen. Ein Journalist hebt es auf. Kommissar Blot weiß, daß er seinem toten Gegenspieler diese Rehabilitation schuldig ist.

1967

LE SAMOURAÏ (DER EISKALTE ENGEL)
Regie und Drehbuch: Jean-Pierre Melville. *Photographische Leitung:* Henri Decaë. *Kameraführung:* Jean Charvein. *Musik:* François de Roubaix. *Bauten:* François de Lamothę. *Schnitt:* Monique Bonnot. *Tongestaltung:* Alex Pront. *Direktton:* René Longuet. *Regieassistenz:* Georges Pellegrin. *Script:* Betty Elvira. *Kameraassistenz:* François Lauliac, Jean-Paul Cornu. Austattungsassistenz: Théo Meurisse. *Schnittassistenz:* Yolande Maurette, Madeleine Bagiau. *Tonassistenz:* Pierre Davoust. *Tonschnitt:* Robert Pouret. *Herstellungsleitung:* Georges Casati. *Produzent:* Eugène Lépicier. *Produktion:* Filmel, C.I.C.C., Films Borderie, TCP (Paris); Fida Cinematografica (Rom).
Darsteller: Alain Delon (Jeff Costello), François Périer (der Kommissar), Nathalie Delon (Jeanne Lagrange), Cathy Rosier (Valérie), Michel Boisrond (Wiener), Jacques Leroy (der Killer), Robert Favart (Barmann), Jean-Pierre Posier (Olivier Rey), Catherine Jourdan (Garderobiere), André Salgues (Automechaniker), Roger Fradet (1. Inspektor), Carlo Nell (2. Inspektor), Robert Rondo (3. Inspektor), André Thorent (Polizist/Taxifahrer); Jacques Deschamps, Pierre Vaudier, Maurice Magalon (Polizisten); Georges Casati (Damolini), Jack Léonard (Garcia), Gaston Meunier (Hotelmanager); Jean Gold, Georges Billy (Kunden im Nachtclub); Ari Aricardi, Guy Bonnafoux (Pokerspieler); Humberto Catalano (Polizeiinspektor), Carl Lechner, Maria Maneva.
Länge: 95 Minuten. *Farbe:* Eastman Color. *Drehzeit:* Juni bis August 1967.
Drehorte: Paris; Innenaufnahmen: Studios Jenner, Studios de Saint-Maurice.
Uraufführung: 25. Oktober 1967, Paris. *Deutsche Erstaufführung:* 13. Juni 1968.

Der Berufskiller Jeff Costello hat den Auftrag erhalten, den Besitzer eines eleganten Pariser Nachtclubs zu töten. Bevor er die Tat ausführt, verschafft er sich bei seiner Freundin Jeanne und bei einigen Kartenspielern ein Alibi. Wenige Stunden nach den tödlichen Schüssen wird Jeff am Spieltisch festgenommen und zusammen mit anderen Verdächtigen den Zeugen aus dem Nachtclub gegenübergestellt. Wie abgesprochen behauptet Jeanne, er sei zu der fraglichen Zeit bei ihr gewesen. Als auch die Barpianistin Valérie erklärt, Costello sei nicht der Täter, obwohl sie ihn eindeutig erkannt hat, muß der Kommissar ihn wieder freilassen. Costello weiß jedoch, daß die Polizei ihn weiterhin verdächtigt und nicht aus den Augen lassen wird.

Für seine Auftraggeber ist Costello damit zu einem Sicherheitsrisiko geworden. Als er sein Honorar kassieren will, versucht ein Gangster, ihn zu beseitigen, verwundet ihn jedoch nur am Arm. Costello weiß jetzt, nicht nur die Polizei ist hinter ihm her, sondern auch das Verbrechersyndikat, das ihn angeheuert hatte. Von nun an wird er wie ein angeschossenes Wild gejagt und gehetzt.

Immer wieder entkommt er seinen Verfolgern in einem labyrinthischen Paris. Von einem Gangster, der ihm in seiner schäbigen Wohnung auflauert, erfährt er schließlich den Namen seines Auftraggebers: Olivier Rey. Ihn kann er noch töten. Dann hat ihn die Polizei umstellt, und Costello erkennt, daß er keine Chance mehr hat. Er provoziert die Polizei, indem er seinen Revolver auf die Barpianistin anlegt, und wird erschossen. Doch sein Revolver war nicht geladen.

1969
L'Armée des ombres (Armee im Schatten)
Regie: Jean-Pierre Melville. *Drehbuch:* Jean-Pierre Melville (nach dem Roman von Joseph Kessel). *Photographische Leitung:* Pierre Lhomme. *Kameraführung:* Philippe Brun. *Musik:* Eric de Marsan. *Bauten:* Théo Meurisse. *Schnitt:* Françoise Bonnot. *Tongestaltung:* Jean Nény. *Direktton:* Jacques Carrère. *Kostüme:* Colette Baudot. Maske: Maud Begon. *Regieassistenz:* Jean-François Adam, Georges Pellegrin, Jean-Claude Ventura. *Script:* Betty Elvira. *Kameraassistenz:* Pierre Li, Jacques Renard. *Standphotos:* Raymond Voinquel. Berater für fremdsprachige *Dialoge:* Howard Vernon. *Aufnahmeleitung:* Jean-Pierre Spiri-Mercanton. *Herstellungsleitung:* Alain Queffélean. Ausführender *Produzent:* Jacques Dorfmann. *Produzent:* Robert Dorfmann. *Produktion:* Les Films Corona (Paris), Fono (Rom).
Darsteller: Lino Ventura (Philippe Gerbier), Paul Meurisse (Luc Jardie), Jean-Pierre Cassel (Jean-François Jardie), Simone Signoret (Mathilde), Claude Mann (Claude Ullmann, genannt »Le Masque«), Paul Crauchet (Félix), Christian Barbier (Guillaume Vermersch, genannt »Le Bison«), Serge Reggiani (der Friseur), André Dewavrin (Colonel Passy), Alain Dekok (Legrain), Alain Mottet (Lagerkommandant), Alain Libolt (Paul Dounat), Jean-Marie Robain (Baron de Ferté-Talloire), Albert Michel (Gendarm), Denis Sadier (Gestapo-Arzt), Georges Sellier (Colonel Jarret du Plessis), Marco Perrin (Octave Bonnafous), Hubert de Lapparent (Aubert, Apotheker), Colin Mann (Dispatcher), Anthony Stuart (RAF-Major), Michel Frétault (anonymer Patriot), Gérard Huart, Percival Russel, Michel Dacquin, Jeanne Pérez, Pierre Vaudier, Jacques Marbeuf, Franz Sauer.
Länge: 143 Minuten. *Farbe:* Eastman Color. *Drehzeit:* Januar bis März 1969. *Drehorte:* Frankreich; Innenaufnahmen: Studios de Boulogne. *Uraufführung:* 12. September 1969, Paris. *Deutsche Erstaufführung:* 27. Januar 1978 (Originalfassung mit deutschen Untertiteln); 25. Januar 1980 (ZDF, deutsche Synchronfassung).

Der Ingenieur Philippe Gerbier wird 1942 wegen seiner Aktivitäten in der Widerstandsbewegung verhaftet und in ein französisches Lager gesteckt. Später wird er nach

Paris ins Hotel Majestic, dem Sitz der Gestapo, transportiert. Dort gelingt ihm die Flucht. In Marseille trifft er die Mitglieder seiner Widerstandsgruppe, und zusammen mit Félix und Le Masque exekutiert er den jungen Mitkämpfer, der ihn verraten hat.

Am gleichen Tag sieht Félix seinen alten Kriegskameraden Jean-François wieder, der am Kampf teilnehmen möchte. Sein erster Auftrag besteht darin, eine geheime Funkanlage zu Mathilde zu bringen, die Mitglied der Pariser Zentrale ist. Dort trifft Jean-François seinen Halbbruder Luc Jardier wieder, der, ohne daß selbst Jean-François dies weiß, Chef der Résistance ist.

Während Gerbier und Luc Jardie sich in London befinden und dort General de Gaulle treffen, wird Félix verhaftet. Gerbier kehrt sofort zurück, und Mathilde bereitet ein Unternehmen zur Befreiung von Félix vor. Le Masque und ein weiteres Mitglied der Gruppe, Le Bison, verkleiden sich als deutsche Soldaten, Mathilde als deutsche Krankenschwester. So dringen sie mit gefälschten Papieren in das Krankenhaus von Lyon ein, in dem Félix gefoltert wird. Jean-François ist mit dieser Operation nicht einverstanden und will auf eigene Faust handeln. Er läßt sich freiwillig von der Gestapo verhaften. Doch sein Opfer ist umsonst: Der sterbende Félix kann das Krankenhaus nicht mehr verlassen.

Wenig später wird bei einer Razzia Gerbier verhaftet. Wieder organisiert Mathilde eine Befreiung, die diesmal erfolgreich ist. Doch Gerbier ist verwundet und muß einen Monat untätig in einer einsamen Hütte verbringen. In der Zwischenzeit wird Mathilde verhaftet. Die Gestapo droht ihr, ihre Tochter in ein polnisches Bordell zu verschleppen. Um sie zu retten, redet sie. So müssen Luc Jardier und Gerbier beschließen, sie zu töten. Unweit der Stelle, wo zu Beginn des Films die deutsche Wehrmacht um den Arc de Triomphe herummarschiert ist, um in die Champs-Élysées einzubiegen, erschießt Le Bison Mathilde, die ihren Tod erwartet hat.

1970
LE CERCLE ROUGE (VIER IM ROTEN KREIS)
Regie und Drehbuch: Jean-Pierre Melville. *Photographische Leitung:* Henri Decaë. *Kameraführung:* Charles-Henry Montel. *Musik:* Eric de Marsan. *Bauten:* Théo Meurisse. *Schnitt:* Marie-Sophie Dubus. *Tongestaltung:* Jean Nény. *Direktion:* Jacques Carrère. *Kostüme:* Colette Baudot. *Regieassistenz:* Bernard Stora, Pierre Tatischeff, Bernard Girardot, Michel Léonard. *Script:* Jacqueline Parey-Decaë. *Kameraassistenz:* François Lauliac, Jean-Paul Cornu. *Innenausstattung:* Pierre Charron. *Requisite:* René Albouze. *Ausstattungsassistenz:* Marc Desages. *Schnittassistenz:* Elisabeth Sarradin, C. Grenet, Claudine Kaufmann. *Tonassistenz:* Guy Chichignoud, Victor Revelli. *Aufnahmeleitung:* G. Crosnier. *Herstellungsleitung:* Alain Queffélean. *Produzent:* Robert Dorfmann. *Produktion:* Les Films Corona (Paris), Selenia (Rom). *Darsteller:* Alain Delon (Corey), André Bourvil (Kommissar Mattéï), Gian-

Maria Volonté (Vogel), Yves Montand (Jansen), François Périer (Santi), Paul Crauchet (der Hehler), Paul Amiot (Polizeichef), André Eykan (Rico), Jean-Pierre Posier (Mattéïs Assistent), Pierre Collet (Gefängniswärter), Yves Arcanel (Untersuchungsrichter), René Berthier (Kriminaldirektor), Jean-Marc Boris (Santis Sohn), Jean Champion (Bahnwärter), Ana Douking (Coreys Ex-Freundin), Robert Favart (Verkäufer bei Mauboussin), Edouard Francomme (Angestellter im Billard-Salon), Jean Franval (Hotelwirt), Jacques Galland (Zugchef), Jean-Pierre Janic (Paul, Ricos Killer), Pierre Lecomte (Assistent des Polizeichefs), Jean Pignol (Schreiber); Yvan Chiffre, Roger Fradet, Jacques Léonard, Jacques Leroy, Robert Rondo (Polizeibeamte).
Länge: 140 Minuten. *Farbe:* Eastman Color. *Drehzeit:* Januar bis März 1970. *Drehorte:* Paris und Umgebung, Chalon-sur-Saône, Marseille; Innenaufnahmen: Studios de Boulogne. *Uraufführung:* 20. Oktober 1970, Paris. *Deutsche Erstaufführung:* 16. April 1971.

Kommissar Mattéï von der Pariser Kriminalpolizei hat keine leichte Aufgabe, als er im Nachtexpreß den Häftling Vogel nach Marseille begleiten muß. Denn während der Reise gelingt es diesem, sich von seinen Fesseln zu befreien und aus dem Zug zu springen. Mattéï setzt sofort den ganzen Polizeiapparat in Bewegung. Aber Vogel bleibt unauffindbar.

Währenddessen erfährt im Gefängnis von Marseille der Häftling Corey, daß seine fünfjährige Haft wegen guter Führung vorzeitig beendet ist. Von einem Wärter bekommt er noch einen Tip für ein unglaubliches Ding.

Sobald Corey in Freiheit ist, begibt er sich zu Rico, einem alten Bekannten, den er um eine große Summe Bargeld und einen Revolver erleichtert. Mit einem Auto fährt Corey in Richtung Paris. Unterwegs, in der Nähe von Chalons, begegnet er dem entflohenen Vogel, der sich ihm anschließt und den er im Kofferraum vor der Polizei versteckt.

Vogel erweist sich für Corey als wertvolle Hilfe, als dieser im Wald von Fontainebleau die beiden Killer beseitigt, die in Ricos Auftrag Corey in einen Hinterhalt gelockt haben. In Paris erzählt Corey von dem Plan des Wärters. Vogel ist begeistert und schlägt als dritten Mann den Scharfschützen Jansen vor, einen ehemaligen Polizisten, der wegen Trunksucht seinen Dienst quittieren mußte.

Kommissar Mattéï hat inzwischen den Barbesitzer Santi unter Druck gesetzt, um Hinweise über Vogels Aufenthalt zu bekommen. Als Santi jede Auskunft verweigert, läßt Mattéï ihn für einige Tage festnehmen, gerade als Corey und Jansen in der Bar ihre Besprechung führen.

Sorgfältig bereitet das Gangstertrio den großen Coup vor: Corey nimmt mit einem Hehler Fühlung auf. Jansen besichtigt als vornehmer Schmuckliebhaber getarnt die Räumlichkeiten des Juweliergeschäfts an der Place Vendôme. Reibungslos geht der Ein-

bruch in der nächsten Nacht vonstatten. Doch dann macht der Hehler einen Rückzieher unter dem Vorwand, das Geschäft übersteige seine Möglichkeiten. Tatsächlich ist dies eine Falle Kommissar Mattëis, in der alle drei Gangster umkommen.

1972
UN FLIC (DER CHEF)
Regie und Drehbuch: Jean-Pierre Melville. *Photographische Leitung:* Walter Wottitz. *Kameraführung:* André Domage. *Musik:* Michel Colombier. *Chanson:* Michael Colombier (Musik), Charles Aznavour (Text), gesungen von Isabelle Aubret. *Bauten:* Théo Meurisse. *Schnitt:* Patricia Nény. *Tongestaltung:* Jean Nény. *Direktton:* André Hervée. *Kostüme:* Colette Baudot. Maske: Michel Deruelle. *Regieassistenz:* Jean-François Delon, Marc Grunebaum, Pierre Tatischeff. *Script:* Florence Moncorgé. *Kameraassistenz:* Valéry Ivanow. *Innenausstattung:* Pierre Charron. *Requisite:* René Albouze. *Ausstattungsassistenz:* Enrique Sonois. *Schnittassistenz:* Marie-José Aufiard, Sophie Tatischeff. *Tonschnitt:* Maurice Laumain. *Produktionsassistenz:* Bernard Girardot, Philippe Martin. *Aufnahmeleitung:* Jean Drouin, Phillip Kenny. *Herstellungsleitung:* Pierre Saint-Blancat. *Produzent:* Robert Dorfmann. *Produktion:* Les Films Corona (Paris), Oceania (Rom).
Darsteller: Alain Delon (Edouard Coleman), Richard Crenna (Simon), Catherine Deneuve (Cathy), Riccardo Cucciolla (Paul Weber), Michael Conrad (Louis Costa), Paul Crauchet (Morand), Simone Valère (Pauls Frau), André Pousse (Marc Albouis), Jean Desailly (vornehmer Herr), Valéry Wilson (Gaby), Henri Marteau (Inspektor), Catherine Rethi (Frau am Klinikempfang), Léon Minisini (Mathieu-la-valise), Louis Grandidier, Philippe Gasté, Dominique Zentar, Jako Mica, Jo Tafanelli, Stan Dylik, Roger Fradet, Jacques Galland, Jean-Pierre Posier, Jacques Leroy, Michel Fretault, Gene Moyle, Nicole Témime, Pierre Vaudier.
Länge: 99 Minuten. *Farbe:* Eastman Color. *Drehorte:* Paris und Umgebung, Saint-Jean-des-Monts; Innenaufnahmen: Studios de Boulogne. *Uraufführung:* 25. Oktober 1972, Paris. *Deutsche Erstaufführung:* 16. Januar 1973.

Präzise wie ein Uhrwerk läuft der Überfall auf eine Bank in dem Küstenort Saint-Jean-des-Monts ab. Plötzlich riskiert einer der Bankbeamten sein Leben: Er schießt und trifft Marco, einen der vier Gangster. Später vergraben Simon, Louis Costa und Paul Weber ihre Beute auf dem Lande und bringen Marco in ein Krankenhaus.
    In seinem Nachtclub trifft Simon auf Edouard Coleman, Kommissar bei der Pariser Kriminalpolizei. Die beiden lieben dieselbe Frau, Cathy, hegen aber einen großen Respekt voreinander. Als bekannt wird, daß einer der Gangster bei dem Überfall verletzt worden ist, will Simon Marco sofort aus dem Krankenhaus herausbringen, bevor

er entdeckt und verhört wird. Aber nur Cathy kann als Krankenschwester verkleidet bis zu Marco vordringen und tötet ihn mit einer Spritze.

Von einem Spitzel erfährt Coleman von einem Rauschgifttransport. Auf diesen haben es auch Simon und seine Gang abgesehen: Der Banküberfall diente nur zur Finanzierung dieses Coups. Von einem Hubschrauber läßt sich Simon auf den fahrenden Nachtexpreß abseilen. Als Reisender verkleidet dringt er in das Abteil des Drogenkuriers ein und setzt diesen außer Gefecht. Mit dem Koffer voll Heroin verläßt Simon den Zug auf demselben Weg, den er gekommen ist. Ein perfekter Überfall. Die Polizei, die den Kurier an der Grenze festnehmen wollten, hat das Nachsehen.

Endlich gelingt es Colemans Leuten, den toten Marco zu identifizieren. Der Name führt zu Louis·Costa, der von Coleman festgenommen und auf brutale Art verhört wird. Costa nennt die Namen seiner Komplizen. Der verheiratete Weber entzieht sich seiner Verhaftung durch Selbstmord. Simon taucht unter, will mit Cathy fliehen, wird aber von Edouard aufgestöbert und erschossen.

Jean-Pierre Melville als Schauspieler

1948: LES DAMES DU BOIS DE BOULOGNE, Regie: Jacques Loew
1949: ORPHÉE, Regie: Jean Cocteau, Rolle: Hoteldirektor
1957: UN AMOUR DE POCHE (ALCHIMIE DER LIEBE), Regie: Pierre Kast, Rolle: Polizeikommissar
1958: DEUX HOMMES DANS MANHATTAN (ZWEI MÄNNER IN MANHATTAN), Regie: Jean-Pierre Melville, Rolle: Moreau
1960: À BOUT DE SOUFFLE (AUSSER ATEM), Regie: Jean-Luc Godard, Rolle: Schriftsteller Parvulesco
1962: LANDRU (DER FRAUENMÖRDER VON PARIS), Regie: Claude Chabrol, Rolle: Georges Mandel

VERZEICHNIS DER FILMTITEL

À bout de souffle (Außer Atem), Frankreich 1959, Regie: Jean-Luc Godard, Buch: François Truffaut.
A Face in the Crowd (Das Gesicht in der Menge), USA 1957, Regie: Elia Kazan.
A Hole in the Head (Eine Nummer zu groß), USA 1959, Regie: Frank Capra.
A Time to Love and a Time to Die (Zeit zu leben und Zeit zu sterben), USA 1958, Regie: Douglas Sirk.
Alphaville/Une étrange aventure des Lemy Caution (Lemmy Caution gegen Alpha 60), Frankreich/Italien 1965, Regie: Jean-Luc Godard.
American Gigolo (Ein Mann für gewisse Stunden), USA 1980, Regie: Paul Schrader.

Baisers volés (Geraubte Küsse), Frankreich 1968, Regie: François Truffaut.
Banditi a Milano (Die Banditen von Mailand), Italien 1967, Regie: Carlo Lizzani.
Belle de Jour (Belle de Jour – Schöne des Tages), Frankreich/Italien 1967, Regie: Luis Buñuel.
Borsalino (Borsalino), Frankreich/Italien 1969, Regie: Jacques Deray.
Bye Bye Barbara, Frankreich 1968, Regie: Michel Delville.

Cavalcade (Cavalcade), USA 1933, Regie: Frank Lloyd.
Ce monde banal, Frankreich 1960, Regie: Jean Wagner.

Citizen Kane (Citizen Kane), USA 1941, Regie: Orson Welles.
City Streets (Straßen der Großstadt), USA 1931, Regie: Rouben Mamoulian.
Classe tous risques (Der Panther wird gehetzt), Frankreich/Italien 1959, Regie: Claude Sautet.
Crack in the Mirror (Drama im Spiegel), USA 1960, Regie: Richard Fleischer.

Dead End (Sackgasse), USA 1937, Regie: William Wyler.
Delicatessen (Delicatessen), Frankreich 1991, Regie: Jean-Pierre Jeunet, Marc Caro.
Deliverance (Beim Sterben ist jeder der Erste), USA 1971, Regie: John Boorman.
Der Himmel über Berlin, BRD 1987, Regie: Wim Wenders.
Der Stand der Dinge, BRD/Portugal 1982, Regie: Wim Wenders.
Der Tod des Empedokles/La Mort d'Empedocle, BRD/Frankreich 1987, Regie: Jean-Marie Straub, Danièle Huillet.
Drôle de drame (Ein sonderbarer Fall), Frankreich 1937, Regie: Marcel Carné.
Du mouron pour les petits oiseaux/Parigi proibita (Futter für süße Vögel), Frankreich/Italien 1962, Regie: Marcel Carné.
Du Rififi chez les hommes (Rififi), Frankreich 1955, Regie: Jules Dassin.

Espoir/Sierra de Teruel (Hoffnung), Frankreich 1937/40, Regie: André Malraux, Boris Peskin.

Et Dieu créa la Femme (... und immer lockt das Weib), Frankreich 1956, Regie: Roger Vadim.

Executive Suite (Die Intriganten), USA 1954, Regie: Robert Wise.

F for Fake (F wie Fälschung, 1975), Frankreich/Iran/BRD 1975, Regie: Orson Welles.

Gone With the Wind (Vom Winde verweht), USA 1939, Regie: Victor Fleming.

Heaven Can Wait (Ein himmlischer Sünder), 1943, Regie: Ernst Lubitsch.

Her Man (Ein Mann für sie), USA 1930, Regie: Tay Garnett.

Hiroshima mon amour (Hiroshima, mon amour), Frankreich/Japan 1959, Regie: Alain Resnais.

Hôtel du Nord (Hotel du Nord), Frankreich 1938, Regie: Marcel Carné.

Houston, Texas, Frankreich 1956, Regie: François Reichenbach.

How Green Was My Valley (Schlagende Wetter), USA 1941, Regie: John Ford.

If... (If...), Großbritannien 1968, Regie: Lindsay Anderson.

Il Cappotto (Der Mantel), Italien 1952, Regie: Alberto Lattuada.

Il conformista (Der große Irrtum), Italien/Frankreich/BRD 1969, Regie: Bernardo Bertolucci.

Jenny (Jenny), Frankreich 1936, Regie: Marcel Carné.

Jeremiah Johnson (Jeremiah Johnson), USA 1971, Regie: Sydney Pollack.

Jericho (Jericho), Frankreich 1946, Regie: Henri Calef.

Jeux interdits (Verbotene Spiele), Frankreich 1952, Regie: René Clément.

Johnny Guitar (Wenn Frauen hassen), USA 1954, Regie: Nicholas Ray.

Journal d'un curé de campagne (Tagebuch eines Landpfarrers), Frankreich 1950, Regie: Robert Bresson.

Jules et Jim (Jules und Jim), Frankreich 1961/62, Regie: François Truffaut.

L'Aigle à deux têtes (Der Doppeladler), Frankreich 1948, Regie: Jean Cocteau.

L'Aîné des Ferchaux, Frankreich 2000, Regie: Bernard Stora.

L'Amérique insolite, Frankreich 1958, Regie: François Reichenbach.

L'Alpageur (Der Greifer), Frankreich 1975, Regie: Philippe Labro.

L'Aveu (Das Geständnis), Frankreich/Italien 1969, Regie: Constantin Costa-Gavras.

L'Éternel retour (Der ewige Bann), Frankreich 1943, Regie: Jean Delannoy.

L'Étrange Monsieur Steve (Auf schiefer Bahn), Frankreich 1957, Regie: Raymond Bailly.

L'Héritier (Der Erbe), Frankreich/ Italien 1972, Regie: Philippe Labro.

La Belle et la Bête (Es war einmal), Frankreich 1946, Regie: J. Cocteau.

La Ciociara (Und dennoch leben sie),

Italien/Frankreich 1960, Regie: Vittorio De Sica.

La Grande Illusion (Die große Illusion), Frankreich 1937, Regie: J. Renoir.

La Symphonie Pastorale (Und es ward Licht), Frankreich 1946, Regie: Jean Delannoy.

La Vie de château (Leben im Schloß), Frankreich 1965, Regie: Jean-Paul Rappeneau.

La Voie lactée (Die Milchstraße), Frankreich/Italien 1969, Regie: Luis Buñuel.

Le Dernier homme (Le Dernier homme), Frankreich 1968, Regie: Charles L. Bitsch.

Le Gang des hôtages (Flucht im Kreis), Frankreich/ Italien 1973, Regie: Edouard Molinaro.

Le Jour se lève (Der Tag bricht an), Frankreich 1939, Regie: M. Carné.

Le Roi des resquilleurs, Frankreich 1930, Regie: Pierre Colombier.

Le Roman d'un tricheur (Roman eines Schwindlers), Frankreich 1936, Regie: Sacha Guitry.

Le Sang d'un poète (Das Blut eines Dichters), Frankreich 1931, Regie: Jean Cocteau.

Le Testament d'Orphée (Das Testament des Orpheus), Frankreich 1960, Regie: Jean Cocteau.

Le Trou (Das Loch), Frankreich/Italien 1960, Regie: Jacques Becker.

Les 400 coups (Sie küßten und sie schlugen ihn), Frankreich 1959, Regie: François Truffaut.

Les Affaires publiques, Frankreich 1934, Regie: Robert Bresson.

Les Anges du péchés (Das Hohelied der Liebe/Sündige Engel/Engel der Sünde), Frankreich 1943, Regie: Robert Bresson.

Les Cousins (Schrei, wenn du kannst), Frankreich 1958, Regie: Claude Chabrol.

Les Dames du Bois de Boulogne (Die Damen vom Bois de Boulogne), Frankreich 1945, Regie: Robert Bresson.

Les Enfants du Paradis (Kinder des Olymp), Frankreich 1945, Regie: Marcel Carné.

Les Jeunes Loups (Wie junge Wölfe), Frankreich/Italien 1967, Regie: Marcel Carné.

Les Marines, Frankreich 1957, Regie: François Reichenbach.

Les Parents terribles (Die schrecklichen Eltern), Frankreich 1948, Regie: Jean Cocteau.

Les Portes de la nuit (Pforten der Nacht), Frankreich 1946, Regie: Marcel Carné.

Les Rois du sport, Frankreich 1937, Regie: Pierre Colombier.

Les Visiteurs du soir (Die Nacht mit dem Teufel), Frankreich 1942, Regie: Marcel Carné.

Light Sleeper (Light Sleeper), USA 1991, Regie: Paul Schrader.

Love and Death (Die letzte Nacht des Boris Gruschenko), USA 1974, Regie: Woody Allen.

Lucie Aubrac, Frankreich 1997, Regie: Claude Berri.

Lucky Jo (Lucky Jo), Frankreich 1964, Regie: Michel Deville.

Major Dundee (Sierra Charriba), USA

1964, Regie: Sam Peckinpah.
Mélodie en sous-sol (Lautlos wie die Nacht), Frankreich/Italien 1962, Regie: Henri Verneuil.
Melvin and Howard (Melvin und Howard), USA 1979, Regie: Jonathan Demme.
Moby Dick (Moby Dick), USA/Großbritannien 1956, Regie: John Huston.
Mr. Lucky (Mr. Lucky), USA 1943, Regie: Henry C. Potter.

Night and the City (Die Ratte von Soho), USA 1950, Regie: Jules Dassin.

Objective Burma (Der Held von Burma), USA 1945, Regie: R. Walsh.
Ocean's Eleven (Frankie und seine Spießgesellen), USA 1960, Regie: Lewis Milestone
Odds Against Tomorrow (Wenig Chancen für morgen), USA 1959, Regie: Robert Wise.
Once Upon a Time in the West/C'era una volta il west (Spiel mir das Lied vom Tod), Italien/USA 1968, Regie: Sergio Leone.

Partner (Partner), Italien 1968, Regie: Bernardo Bertolucci.
Phèdre (Phèdre), Frankreich 1968, Regie: Pierre Jourdan.
Pickpocket (Pickpocket), Frankreich 1959, Regie: Robert Bresson.
Pola X, Frankreich 1999, Regie: L. Carax.
Porcile (Der Schweinestall), Italien/Frankreich 1969, Regie: Pier Paolo Pasolini.
Portrait Orson Welles, Frankreich 1968, Regie: François Reichenbach, Frédéric Rossif.

Quai des brumes (Hafen im Nebel), Frankreich 1938, Regie: Marcel Carné.
Quand la vielle s'éveille (Überfall im Morgengrauen), Frankreich 1975, Regie: Pierre Grasset.

Sans mobile apparant (Neun im Fadenkreuz), Frankreich 1971, Regie: Philippe Labro.
Sapphire (Das Mädchen Saphir), Großbritannien 1959, Regie: Basil Dearden.
Scarlet Street (Straße der Versuchung), USA 1945, Regie: Fritz Lang.
Seven Thieves (Sieben Diebe), USA 1959, Regie: Henry Hathaway.
Sunset Boulevard (Boulevard der Dämmerung), USA 1950, Regie: Billy Wilder.
Sweet Smell of Success (Dein Schicksal in meiner Hand), USA 1957, Regie: Alexander Mackendrick.

Taxi Driver (Taxi Driver), USA 1975, Regie: Martin Scorsese.
Tendre et violente Élisabeth (Zärtliche, wilde Elisabeth), Frankreich 1960, Regie: Henri Decoin.
The Asphalt Jungle (Asphalt Dschungel), USA 1950, Regie: J. Huston.
The Bridge on the River Kwai (Die Brücke am Kwai), Großbritannien 1957, Regie: David Lean.
The Children's Hour (Infam), USA 1961, Regie: William Wyler.
The Four Horsemen of the Apocalypse

(*Die vier apokalyptischen Reiter*), USA 1962, Regie: V. Minnelli.
The Great Dictator (Der große Diktator), USA 1940, Regie: Charles Chaplin.
The Honest Thief, USA 2002, Regie: Neil Jordan.
The Jazz Singer (Der Jazzsänger), USA 1927, Regie: Alan Crosland.
The Killer (Blast Killer), Hongkong 1989, Regie: John Woo
The Kremlin Letter (Der Brief an den Kreml), USA 1969, Regie: J. Huston.
The Long Voyage Home (Der lange Weg nach Cardiff), USA 1940, Regie: John Ford.
The Moon Is Down, Großbritannien 1943, Regie: Irving Pichel.
The Rain People (Liebe niemals einen Fremden), USA 1968, Regie: Francis Ford Coppola.
The Roots of Heaven (Die Wurzeln des Himmels), USA 1958, Regie: John Huston.
The Set-Up (Ring frei für Stoker Thompson), USA 1949, Regie: Robert Wise.
The Wild Bunch (The Wild Bunch – Sie kannten kein Gesetz), USA 1969, Regie: Sam Peckinpah.
The Woman in Question, Großbritannien 1950, Regie: Anthony Asquith.
These Three (Infame Lügen), USA 1936, Regie: William Wyler.
They Shoot Horses, Don't They (Nur Pferden gibt man den Gnadenschuß), USA 1969, Regie: Sydney Pollack.
This Gun for Hire (Die Narbenhand), USA 1941, Regie: Frank Tuttle.
Thomas l'Imposteur (Thomas, der Betrüger), Frankreich 1964, Regie: Georges Franju.
Three Comrades, USA 1938, Regie: Frank Borzage.
Tirez sur le pianiste (Schießen Sie auf den Pianisten), Frankreich 1960, Regie: François Truffaut.
Too Hot to Handle (Zu heiß zum Anfassen), USA 1938, Regie: Jack Conway.
Touchez pas au grisbi (Wenn es Nacht wird in Paris), Frankreich 1954, Regie: Jacques Becker.
Trois chambres à Manhattan (Drei Zimmer in Manhattan), Frankreich 1965, Regie: Marcel Carné.

Un héros très discret (Das Leben: Eine Lüge), Frankreich 1996, Regie: Jacques Audiard.
Un nommé La Rocca (Sie nannten ihn Rocca), Frankreich/Italien 1961, Regie: Jean Becker.

Vanishing Point (Fluchtpunkt San Francisco), USA 1970, Regie: Richard C. Sarafian.

White Shadows in the South Seas (Weiße Schatten), USA 1928, Regie: W. S. Van Dyke.
Written in the Wind (In den Wind geschrieben), USA 1957, Regie: Douglas Sirk.
Wuthering Heights (Sturmhöhe/Stürmische Höhen), USA 1939, Regie: William Wyler.

Z (Z), Frankreich/Algerien 1968, Regie: Constantin Costa-Gavras.

NAMENREGISTER

Agel, Henri 116
Albouze, René 198, 263, 265
Alekan, Henri 66, 251
Ameche, Don 116 f.
Anderson, Lindsay 41, 268
Anouilh, Jean 176
Arrighi, Maître 30
Asquith, Anthony 90, 271
Autant-Lara, Claude 26
Auzel 134
Azziz, Philippe 78

Bach, Johann Sebastian 250
Bacon, Lloyd 19
Bailly, Raymond 82, 269
Baker, Joséphine 16
Barbie, Klaus 190
Bardot, Brigitte 73
Baudot, Colette 180 f., 262 f., 265
Baxter, Anne 55 f.
Bazin, André 35
Beby 27, 249
Beck, Béatrix 104, 107, 255
Becker, Jacques 92, 100 ff., 269, 271
Becker, Jean 102, 272
Belmondo, Jean-Paul 91, 99, 105, 108, 118 f., 126, 130, 134 f., 137, 139, 141, 201, 209, 230, 234, 238, 255 f., 258
Bérard, Christian 53
Bercq, Jean-Claude 154, 260
Berkeley, Busby 19
Bernard, Jacques 57, 250
Berval 70
Bitsch, Charles 87, 254, 256, 269
Blue, Monte 16
Bloch, Jean-Pierre 29, 186

Bogart, Humphrey 76, 124
Boisrond, Michel 172, 261
Boleslavsky, Richard 19
Bond, Ward 155
Bonnot, Francoise 135, 262
Bony, Inspektor 78
Boone, Richard 212
Bordet 121
Borges, Jorge Luis 11
Borgnine, Ernest 128
Borgoff, Hans 189
Borzage, Frank 19, 22, 271
Bourvil, André 75, 201, 211 f., 214, 263
Boyer, Charles 131
Braunberger, Pierre 28, 46, 150
Bresson, Robert 27, 35, 162, 268 f., 270
Brisson, Pierre 45
Brossolette, Pierre 186
Brown, Clarence 19
Bucquet, Harold S. 19

Calef, Henri 32, 268
Calhern, Louis 81, 86
Capra, Frank 19, 140, 267
Carné, Marcel 23, 267 ff.
Cau, Jean 161
Cauchy, Daniel 63 f., 235, 251, 253
Cavaillès 190
Céline, Louis-Ferdinand 121
Cerdan, Marcel 95
Cerdan, Marinette 95
Cerval, Claude 122, 253
Chabrol, Claude 58, 118, 234, 266, 269
Chaplin, Charles 17, 19, 27, 166, 271

Charrière, Henri   147
Charron, Pierre   198, 256, 263 f.
Charvein, Jean   152, 258, 261
Chevalier, Maurice   16
Choltitz, von   48
Chruschtschow   139
Clément, René   60, 102, 268
Clementi, Pierre   144
Cobb, Lee J.   47
Cocteau, Jean   7, 13, 38, 45, 49 ff., 56 ff., 60, 72, 115, 250, 266, 268 f.
Cocteau, M.   217
Colling, M.   31
Colombier, Pierre   101, 269
Combes, Marcel   144, 259
Comingore, Dorothy   39
Conway, Jack   19, 96, 271
Coogan, Jackie   15
Cooper, Merian C.   19
Coppola, Francis Ford   12, 271
Corey, Isabelle   72, 74, 81, 231, 253
Cosima, Renée   51, 250
Costa-Gavras, Constantin   218, 268, 272
Cotten, Joseph   55 f.
Courteline, Georges   180
Coward, Noel   45
Cravenne, Georges   45
Cromwell, John   19
Cruze, James   19
Cukor, George   19
Curtis, Tony   64
Curtiz, Michael   19, 207
Cuvellier, Marcel   126

Dalio   122
Danos, Abel   78, 147
Daquin, Louis   25 f.
Darrieux, Danielle   118
d'Astier, Emmanuel   32

Day, Laraine   21
Dearden, Basil   90
Deboukalfa, Ahmazid   216
de Bray, Yvonne   52, 61 f., 68, 252
Decaë, Henri   31, 33 f., 40 ff., 50, 56, 58, 66 f., 84, 86 f., 103, 140, 236, 249 f., 252 f., 255, 258, 261, 263
de Casabianca, Denise   115, 255
Decoin, Henri   100, 271
Decomble, Guy   70, 75, 253
de Dadelsen, Jean-Paul   29
de Gaulle, Charles   22, 29, 86, 186, 189, 194, 235, 263
Delannoy, Jean   47, 269
de la Patellière, Denys   144
Delon, Alain   126, 130, 161 ff., 165 ff., 168 ff., 173, 198, 201, 208 ff., 214 f., 261, 263, 265
Delon, Nathalie   169
DeMille, Cecil B.   19, 21
Denner, Charles   118
de Roubaix, François   172, 261
Desailly, Jean   75, 122 f., 224, 257, 265
de Sica, Vittorio   105, 269
Deval, Jacques   61, 251
Devay, Jean-François   90
Deville, Michel   121, 136, 162, 270
Dhermitte, Edouard   49 ff., 52, 58, 60, 250
Dieterle, William   19
Dorfmann, Robert   183, 262 ff., 265
Doucet, Clément   53
Dreyer, Carl Th.   111
Dubois, Louis   65, 251
Duchesne, Roger   74, 76, 253
Dudognon, Georges   90
Duncan, Isadora   56
Durand, Claude   100, 250, 258

Duras, Marguerite   206, 243
Dwan, Allan   19

Ebernnac, von   48
Ehrenburg, Ilja   29
Enright, Ray   19

Fargue, Léon-Paul   14
Faul, Gérard   188 f.
Faulkner, William   204
Fitzmaurice, George   19
Flaherty, Robert   16, 19
Fleming, Victor   19, 268
Floriot, René   70
Fontaine, Kommissar   186 f.
Ford, John   19, 97, 155, 268, 271
Fortel, Léo   196, 253
Fossey, Brigitte   60
Fraigneau, André   53
France, Anatole   36
Franju, Georges   8, 271
Franklin, Sidney   19
Frankeur, Paul   78, 259
Frenay, Henri   181
Fresnay, Pierre   117
Friedman   194

Gabin, Jean   70, 143
Gable, Clark   22, 29, 96
Gaillard, Roger   51, 250
Gallois, Jacques   60, 250, 254, 259
Galter, Irène   64, 251
Garçon, Maurice   70
Garner, James   124
Garnett, Tay   19, 79, 268
Garret, André   70, 84, 168, 253
Gaumont   46, 50
Gélin, Daniel   102
Gide, André   47
Giono, Jean   24

Giovanni, José   259
Godard, Jean-Luc   98 f., 234 f., 239, 266 f.
Goldwyn, Samuel   207
Goulding, Edmund   19
Gozzi, Marielle   108, 255
Gozzi, Patricia   108, 255
Grant, Cary   21
Grasset, Pierre   84 ff., 89, 91 ff., 233, 235, 247, 254, 259, 270
Gréco, Juliette   62 f., 67, 95, 251
Green, Alfred   19
Greene, Graham   162
Griffith, Edward   19
Guitry, Sacha   79, 160, 269
Guillemot, Agnès   115, 255

Hakim   103, 183, 201
Hanin, Roger   143
Hardwicke, Sir Cedric   47
Hathaway, Henry   19, 82, 270
Hawks, Howard   19, 246
Hayden, Sterling   175
Hayer, Nicolas   87, 254, 256
Hecht, Ben   19
Hellman, Jean   46
Hemingway, Ernest   204
Hennessy, Monique   108, 254 f., 256
Henriot, Philippe   194
Herrand, Marcel   161
Hertog, Jan de   150
Hitchcock, Alfred   15, 71, 177, 237, 241, 243
Hilton, Jack   16
Hitler   32, 48, 250
Holden, William   128 f.
Hughes, Howard   90, 136
Huston, John   69, 81, 200, 218 f., 270 f.

James, Harry   188
Jeanson, Henri   23
Jolson, Al   15
Jones, James   63
Jouvet, Louis   29
Juin, Général   193 f.

Kanin, Garson   19
Kazan, Elia   21, 97 f., 267
Keaton, Buster   17
Keighley, William   19
Kennedy, John F.   139, 157
Kessel, Joseph   179, 184, 186, 191, 262
Kibbee, Guy   125
King, Henry   19
King, Mr.   46
Koster, Henry   19

LaCava, Gregory   19
Ladd, Alan   162
Lake, Veronica   162
Lamy, Raymond   70
Langdon, Harry   17
Lanfield, Sidney   19
Lange, Monique   118
Lang, Fritz   19, 270
Langlois, Henri   8, 241
Lara, Jean   93, 254
Lara, Nadia   103
Lattuada, Alberto   64, 268
Laydu, Claude   35
Lebreton, Auguste   71, 77, 252
Lefranc, Guy   41
Leisen, Mitchell   19
Lemaire, Philippe   62 ff., 67, 82, 95, 251
Lenin   206
Léonard, Robert Z.   19
Leone, Sergio   128, 270

LeRoy, Mervyn   19
Leroy, Philippe   103
Lesou, Pierre   119, 121, 162 f., 256
Letaillanter, Kommissar   151, 177
Lévy, Raoul   73, 106
Lewis, Ted   16
Lizzani, Carlo   214, 267
Lloyd, Frank   19, 27, 267
Lloyd, Harold   17
Lodge, Cabot   95
London, Jack   24, 175, 204 ff.
Loren, Sophia   105
Loy, Myrna   96
Lubitsch, Ernst   19, 116, 268
Lucot, René   25
Lugosi, Bela   83
Lumbroso, Charles   145, 259
Lumbroso, Fernand   130, 145

Mackendrick, Alexander   64, 270
MacMurray, Fred   123 f.
McCarey, Leo   19
McCrea, Joel   124
McLeod, Norman Z.   19
Main, Marjorie   76
Malone, Dorothy   18
Malraux, André   51, 268
Malvina   135 f., 258
Mamoulian, Rouben   19, 125, 267
Mankiewicz, Joseph L.   21
Manuel, Denis   144, 259
Marais, Jean   49
Marchal, Georges   143
Mardore, Michel   118
Marquand, Nadine   115, 255
Marx, Karl   108, 110
Mathys, Emile   54 f., 250
Matthau, Walter   98
Maurette, Marc   25
Mauriac, François   45, 204

Mayer, Louis B.   14
Mayo, Archie   19
Melville, Florence   10, 252, 254
Melville, Herman   14, 24, 135, 204
Mengo, Jerry   97, 254, 258
Meppiel, Jacqueline   115, 255
Mercier, Michelle   133, 258
Mérimée, Prosper   117 f.
Meurisse, Paul   75, 152, 173, 201, 259, 262
Milestone, Lewis   19, 82, 270
Minnelli, Vincente   182, 271
Mineur, Jean   34
Mirot, Luc   34
Mistinguett   16
Mitchell, Margaret   29
Mitchell, Thomas   155
Mizoguchi, Kenji   178
Molinaro, Edouard   269
Monroe, Marilyn   81
Montand, Yves   199, 201, 209 ff., 214 f., 264
Montel, Blanche   130
Morand, Paul   90
Moreau, Jeanne   82, 241
Moreno, Dario   122
Morgan, Michelle   118
Moulin, Jean   189 f.

Nabokov   99
Nadeau, François   90
Navaille, Gaston   193
Negroni, Jean   158, 259
Nerval, Nathalie   64
Nugent, Elliot   19

Oates, Warren   128
Oswald   157

Paganelli, Kommissar   121

Pascal, Blaise   32
Passy, Colonel   22, 29, 189, 262
Pathé-Marconi   84, 217
Paulvé, André   43
Peckinpah, Sam   128 f., 270 f.
Pellegrin, Georges   141, 258 f., 261 f.
Pellegrin, Raymond   78, 143, 160, 259
Périer, François   75, 173, 177, 212, 261, 264
Perkins, Anthony   118
Pétain, Maréchal   184
Piaf, Edith   95
Piccoli, Michel   122, 256
Pichel, Irving   47, 271
Pidgeon, Walter   96
Pilcer, Harry   16
Pirandello, Luigi   176
Poe, Edgar Allan   24, 204
Ponge, Francis   71
Ponti, Carlo   104 f., 111, 115, 255 f.
Potter, Henry C.   19, 21, 270
Poujouly, Georges   60
Preminger, Otto   21
Prévert, Jacques   23

Rabier, Jean   118, 255
Raft, George   158
Rappeneau, Jean-Paul   52, 269
Ratoff, Gregory   19
Reggiani, Serge   119, 143, 256, 262
Reinhardt, Django   63
Reichenbach, François   87, 154, 254, 268 ff.
Renard, Jules   18
Renoir, Jean   101, 269
Rissient, Pierre   20
Riva, Emmanuelle   106 f., 234, 255
Rivière   186

276

Robain, Jean-Marie   31, 38, 249 ff., 253, 262
Roche, France   118
Roosevelt, Eleanor   95
Rosier, Cathy   165, 171, 261
Rossignol, Jean   102, 119, 253
Rothschild   43
Ruth, Roy del   19

Sagan, Françoise   118
Salgues, André   84, 261
Sanson, Yvonne   62, 64, 251
Sandrich, Mark   19
Santell, Alfred   19
Sartoni   17
Sautet, Claude   267
Schlöndorff, Volker   79, 116, 124, 231, 248, 255 f.
Schoedsack, Ernest   19
Schwob, Philippe   54, 250, 252
Shaw, George Bernard   115
Shrayer, Mike   87, 254
Signoret, Simone   143, 262
Simenon, Georges   130 f., 136, 140 f., 244, 258
Sinatra, Frank   140
Sirk, Douglas   18, 267, 271
Sloane, Everett   97
Smith, Jack   16
Stahl, John M.   19
Stalin, Josef   25, 206
Steinbeck, John   47
Stéphane, Nicole   236
Sternberg, Josef von   19
Stevens, George   19, 245
Straub, Jean-Marie   174, 267
Stroheim, Erich von   117
Swann, Eva   135 f.

Talleyrand   173

Taurog, Norman   19
Tavernier, Bertrand   116, 231, 256
Temps, Paul   67, 251 f.
Tenne, Claude   202 f.
Tenoudji, Edmond   104
Terouanne, Alain   87
Thorpe, Richard   19
Tiquet, Henri   67, 116, 251, 256, 259
Toland, Gregg   40
Tracy, Spencer   131
Truffaut, François   15, 58, 75, 133, 177, 241 ff., 267 ff., 271
Truman   207
Tucker, Sophie   15
Tunc, Iréne   108, 113, 255
Tuttle, Frank   162, 271

U Thant, Sithu   95

Vadim, Roger   73, 268
Van Dyke, W.S.   16, 19, 271
Vanel, Charles   130 ff., 137, 139, 258
Van Megeren   141
Varna, Henri   202
Ventura, Lino   143 f., 158 f., 168, 194, 201, 211, 244, 259, 262
Ventura, Ray   61, 104
Vercors   29 ff., 38, 44 f., 47, 236, 249
Vermeer   141
Verneuil, Henri   82, 270
Vernon, Howard   32, 34 ff., 39 ff., 48, 55, 235 f., 249, 253, 255, 262
Vidor, King   20
Vilar, André   34
Visconti, Luchino   127
Volonté, Gian Maria   198, 201, 214 f., 264

Wagner, Jean   103, 267
Walsh, Raoul   19 f., 247, 270
Welles, Orson   21, 39 f., 55, 267 f., 270
Wellman, William   20
Whale, James   20
Wibaux, Bernard   43, 46
Wilder, Billy   21, 270
Wiener, Jean   53

Wise, Robert   21, 135 f., 231, 234, 247, 268, 270 f.
Wood, Sam   20
Wyler, William   19 f., 22, 76, 124, 231, 234, 237, 245, 267, 270 f.

Yoyotte, Marie Josèphe   115, 255

Zanuck, Darryl   63, 105

FILM- UND THEATERLITERATUR

LOUIS MALLE ÜBER LOUIS MALLE
Gespräche mit Philip French
Mit einem Nachwort von Volker Schlöndorff

DOGMA 95 – ZWISCHEN KONTROLLE UND CHAOS
Herausgegeben von Jana Hallberg/Alexander Wewerka

GESPRÄCHE MIT INGMAR BERGMAN
Herausgegeben von Olivier Assayas und Stig Björkman

Michel Chion
TECHNIKEN DES DREHBUCHSCHREIBENS

Robert Mckee
STORY. DIE PRINZIPIEN DES DREHBUCHSCHREIBENS

David Mamet
DIE KUNST DER FILMREGIE

Linda Seger
DAS GEHEIMNIS GUTER DREHBÜCHER
und
VON DER FIGUR ZUM CHARAKTER

Jean-Claude Carrière und Pascal Bonitzer
PRAXIS DES DREHBUCHSCHREIBENS

Peter Brook
DER LEERE RAUM
WANDERJAHRE – TEXTE ZU THEATER, FILM & OPER
VERGESSEN SIE SHAKESPEARE
Peter Brook/Jean-Claude Carrière/Jerzy Grotowski
GEORG IWANOWITSCH GURDJIEFF

Erland Josephson
SPIELRÄUME

Roland Barthes
ICH HABE DAS THEATER IMMER SEHR GELIEBT, UND DEN-
NOCH GEHE ICH FAST NIE MEHR HIN. SCHRIFTEN ZUM
THEATER

Yoshi Oida
ZWISCHEN DEN WELTEN
und
DER UNSICHTBARE SCHAUSPIELER

David Mamet
RICHTIG UND FALSCH
Ein Ketzerbrevier für Schauspieler
und
VOM DREIFACHEN GEBRAUCH DES MESSERS

HEINER MÜLLER LIEST HEINER MÜLLER
Eine CD

Keith Johnstone
IMPROVISATION UND THEATER
und
THEATERSPIELE

Bitte fordern Sie das kostenlose Gesamtverzeichnis an!
Postfach 19 18 24 – 14008 Berlin
www.alexander-verlag.com